KB202970

다　니　엘

과 세 친구, 그리고 요엘 · 아모스

다　니　엘

과 세 친구, 그리고 요엘 · 아모스

장 재 명 박사지음

열린서원

다니엘과 세 친구, 그리고 요엘·아모스

지은이 장재명

발행처 열린서원
발행인 이명권
발행일 2023년 12월 29일

주 소 서울특별시 종로구 창덕궁길 117, 102호
전 화 010-2128-1215
팩 스 02) 2268-1058
전자우편 imkkorea@hanmail.net
등록번호 제300-2015-130호(1999년)

값 25,000원
ISBN 979-11-89186-38-8 03230

다 니 엘

과 세 친구, 그리고 요엘 · 아모스

환상과 묵시의 책인 다니엘서는 바벨론 포로로 끌려간 왕궁에서 느부갓네살왕 때 교육받은 다니엘과 세친구의 역사를 통해 하나님께서 역사의 주관자가 되시며, 믿음을 지키는 자들은 반드시 하나님의 큰 은혜를 입게 된다는 교훈적 메시지를 전하고 있다. 본서의 주제는 하나님께서 자기 백성을 향한 그분의 구속 계획을 성취하기 위하여 열강의 군주들과 열국의 역사에서, 자연의 힘을 그분의 예지와 권능으로써 다스리고 어떻게 조종하시는지를 알 수 있게 한다. 본서의 저작연대는 B.C.605-530년 사이로 추정되고 있다. 이 다니엘서 해설은 하나님에 대한 헌신의 결과가 어떤지 기억에 남을 만한 이야기를 체험하게 해 줄 것이다.

〈요엘서〉의 해설도 함께 수록했다. 〈요엘서〉는 '브두엘의 아들 요엘'이란 이름으로 '여호와는 하나님이시다.'라는 뜻으로서 신앙 고백적인 의미를 지니고 있다. 이외에도 요엘은 세상 끝 날에 있을 하나님의 심판과 영광을 선포했다는 점에서 중요한 인물이다. 단순한 이스라엘 민족 심판의 역사적 멸망뿐 아니라, 종말론적으로 세상 끝 날에 있을 최후 심판의 날을 언급한 예언서들이 있는데 〈이사야〉, 〈다니엘〉, 〈아모스〉 등과 같이 이 〈요엘서〉 등의 책도 여기에 속함을 알 수 있다.

이어서 〈아모스서〉에 대한 해설은 이스라엘 민족의 죄악과 그에 대한 하나님의 심판을 바라보고 고뇌했던 아모스 선지자의 상황을 잘 반영하고 있다. 아모스의 예언은 하나님의 공의와 사랑의 법칙은 영원히 변함없음을 보여준다. 따라서 우리는 예언서에 나타난 성경의 말씀대로 세상 끝 날까지 이 땅에서 하나님의 공의를 실현할 도구가 되어, 사회 정의를 이루는 일에도 앞장서야 할 것이다.

2023. 12. 12.

수원그리스도의 교회
장재명 신학박사

다 니 엘

과 세 친구, 그리고 요엘 • 아모스

학문은 지혜를 얻는 작업이라고 말할 수 있다. 그래서 "지혜를 얻는 자는 자기 영혼을 사랑하고 명철을 지키는 자는 복을 얻느니라"(잠언19:8). 장재명 박사(수원 그리스도의 교회 담임 전도자)는 신학(구약)박사 취득 후에 왕성한 목회 활동과 신학저작과 설교집 작업을 통해 신학을 말씀의 현장에서 실천하고 있으며, 놀라운 살아있는 복음 작업을 하고 있다(하박국의 달려가면서 읽을 수 있는 저작). 이에 박수를 보내며 이번에 나오는 〈다니엘과 세친구 그리고 요엘, 아모스〉 책은 아모스 주석책과 설교집 두 권의 발간에 이어 또 놀라운 저작을 이룬 거보(巨步)라고 보인다.

시작하는 글에서 장박사가 밝히듯, '환상과 묵시의 책인 다니엘서는 바벨론 포로로 끌려간 왕궁에서 느부갓네살왕' 때의 이야기다. 그 때에 다니엘과 세친구의 역사를 통해서 하나님의 섭리와 역사를 알게 하며 '역사를 주관하는 분이 누구인가'라는 사실을 알게 한다고 말한다. "본서의 주제는 하나님께서 자기 백성을 향한 그분의 구속 계획을 성취하기 위하여 열강의 군주들과 열국의 역사에서, 자연의 힘을 그분의 예지와 권능으로써 다스리고 어떻게 조종하시는지를 알 수 있게 한다." 장박사의 명쾌한 이 말에서 알 수 있듯이 하나님의 주권적 계획하에 역사가 움직인다는 사실을 다니엘서의 구조와 역사적 배경을 설명하는 데에서 알 수 있다.

또한 역사적 상황에 대한 정확한 인식을 통해 저자는 다니엘서의 배경이 안티오코스 4세라고 본다. 곧 이 인물이 숫양과 숫염소에 대한 다니엘의 환상(8:1~27)부분에서 "얼굴은 뻔뻔하며 속임수에 능하며", 새로 출현한 왕의 성격과 성품을 소개하는 구절을 설명한 부분에서 밝히고 있고, 이스라엘 장래에 관한 환상(10:1~11:45), "남방의 왕"이란 알렉산드로스 사후 애굽 지역을 차지하게 된 프톨레마이오스 1세 소테르(기원전 306~283년)를 말한다. "그 군주들 중 하나는"이란 분열된 네 왕국 중의 하나를 염두하고 있는 표현으로서 셀레우코스 1세 리카토르(기원전 312~280년)를 언급하면서 설명하는 부분을 통해 장박사는 다니엘서를 심도 있게 다루며 그 역사성에 근거하여 전개하고 있음을 알게 된다. 이를 통해 다니엘서의 묵시문학적 성격과 역사성을 이해한 주석이라 사료된다.

아울러 '요엘'(여호와는 하나님이시다)은 세상 끝 날에 있을 하나님의 심판과 영광을 선포했다는 점에서 중요한 인물이다. 단순한 이스라엘 민족 심판의 역사적 멸망뿐 아니라, 종말론적으로 세상 끝 날에 있을 최후 심판의 날을 언급한 예언서들이 라고 밝힌다. 더 나아가 장박사는 〈아모스〉와 구약의 정의와 공의에 관심을 가지고 주석을 하고 있으며 '이스라엘 민족의 죄악과 그에 대한 하나님의 심판을 바라보고 고뇌했던 아모스 선지자'의 상황을 잘 반영하고 있다. 아모스의 예언은 하나님의 공의와 사랑의 법칙이 영원히 변함없음을 보여준다. 따라서 우리는 예언서에 나타난 성경의 말씀대로 세상 끝 날까지 이 땅에서 하나님의 공의를 실현할 도구가 되어, 사회 정의를 이루는 일에도 앞장서야 할 것이라 강조한다. 결국 '하나님의 공의의 심판과 자비로운 회복'을 말하고 있는 아모스서 주석과 더불어 장박사의 관심은 정의로운 사회와 공의의 하나님에 있음을 알게 된다.

끝으로 이 구약의 세계, 주석적 작업은 영원한 하나님의 말씀을 연구하고 전도하고자 하는 열정에서 이루어지고 있기에 계속 대작을 내놓은 작업을 하여 성경을 연구하고 주석하는 분들에게 좋은 안내서와 빛의 등대가 되기를 기대하며 일독을 적극 추천하는 바이다.

"풀은 마르고 꽃은 시드나 우리 하나님의 말씀은 영원히 서리라 하라"(이사야40:8).

2023. 12. 10.

박신배 강서대 구약교수

다 니 엘

과 세 친구, 그리고 요엘 · 아모스

　　장재명 박사는 구약성서 가운데 이스라엘 백성이 고난을 당하던 바벨론 포로기의 묵시록 〈다니엘서〉와 함께 소예언서로 불리는, 〈요엘〉, 〈아모스〉에 대한 해설서를 펴냈다. 그 가운데서 〈다니엘서〉에 집중적으로 많은 분석을 하고 있다. 〈다니엘서〉는 다니엘과 세 친구의 이야기로 잘 알려져 있다. 신앙으로 어떻게 위기를 잘 극복 할 수 있었는지를 보여주는 것으로, 기원 전 607년 예루살렘에서 바벨론으로 유배된 다니엘이 느부갓네살 왕과의 대면에서 꿈을 해몽해 준 일, 네 짐승과 인자에 대한 환상, 그리고 사자굴에서 구원 받은 다니엘의 신앙적 위대함을 훌륭하게 잘 설명해 주고 있다.

　　특히 〈다니엘서〉의 역사적 배경에 대해 자세히 언급하면서 성서 본문을 심층적으로 분석 설명한다. 바벨론에 의해 예루살렘 성벽이 무너지고 수만 명의 포로가 잡혀가는 망국의 상황에서 유다의 귀족 출신 다니엘을 둘러싼 역사적 설화들을 필두로 포로기 상황에서 하나님의 통치 역사가 어떠한지를 본문을 중심으로 차분히 설명해 주고 있다. 특별히 꿈과 환상들에 대한 해몽으로 다니엘은 고위 관직에 오르지만 다시 풀무 불에 던져지는 위기를 신앙의 힘으로 극복하게 되는 놀라운 경험을 하게 된다. 그 속에서 저자는 다니엘의 메시지를 다음과 같이 설명하고 있다. "이스라엘이 희망을 잃어가고 있을 때, 하나님의 역사적 통치는 계속되고 심판과 더불어 새로운 하나님의 나라가 도래하게 될 것을 알리는 것"으로 요약한다.

〈다니엘서〉 전체 본문을 장절별로 차례대로 빠짐없이 설명하면서 본문의 배경이 되고 있는 당시의 사회, 문화, 정치 등의 이면의 내용들을 친절히 강해 설교형식으로 조목조목 설명해 주면서 하나님의 은혜의 역사가 어떤지를 잘 알려주고 있다. 뿐만 아니라, 이어지는 〈요엘〉 주석을 통해서는 역사적 배경과 본문의 구조와 내용을 장절별로 같이 소개하고 있다. 같은 방식으로 '심판과 하나님의 영광'을 설명하고 있고, 〈아모스〉 주석을 통해서는 '하나님의 공의의 심판과 자비로운 회복'을 말하고 있다. 이미 구속사와 희년과 설교집을 2권이나 출판한 바 있는 저자의 신간 〈다니엘과 세 친구, 그리고 요엘, 아모스〉의 일독을 권한다.

2023. 12. 10.

이명권 박사

발간사
추천사

Ⅰ. 다니엘 주석

역사를 지배하시는 하나님

II. 요엘 주석

심판과 하나님의 영광

III. 아모스 주석
하나님의 공의로운 심판과 자비로운 회복

I. 다니엘 주석

역사를 지배하시는 하나님

Ⅰ. 서 론

1. 다니엘서의 역사적 배경

앗수르의 수도 니느웨는 바벨론과 메대의 침략이 있기 전인 B.C 612년 함락되었다. 바벨론 왕 나보폴랏살은 B.C 611년에 하란에 있는 앗수르 군대를 공격했다. 다음해 B.C 610년 메데와 동맹한 바벨론은 하란에 있는 앗수르군을 공격했다. 앗수르는 하란을 바벨론에 넘겨주고 유브라데 강을 건너 도망했다. 유다왕 요시야는 바벨론의 호의를 얻기 위해서 애굽군이 앗수르와 합류하지 못하도록 므깃도에서 애굽 군대와 싸웠다. 요시야 군대는 패하였고 그는 전사했다. 당시에 앗수르는 곤경을 피한 것 같았으나 애굽과 바벨론 사이에서 어려움을 겪었다.

B.C 605년에 느부갓네살은 바벨론 군대를 이끌고 애굽군과 길가메쉬에서 싸웠다. 애굽은 패배하였고 길가메쉬는 바벨론 군대에 의해 그해 5~6월에 파괴되었다. 느부갓네살은 계속 전투를 하면서 그의 영토를 시리아와 팔레스타인 지역으로 확장해갔다. 느부갓네살은 그의 부친 나보폴랏살의 사망 소식을 듣고 B.C 605년 9월에 예루살렘을 공격했다. 다니엘과 그의 친구들이 바벨론으로 잡혀갔던 때가 바로 이 때이다. 느부갓네살은 유다가 저항하지 못하도록 포로로 잡아갔던 것이다.

느부갓네살이 유다를 정복하고 돌아왔을 때 그들로 하여금 행정관리가 되도록 준비시키고자 했던 것으로 보인다. 바벨론에 돌아온 느부갓네살은 43년간(B.C 605~562년) 통치했다. 느부갓네살은 여호와긴이 반항했기 때문에 B.C 597년 두 번째로 유다를 침략했다. 이때 예루살렘은 바벨론에게 정복당하고 만 명의 사람들이 포로가 되어 바벨론으로 끌려갔다. 그 중에는 에스겔도 포함됐다. 예루살렘 성벽은 무너졌고 성전은 B.C 586년에 불타버렸다. 이 공격에서 살아남았던 대부분의 유대인들이 바벨론으로 끌려갔다. 유대인들의 귀환은 B.C 539년 고레스가 바벨론을 넘어뜨리고 메데-바사왕국을 건설할 때야 가능해졌다. 약 5만명의 유대인 포로가 돌아와서 성전 건축을 시작했다. 이 일은 다니엘의 기도로 계속되었다(단 9:4~19). 성전은 B.C 515년에 완성되었다. 예루살렘이 처음 정복된 때로부터 유대인들이 돌아와서 성전 기초를 건축할 때까지 거의 70년이 걸렸다. 성전이 파괴된 때로부터(B.C 586년) 성전이 건축된 때까지(B.C 515년) 역시 70년가량이 걸렸다. 그러므로 예레미야의 바벨론 포로 기간이 약 70년이 될 것이라는 예언은 문자 그대로 성취되었다(렘 25:11~12).

2. 다니엘서에 관하여

다니엘이라는 이름의 유형은 기원전 2000년대 중반에 기록된 우가릿의 아캇 서사시에 처음으로 등장한다. 여기서 다니엘은 우가릿의 귀족적인 지주이며 그는 정의를 사랑하고 고아와 과부를 도와주는 의로운 재판관이다. 다니엘은 하나님과 동행한 경건한 인물로서 죽음을 경험하지 않고 하늘로 승천한 고대의 위대한 신앙의 인물인 에녹의 선조가 되는 것이다. 여기서 다니엘은 현자(賢者)를 지칭하는 일반적인 개념으로 사용되었는데, 그는 아마도 시리아-페니키아 전 지역에 널리 알려진 과거의 유명한 지혜로운 인물과 관련될 것이다. 다니엘서는 다니엘을 바벨론 포로기에 살았던 역사적 인물로 소개하고 있다. 다니엘은 유다 왕국의 귀족 출신으로 느부갓네살에 의해 바벨론으로 잡혀 간 포로들 중의 한 사람으로 등장한다(단 1:1~4). 그는 페르시아 왕 고레스가 등극하기 이전까지 바벨론의 왕궁에서 꿈 해몽가와 왕의 고문관으로서 활동했으며, 그곳에서 매우 높은 명성을 얻으며 살았던 역사적 실존 인물로 그려지고 있다.

3. 다니엘서의 구조와 내용들

다니엘서는 바벨론 왕국에서부터 메데와 페르시아 왕국으로 넘어가는 고대 근동의 대변혁의 시기를 다루고 있다. 다니엘은 바벨론의 느부갓네살과 벨사살, 메대의 다리오, 페르시아의 고레스 시대에 왕들의 꿈과 기이한 문서를 해석하여 궁중의 고위직에까지 오르게 되는 인물로 소개되고 있다.

1) 역사설화들(1:1~6:28)

1:1~6:28은 다니엘이 바벨론 왕궁에서 하나님을 향해 신실한 믿음을 지킨 것과 관련된 전설적인 6개의 '역사설화들'의 모음집이다. 여기서 이야기의 주인공 다니엘은 3인칭으로 서술되고 있는데, 세상의 정치세력들을 통해 지배하시는 하나님의 통치 활동에 대한 신앙고백이 그 중심적인 내용을 이루고 있다.

히브리어로 기록된 도입부(1:1~2:4a)는 다니엘을 유다의 다윗 왕족 또는 귀족의 일원으로 소개한다. 즉, 도입부는 책의 주인공인 다니엘이 누구인지를 밝혀 주고 있다. 다니엘은 다른 유대 소년들과 함께 여호야김(기원전 609~597년)통치 3년째인 기원전 607년에 예루살렘에서 바벨론으로 유배되었다. 그들은 이스라엘이 정치적 독립성을 상실하였던 암울한 시대에 바벨론의 왕궁에서 바벨론의 언어와 지혜교육을 받으며 성장하지만, 철저히 이스라엘의 전통적인 음식 규정들을 지키는 신실한 신앙인으로 살아간다.

아람어로 기록된 2:4b~6:28에서 다니엘, 느부갓네살 그리고 벨사살이 사건 진행의 중심에 서있다. 어느 날 느부갓네살은 꿈을 꾸었는데, 그 꿈의 내용과 의미를 알 수 없었다. 왕은 바벨론의 박수와 술객들과 박사들에게 꿈의 내용을 맞출 것을 요구하였다. 그들은 왕이 꾼 꿈에 대해 알아맞히지 못했지만, 다니엘과 그의 친구들은 머리부터 발끝까지 금, 은, 동, 철과 진흙으로 구성된 상(像)에 대한 꿈의 내용과 그 의미를 밝히게 된다. 그 상은 연이어 등장했던 4대 세계 제국을 상징하는 것이었다. 느부갓네살은 자신의 꿈을 맞추고 해석한 다니엘과 그의 세 친구들에게 높은 관직을 맡기게 된다. 하지만 그들은 후에 느부갓네살이 금으로 만든 신상을 숭배하기를 거절함으로써 뜨거운 풀무불에 던짐을 당하는 비운을 경험하게 된다. 그들은 세상의 왕이 절대자로 인정되는 것을 거부했으며, 인간의 신격화를 철저히 반대하였다. 느부갓네살은 또 한 번의 꿈을 꾸는데, 그것은 그루터기까지 잘린 한 세계나무에 관한 꿈이었다. 다니엘은 그 꿈이 느부갓네살의 불행한 운명을 예고하는 것이라고 해석하였는데, 반역자들이 왕을 쫓아낼 것이며 왕은 일정 기간 동안 들짐승들처럼 비참하게 풀을 먹고 살아야 하는 비극적인 미래를 맞이하게 될 것이라고 설명했다.

2장과 4장에서 바벨론 왕의 꿈을 해석하고 높은 관직에 오른 다니엘의 모습은 애굽 왕의 꿈을 해석하여 주고 총리대신에 오른 요셉의 경우와 매우 유사하다고 볼 수 있다. 다니엘과 요셉은 하나님이 주신 지혜로 꿈의 의미를 밝혀 내고, 정치적으로 높은 자리에 오르게 된다. 하지만 다니엘과 요셉은 둘 다 정치적 모함으로 인하여 안정된 상태에서 극도로 위험한 상황에 처하게 된다. 그러나 이들은 암울한 현실에서도 하나님을 향한 믿음을 배반하지 않는다. 결국 모든 문제가 잘 풀리게 되고, 그들의 위대함은 천하에 드러나게 되며, 이전보다 더 높은 자리에 오르게 된다. 그들은 공통적으로 자신의 능력을 감추고, 오히려 이스라엘 하나님에게만 영광을 돌린다. 이런 점에서 다니엘은 제2의 요셉이 되는 셈이다.

5장은 느부갓네살의 아들인 벨사살과 관련된다. 어느 날 벨사살이 자기 부친이 예루살렘 성전으로부터 가져온 금과 은으로 된 기명들로 향연을 배설했을 때에 갑자기 사람의 손가락이 나타나 왕궁의 벽에 글자(메네 메네 데겔 우바르신)를 기록하였다. 역시 다니엘만이 그 내용을 해석할 수 있었는데, 그것은 바벨론 왕국이 메대와 페르시아로 분열될 것이라는 내용이었다. 벨사살이 죽은 이후의 세계의 통치는 메대 사람 다리오에게 넘어간다(6:1). 어쨌든 다리오는 왕의 계명을 어긴 유대신앙에 충실한 다니엘을 사자굴에 집어넣지만, 그는 다시 한번 기적적인 구원을 받게 된다.

2) 환상들(7:1~12:13)

여기서 다니엘은 1~6장에서와는 달리 직접 환상을 보는 사람으로 등장하고 있으며, 1인칭으로 진술되고 있다. 이 부분은 다니엘이 벨사살, 다리오, 고레스 치하 때에 바라본 세 개의 환상들(7:1, 8:1, 10:1)로 구성되어 있는데, 동물들로 상징화된 네 개의 세계 대국의 멸망과 인자에 의한 미래의 통치가 다루어지고 있다. 다니엘의 환상들은 세상의 악한 정치세력을 종식시킬 하나님의 왕권 통치의 시작이 임박해 있음을 강조하고 있다. 이 '마지막 날'에 대한 질문이 7~12장에서 핵심적인 위치를 차지하고 있다.

7장은 다니엘이 바벨론의 왕 벨사살 원년에 본 환상을 소개하고 있다. 다니엘의 환상은 느부갓네살의 꿈(2장)과 평행을 이루고 있다. 7장에는 2장에서처럼 네 개의 세계 제국들을 상징하는 네 마리의 거대한 짐승들이 등장하고 있으며, 2장에서처럼 세계의 마지막에 대한 질문이 중요하게 다루어지고 있다. 차이점은 7장에서는 네 제국이 무서운 동물들로 비유되고 있으며, 곧 사라질 운명에 처해 있다는 사실이 강하게 암시되고 있다는 것이다. 고대 근동 사람들에게 매우 사나운 맹수로 여겨진 사자와 곰과 표범과 함께 열 개의 뿔을 지닌 동물은 모두 죽임을 당하게 되는데, 환상의 초점은 결국 안티오코스 4세를 암시하는 열한 번째의 뿔에게로 향하게 된다. 하나님의 직접적인 통치는 바로 열한 번째 통치자의 무자비한 박해의 상황으로부터 시작될 것임이 강조되고 있다. 이 역사의 마지막 제국은 이전에 등장한 어떤 세력보다도 더 악하며, 인간의 사악함은 최고조에 달하게 될 것이다. 바로 이러한 절망의 순간에 하나님은 인자를 통하여 새로운 역사를 창조하실 것이다.

8장은 다니엘이 벨사살 3년에 본 환상(다니엘의 두 번째 환상)과 관련되는데, 다니엘은 두 개의 뿔을 가진 숫양(메대-페르시아 제국)이 한 개의 뿔을 가진 숫염소에게 짓밟히는 장면을 본다. 숫양과 숫염소에 관한 환상은 바벨론의 점성술적인 지리학과 관련되는 것으로 보이는데, 그것에 따르면 고대 근동의 각각의 국가는 특정한 동물의 상을 갖고 있다. 한 뿔의 자리에서 다시 네 개의 제국으로 분열될 것임을 암시한다. 9장에서는 다니엘과 이스라엘에 의한 죄의 고백이 중요한 내용을 이루고 있는데, 시대적으로 메대 족속 아하수에로의 아들 다리오가 갈대아 나라의 왕으로 등극한 원년과 관련되고 있다. 10~12장은 페르시아 왕 고레스 3년에 다니엘이 본 세계 종말에 관한 환상(다니엘의 세 번째 환상)을 소개한다. 이 마지막 때에 관한 환상은 안티오코스 4세의 통치 시대를 중심으로 하고 있는데, 이제 막 시작되려는 세계의 종말을 선포하려는 데 그 목적을 갖고 있다. 곧 악행자들은 처벌을 받을 것이고, 하늘의 책에 기록된 신앙의 정절을 지킨 의로운 자들은 죽음에서 부활하게 될 것이다. 세계 종말의 때에 하나님은 약속의 말씀을 신실하게 지킬 것이며, 예언자들이 선포한 구원의 약속들은 철저히 이행될 것이다. 다니엘의 마지막 환상은 종말이 일어날 시기에 관한 해답을 구하기 위해 여러 가지 방법을 제시한다. 그날은 1,290일에서(12:11) 1,335일로 연장되기도 한다(12:12).

4. 다니엘서의 기록연대와 장소

다니엘서 자체는 바벨론의 포로시대가 끝난 페르시아 초기 시대에 책이 기록되었음을 암시하고자 한다(1:21, 10:1). 히브리서 다니엘서 부분은 후기 아람어로 쓰인 부분에 비해서 문학적으로 뒤떨어지고 있는데, 이것은 다니엘서가 성서언어의 가장 마지막 단계에 와서 기록되었다는 사실을 보여 주는 것이다. 다니엘서의 실제적인 기록 연대는 안티오코스 에피파네스 시대(기원전 175~164년)와 밀접하게 관련된다.

본문의 기록 장소는 정확하게 규명될 수 없다. 1~6장의 배경이 바벨론과 페르시아의 왕궁이기 때문에 최소한 그 부분은 동쪽의 디아스포라 유대인들로부터 유대되었을 것이라는 정도는 추측해 볼 수 있을 것이다. 하지만 다니엘서의 전체적인 관심은 안티오코스 4세의 통치 기간 동안에 팔레스타인에 살고 있던 유대인들의 운명은 점이 간과되어서는 안 되며, 또한 다니엘서가 팔레스타인 지역을 "영화로운 땅"(8:9, 11:16, 41)으로 명명하고 있음을 잊어서는 안 된다. 이것은 의심의 여지없이 다니엘서의 최종적인 고향이 팔레스타인(예루살렘)이었을 가능성을 말해 주는 것이다.

5. 다니엘서의 메시지

이스라엘이 미래의 희망을 잃어 가고 있을 즈음에 다니엘서의 저자는 세계의 역사는 여전히 하나님의 의도대로 진행되고 있으며, 지상의 세계 왕국은 곧 심판을 받고 새로운 영원한 하나님의 나라가 도래할 것임을 선언하고 있는 것이다.

II. 다니엘 본문 주석

1. 바벨론에서의 다니엘과 세 친구의 초기 이력(1:1~21)

다니엘 1장

1. 유다 왕 여호야김이 다스린 지 삼 년이 되는 해에 바벨론 왕 느부갓네살이 예루살렘에 이르러 성을 에워쌌더니 2. 주께서 유다 왕 여호야김과 하나님의 전 그릇 얼마를 그의 손에 넘기시매 그가 그것을 가지고 시날 땅 자기 신들의 신전에 가져다가 그 신들의 보물 창고에 두었더라

1~2절 이스라엘 백성들의 몸서리치는 파국에 대한 실제적인 기억을 내포하고 있다. 다니엘서는 포로가 시작된 직후의 포로에 대한 자세한 진술이라기보다 이미 시작된 포로생활을 전제하고 있다(1:1~2). 하나님이 유다 왕과 하나님의 전 기구 얼마를 느부갓네살 왕의 손에 넘기심으로 포로가 시작되었다고 말한다. 역사를 객관적으로 보면 느부갓네살 왕은 예루살렘을 함락하고, 기명이 일부를 가져와서 자기 신들의 신전 보물창고에 전리품으로 전시하면서 승리를 축하하였다.

유다는 하나님의 약속을 무시하고 안식일을 범하고 안식년을 폐하고(렘 34:12~22) 우상을 섬기고 말았다(렘 7:30~31). 그러므로 신명기 28장의 약속으로 인하여 유다는 몰락하게 되었다. 하나님은 느부갓네살을 하나님께 불순종하는 백성을 징벌하는 도구로 선택하셨다(참조, 렘 27:6;합 1:6).

3. 왕이 환관장 아스부나스에게 말하여 이스라엘 자손 중에서 왕족과 귀족 몇 사람 4. 곧 흠이 없고 용모가 아름다우며 모든 지혜를 통찰하며 지식에 통달하며 학문에 익숙하여 왕궁에 설 만한 소년을 데려오게 하였고 그들에게 갈대아 사람의 학문과 언어를 가르치게 하였고

3~4절 전쟁에서 승리한 느부갓네살은 굴복당한 유다 왕 여호야김과 탈취한 성전의 기구들 이외에도 엄격한 기준하에서 이스라엘의 소년들을 선발하여 바벨론으로 끌고 갈 것을 환관장에게 명령하였다. 또 느부갓네살이 유다를 통치하기 위해 그들을 행정 관료로 만들기 위함이었다. 아스부나스는 환관의 우두머리였다.

이러한 포로들은 신체적, 정신적으로 어린 소년들 중에서 선택되었다. 그들은 그들이 살게 된 곳의 학문과 방언을 배우려 하지 않았기 때문에 궁정 문화에 융화시키려는 시도가 강요되었다. 왕의 앞에 서기 위해 그들은 3년 간 엄한 훈련을 받아야 했다. 아마 그 교육과정에는 농업, 건축, 점성술, 천문학, 법률, 수학, 아카드어 학습이 포함되었을 것이다.

5. 또 왕이 지정하여 그들에게 왕의 음식과 그가 마시는 포도주에서 날마다 쓸 것을 주어 삼 년을 기르게 하였으니 그 후에 그들은 왕 앞에 서게 될 것이더라

5절 느부갓네살은 유대 소년들에 대한 특별한 관심을 가지고 있었다. 왕은 앞으로 바벨론으로 가게 되면, "자기의 진미와 자기의 마시는 포도주"를 유대 소년들에게 배급해 주도록 특별한 조처를 취하였다.

유대인 포로들에 대한 바벨론의 양육은 '교육'과 '부양'이라는 두 가지 측면으로 나타나고 있다. 이것은 결국 그들로 하여금 조국을 잊어버리고 바벨론인 처럼 되어 바벨론을 위해 봉사하도록 준비시키기 위함이다.

6. 그들 가운데는 유다 자손 곧 다니엘과 하나냐와 미사엘과 아사랴가 있었더니 7. 환관장이 그들의 이름을 고쳐 다니엘은 벨드사살이라 하고 하나냐는 사드락이라 하고 미사엘은 메삭이라 하고 아사랴는 아벳느고라 하였더라

6~7절 유대 소년들은 그 사이에 예루살렘에서 바벨론 왕국으로 옮겨진 것이다. 중요한 것은 환관장이 유대 소년들을 바벨론으로 이동시킨 후에 가장 먼저 "그들의 이름을 고쳐" 바벨론식으로 바꾸어 버렸다는 점이다. 이름

이 강제로 바뀌었다는 것은 유대 소년들의 자기 정체성에 심각한 변화가 일어났으며, 그들은 바벨론 권력자에게 불가항력적으로 종속당하는 상황이 발생하게 되었음을 의미한다.

얼마나 많은 사람들이 사로잡혀 갔는지는 알 수 없으나 네 명만이 바벨론에서 중요한 일을 하게 되었으므로 이름이 언급되었다. 그들의 이름은 이스라엘의 하나님 야훼를 존경하는 의미의 이름들이었기에 그들의 이름은 바뀌었다. 엘은 하나님을 뜻하고, 야는 야훼의 이름에서 나온 것으로 이 젊은이들은 하나님을 경외하는 부모를 가지고 있었음을 추측케 한다.

이렇게 환관장은 바벨론 궁정에서부터 이스라엘의 하나님에 대한 어떤 증거도 남기지 않기로 결심했던 것 같다. 그가 네 명에게 붙여 준 이름은 그들이 모두 바벨론의 신들에게 복종하도록 되었음을 의미했다.

8. 다니엘은 뜻을 정하여 왕의 음식과 그가 마시는 포도주로 자기를 더럽히지 아니하리라 하고 자기를 더럽히지 아니하도록 환관장에게 구하니

8절 느부갓네살은 포로들에게 풍부한 식량을 공급했다. 그들의 생활은 호사스러운 것이었는데, 그들이 왕의 식탁에 매일 공급되는 진미와 포도주를 먹었기 때문이다. 그러나 이 음식은 모세의 법에 맞지 않았다. 이방인에 의해 준비된다는 사실이 그것을 증명한다.

반면, 다니엘이 바벨론의 음식문화를 거부한 것은 유대인으로서 끝까지 남아 있으려는 일종의 자기 보호를 위한 반응이었던 것이다. 다니엘은 갈대아의 학문을 배우는 것에 대해서는 아무런 거리낌이 없었지만, 강제로 바벨론식 이름을 지니게 되고 이방의 왕이 보내주는 음식을 먹는 것에 대해서는 단호히 부정적인 입장을 취하였다. 다니엘은 바벨론의 세계로 자신을 인도하려는 궁중의 계획에 대한 본격적인 저항을 시작한 것이다.

다니엘의 마음은 그가 하는 일로 하나님을 기쁘시게 하는 것이었다. 그러므로 그는 그가 하나님의 율법을 따르지 않는 문화 속에 살고 있더라도 그 자신을 율법의 지배하에 있을 것으로 뜻을 정하였다. 그는 환관장에게 왕으로부터 부여 받은 음식과 술을 먹거나 마시지 않아도 될 수 있도록 요청했다. 다니엘은 용감하고 결단이 있었으며 하나님께 순종하였다.

9. 하나님이 다니엘로 하여금 환관장에게 은혜와 긍휼을 얻게 하신지라
10. 환관장이 다니엘에게 이르되 내가 내 주 왕을 두려워하노라 그가 너희
    먹을 것과 너희 마실 것을 지정하셨거늘 너희의 얼굴이 초췌하여 같은
    또래의 소년들만 못한 것을 그가 보게 할 것이 무엇이냐 그렇게 되면
    너희 때문에 내 머리가 왕 앞에서 위태롭게 되리라 하니라

9~10절 다니엘이 환관장에게 간청하였을 때 하나님은 다니엘이 환관장
에게 은혜를 입게 하신다.

그는 잡혀 온 소년들의 몸과 정신의 발전을 감독해서 왕이 원하는 대로의
역할을 그들이 해낼 수 있도록 하는 것이었다. 분명히 이들은 왕의 계획상
전략적 위치를 차지하고 있었기 때문에 환관장은 이들이 잘 훈련되기를 원
했다. 만약 이들이 왕에게 별로 가치가 없는 존재였다면 이들의 육체적 조
건은 중요치 않았을 것이고, 따라서 아스부나스는 목숨을 건 모험을 하지
않았을 것이다. 다니엘은 환관으로부터 은혜와 긍휼을 얻도록 그의 마음을
움직이실 하나님을 믿고 그의 상황을 하나님께 맡겼다.

하나님께서는 순수한 신앙을 지키려는 다니엘과 세 친구에 대해 은혜와
긍휼을 베푸심으로 왕의 명령에 복종해야 할 의무가 있는 환관장으로 하여
금 다니엘을 도울 수 있는 방법을 찾게 하신다. 이는 하나님께서는 당신을
따르는 신실한 자들과 늘 함께하시며 시험의 때에 피할 길을 열어 주시는
분임을 깨닫게 해 준다.

11. 환관장이 다니엘과 하나냐와 미사엘과 아사랴를 감독하게 한 자에게
    다니엘이 말하되 12. 청하오니 당신의 종들을 열흘 동안 시험하여 채
    식을 주어 먹게 하고 물을 주어 마시게 한 후에 13. 당신 앞에서 우리
    의 얼굴과 왕의 음식을 먹는 소년들의 얼굴을 비교하여 보아서 당신이
    보는 대로 종들에게 행하소서 하매 14. 그가 그들의 말을 따라 열흘 동
    안 시험하더니

11~14절 왕의 진미와 포도주를 받지 않겠다는 다니엘의 결심은 환관장의 거절에도 불구하고 변하지 않았다. 환관장의 마음을 바꿀 수 없다는 것을 깨달은 다니엘은 새로운 출구를 찾아야 했다. 지혜로운 다니엘은 그것을 알고 있었다. 그는 "환관장이 세워 다니엘과 하나냐와 미사엘과 아사랴를 감독하게 한 자"를 찾아가 자신의 의도를 다시 한번 밝힌다.

다니엘의 요청이 환관장에게 거부된 듯 보였을 때도 다니엘은 아스부나스가 소년들을 감독하도록 지시한 한 감독관에게 접근하여 그들이 10일간 채소와 물만 먹을 수 있도록 요청하였다. 모세의 법은 어떠한 채소도 부정하지 않다고 규정하였다. 다니엘은 자신을 더럽히지 않고 자기 앞에 놓여 있는 어떤 채소도 먹을 수 있었다. 짧은 기간(10일)내에서는 어느 누구의 생명도 위태롭게 하는 아무런 증세도 일어날 수 없었다. 사실상 다니엘은 그들의 얼굴이 왕의 식사를 하는 자들보다 더 나을 것이라고 암시했다.

감독자는 환관장보다 훨씬 융통성이 많은 사람이었다. 그는 아무런 이의를 제기하지 않고 다니엘의 요청을 받아들였다. 하나님은 다니엘이 바벨론 궁중에서 최고의 자리에 있는 환관장에게뿐만 아니라, 매일 마다 그를 관리하고 감독하는 하급관료에게도 '은혜와 긍휼'을 얻게 하신 것이다.

15. 열흘 후에 그들의 얼굴이 더욱 아름답고 살이 더욱 윤택하여 왕의 음식을 먹는 다른 소년들보다 더 좋아 보인지라 16. 그리하여 감독하는 자가 그들에게 지정된 음식과 마실 포도주를 제하고 채식을 주니라

15~16절 열흘 후 네 사람은 왕의 진미를 먹었던 자들보다 더 건강해 보였다. 아스부나스는 전에 두려움을 가졌을 때처럼 친구들과 자신에 대한 배려의 차원에서 요청한 다니엘의 음식과 관련한 요구를 거부하지 않았다. 그들은 채식 위주의 식사를 계속할 수 있었다.

채식과 물은 비록 초라하고 보잘 것 없는 식사였을지라도 왕궁의 음식을 능가하는 결과를 낳았다. 이제 감독자는 다니엘과의 약속을 지켜야만 했다. 다니엘이 일구어 낸 신앙의 위대한 승리에 대한 찬양의 노래를 부르고 있다. 하나님이 어두운 역사 속에서도 여전히 살아 계신 분임을 선언하고 있다. 이러한 의도된 암시는 독자들에게 다니엘과 그의 친구들이 앞으로 있게 될 또 다른 모진 핍박의 상황에서도 더욱 과감한 신앙적 용기를 갖게 될 것임을 기대하게 만들고 있다.

17. 하나님이 이 네 소년에게 학문을 주시고 모든 서적을 깨닫게 하시고 지혜를 주셨으니 다니엘은 또 모든 환상과 꿈을 깨달아 알더라

17절 이 네 소년을 느부갓네살이 궁정에서 일하도록 임명했는데 실제로 그것은 하나님이 하신 일이었다. 하나님께서 지식과 명철을 주셨기 때문이다. 다니엘과 유대 소년들이 모든 학문과 재주에 명철했음을 특별히 강조하고 있다. 하나님은 그의 백성들이 세상적인 학문에 통달하는 것을 결코 반대하지 않으시는 분이다. 하지만 하나님은 단순히 선택받은 개인들의 세속적으로 성공하기를 원하시고 계신 것은 아니다. 하나님이 자신이 선택한 자들에게 넘치는 지혜와 은총을 주신 것은 그들로 인해 공동체가 번영하고, 이 땅이 하나님이 원하시는 사회가 되도록 하시려는 더 큰 목적이 있는 것이다.

18. 왕이 말한 대로 그들을 불러들일 기한이 찼으므로 환관장이 그들을 느부갓네살 앞으로 데리고 가니 19. 왕이 그들과 말하여 보매 무리 중에 다니엘과 하나냐와 미사엘과 아사랴와 같은 자가 없으므로 그들을 왕 앞에 서게 하고 20. 왕이 그들에게 모든 일을 묻는 중에 그 지혜와 총명이 온 나라 박수와 술객보다 십 배나 나은 줄을 아니라 21. 다니엘은 고레스 왕 원년까지 있으니라

18~21절 삼년의 기간이 끝난 후에 환관장은 훈련시킨 청년들을 왕 앞에서 시험을 받게 하였다. 시험의 내용은 육체적인 강인함과 지적인 능력이었다. 본문에는 육체적인 강인함에 대한 언급은 없지만 이미 전제되어 있음을 알 수 있다. 단지 왕은 바벨론 학문에 대한 것을 시험하기 원했다. 다른 청년들에 비하여 유대 청년들이 학문에 있어서 십 배나 뛰어남이 판명되어 그들은 왕의 소년들 중에서 발탁되었다.

2. 느부갓네살의 꿈과 다니엘의 해몽(2:1~49)

다니엘 2장

1. 느부갓네살이 다스린 지 이 년이 되는 해에 느부갓네살이 꿈을 꾸고 그로 말미암아 마음이 번민하여 잠을 이루지 못한지라

1절 느부갓네살이 꿈을 꾼 때는 왕위에 즉위한지 2년이다. 왕은 여러 번에 걸쳐 "꿈을 꾸었는데" 그 꿈의 내용을 기억 할 수 없었다는 것이다. 왕은 기억하지 못하는 꿈 때문에 매우 심난해 하였다.

이 꿈은 분명히 느부갓네살에게 큰 중요성을 가진 것이었는데, 그는 꿈으로 번민하였고, 그것이 그를 잠들지 못하게 괴롭혔다.

2. 왕이 그의 꿈을 자기에게 알려 주도록 박수와 술객과 점쟁이와 갈대아 술사를 부르라 말하매 그들이 들어가서 왕의 앞에 선지라 3. 왕이 그들에게 이르되 내가 꿈을 꾸고 그 꿈을 알고자 하여 마음이 번민하도다 하니

2~3절 왕은 기억하지 못하는 자신의 꿈을 알아내도록 하기 위해 "박수와 술객과 점장이와 갈대아 술사"를 소집하였다. 꿈을 풀이하는 작업은 왕에게 매우 중요한 사안이었기 때문에 그는 특별한 한 집단이 아니라, 바벨론에 존재했던 직업적 지혜자 집단들을 모두 부른 것이다. 그들은 한 사람이 사용한 방법이 원하는 결과를 얻지 못하면 다른 사람의 방법이 채택되곤 하였다. 그들은 왕을 안정시킬 수 있는 해석을 왕에게 보이기 위해 그들의 술법을 행해야 했다.

4. 갈대아 술사들이 아람 말로 왕에게 말하되 왕이여 만수무강 하옵소서 왕께서 그 꿈을 종들에게 이르시면 우리가 해석하여 드리겠나이다 하는지라

4절 꿈을 알아내라는 왕의 명령을 듣고 네 개의 마술적 전문가 집단들 중에서 "갈대아 술사들"이 대표로 나서서 왕에게 대답한다. 그들의 말은 왕의 건강을 위한 기원으로부터 시작한다. 꿈을 풀이해 달라는 왕의 요청에 대해 신하들은 "아람 방언"으로 대답하기 시작하였다. 꿈을 해석하라는 요청에도 그들이 놀라지 않은 것으로 보아 다른 경우에도 여러 번 있었던 것 같다.

'갈대아 술사'는 왕이 꿈의 내용을 자기들에게 알려 주면, 꿈을 "해석하여" 주겠다고 말했다. '갈대아 술사'는 의무감에 충실한 신하들이었다. 그들은 왕의 궁극적인 관심이 꿈의 내용에 있는 것이 아니라, 자신의 미래의 운명을 제시하는 꿈의 해석에 있음을 이미 알고 있었다. 그들은 자신들의 총체적인 지혜를 믿었고 꿈을 해석하여 왕을 만족시킬 수 있다고 생각했다.

5. 왕이 갈대아인들에게 대답하여 이르되 내가 명령을 내렸나니 너희가 만일 꿈과 그 해석을 내게 알게 하지 아니하면 너희 몸을 쪼갤 것이며 너희의 집을 거름더미로 만들 것이요
6. 너희가 만일 꿈과 그 해석을 보이면 너희가 선물과 상과 큰 영광을 내게서 얻으리라 그런즉 꿈과 그 해석을 내게 보이라 하니

5~6절 '갈대아 술사들'을 향한 왕의 말은 매우 놀라운 것이었다. 왕은 그들에게 자신의 꿈을 풀이해 달라고 간청한 것이 아니라, "꿈과 그 해석"을 하지 못할 경우에는 미래에 불행한 운명을 당하게 될 것임을 경고하였다. 왕은 도저히 기억할 수 없는 자신의 꿈의 내용이 불길하다고 판단하여 '갈대아 술사들'에게 매우 강한 어조로 꿈의 내용을 알아내고 그것의 의미를 해석해 낼 것을 엄명한 것이다. 왕의 말은 위협과 협박으로 가득 차 있다. 왕은 강한 부정적 논조를 통해 꿈의 해석의 중요성을 강조하고 있다. 왕은 '갈대아 술사들'에게 꿈의 내용과 그 꿈의 의미를 풀어내지 못하면 "너희 몸을 쪼갤 것이며 너희 집으로 거름 터를 삼을 것"이라며 가차없이 죽임을 당할 것임을 전하였다. 왕은 지혜자들이 꿈을 말하고 해석할 경우 상과 함께 영광을 주겠다고 약속했다.

7. 그들이 다시 대답하여 이르되 원하건대 왕은 꿈을 종들에게 이르소서 그리하시면 우리가 해석하여 드리겠나이다 하니

8. 왕이 대답하여 이르되 내가 분명히 아노라 너희가 나의 명령이 내렸음을 보았으므로 시간을 지연하려 함이로다

9. 너희가 만일 이 꿈을 내게 알게 하지 아니하면 너희를 처치할 법이 오직 하나이니 이는 너희가 거짓말과 망령된 말을 내 앞에서 꾸며 말하여 때가 변하기를 기다리려 함이라 이제 그 꿈을 내게 알게 하라 그리하면 너희가 그 해석도 보일 줄을 내가 알리라 하더라

7~9절 다시 한 번 지혜자들은 왕에게 꿈을 말해주면 해석해 주겠다고 요청했다. 왕은 '갈대아 술사들'이 무시무시한 위협의 말에 겁을 먹고 임시방편으로 죽음을 모면하기 위해 변명만 늘어놓는 것으로 생각하고, 다시 한번 협박하면서 자신이 꾼 꿈을 풀이할 것을 촉구했다.

미래에 대한 그들의 해석을 신뢰할 수 있는 길은 오직 그들이 그의 꿈을 다시 회상시켜야 한다고 그는 생각했다. 그렇지 않으면 그들을 거짓말과 망령된 말을 꾸미는 자들일 것이라고 판단했다.

10. 갈대아인들이 왕 앞에 대답하여 이르되 세상에는 왕의 그 일을 보일 자가 한 사람도 없으므로 어떤 크고 권력 있는 왕이라도 이런 것으로 박수에게나 술객에게나 갈대아인들에게 물은 자가 없었나이다

11. 왕께서 물으신 것은 어려운 일이라 육체와 함께 살지 아니하는 신들 외에는 왕 앞에 그것을 보일 자가 없나이다 한지라

10~11절 피할 수 없는 죽음의 운명에 직면하게 되자 '갈대하 술사들'은 왕의 협박에 필사적으로 저항해야만 했고, 논리적이고 당당한 답변을 통해 다시 한번 왕을 설득하려고 시도했다. 그들은 왕의 이성에 호소하기 시작했는데, 왕은 인간이 해결하기에는 불가능한 것을 자신들에게 요구한 것이라는 점을 부각시켜 말하였다. 기억하지 못하는 꿈의 내용을 파악하는 일은 인간의 능력 한계를 훨씬 넘어선다는 것이다. 흥미롭게도 이것은 그들이 궁

중에서 높이 평가되어왔던 꿈의 해석을 통해서 과거에 왕들을 속여왔다는 것을 인정한 것이었다.

12. 왕이 이로 말미암아 진노하고 통분하여 바벨론의 모든 지혜자들을 다 죽이라 명령하니라
13. 왕의 명령이 내리매 지혜자들은 죽게 되었고 다니엘과 그의 친구들도 죽이려고 찾았더라

12~13절 '갈대아 술사들'의 변명에 왕은 전혀 귀를 기울이지 않았다. 이 제 그들은 어쩔 수 없이 화를 당하게 될 것에 대한 엄청난 두려움을 갖게 되었다. 바벨론의 지혜자 집단은 왕의 결단의 마음을 돌려놓는 일에 완전히 실패하고 말았다. 그는 바벨론 내의 모든 지혜자들을 죽이라고 명령했다. 그것은 궁정에서 시중드는 사람들에게 한 것이 아니라 미래를 예언한다고 하는 사람들에게 가해진 것이었다. 다니엘과 그의 세 친구들은 지혜자로 명명되었으므로 그들에게도 형벌이 떨어졌다.

바벨론에 있는 모든 지혜자들을 죽이라는 왕의 명령은 왕의 분노의 정도와 우상 숭배와 하나님을 부인하는 인간적인 지혜는 결국 폐할 수밖에 없다는 점을 보여 주는 것으로, 다니엘을 등용시켜 하나님의 능력과 역사를 나타내려는 준비 과정이라고 할 수 있다.

14. 그 때에 왕의 근위대장 아리옥이 바벨론 지혜자들을 죽이러 나가매 다니엘이 명철하고 슬기로운 말로
15. 왕의 근위대장 아리옥에게 물어 이르되 왕의 명령이 어찌 그리 급하냐 하니 아리옥이 그 일을 다니엘에게 알리매
16. 다니엘이 들어가서 왕께 구하기를 시간을 주시면 왕에게 그 해석을 알려 드리리이다 하니라

14~16절 궁정에서 무슨 일이 일어났는지 다니엘은 몰랐다. 다니엘은 분노와 격정으로 가득 찬 왕과 죽음의 공포 속에 긴장하고 있는 다른 마술적

전문가들과는 달리 아무런 근심도 갖고 있지 않다. 두려움과 위기의 상황에 직면해서도 전혀 심적인 동요를 일으키지 않는 다니엘의 담대하고 용감한 모습을 강조하고 있다. 왕의 명령으로 그에게도 죽음의 선고가 내려졌을 때, 다니엘은 지혜롭게도 근위대장인 아리옥에게 그 이유를 물었다. 아리옥은 왕에 대한 지혜자들의 기만을 폭로했다.

다니엘은 용감하게 왕에게 기한을 주시면 꿈을 해석하겠다면서 사형을 잠시 유보시켜 달라고 간청했다. 왕이 더 이상의 시간을 요구하는 지혜자들을 책망하였기 때문에 그것은 용기가 필요했다.

여기서 우리는 다니엘의 지혜가 다른 지혜자들보다 월등히 뛰어나다는 것과 하나님께서 그와 함께 하셔서 그의 생명을 보호하신다는 것을 깨달을 수 있다.

17. 이에 다니엘이 자기 집으로 돌아가서 그 친구 하나냐와 미사엘과 아사랴에게 그 일을 알리고
18. 하늘에 계신 하나님이 이 은밀한 일에 대하여 불쌍히 여기사 다니엘과 친구들이 바벨론의 다른 지혜자들과 함께 죽임을 당하지 않게 하시기를 그들로 하여금 구하게 하니라

17~18절 그는 집에 돌아가서 세 친구들과 함께 하늘에 계신 하나님께 긍휼을 요청했다. 불쌍히 여겨달라는 것은 사람의 간구에 대한 하나님의 응답을 구하는 것이다. 다니엘은 자신의 환경 속에서 무력함을 인정했다. 그리고 하나님을 신뢰하였고 그가 간구하는 것을 하나님께서 응답해 줄 것을 기대했다.

19. 이에 이 은밀한 것이 밤에 환상으로 다니엘에게 나타나 보이매 다니엘이 하늘에 계신 하나님을 찬송하니라

19절 다니엘과 세 친구의 합심 기도에 하나님께서는 특별한 방법으로 응답하신다. 다니엘은 바로 그러한 하나님을 "찬송"하지 않을 수 없었다. 자

신에게 세계 역사의 은밀한 내용을 보여 주신 하나님을 향한 다니엘의 반응은 즉각적이었다. 다니엘은 하나님이 자신에게 보여 준 이상에 대해 아무런 의심도 갖지 않았다. 자신의 기도에 응답하신 하나님에게 다니엘은 먼저 찬양을 드리지 않을 수 없었다.

20. 다니엘이 말하여 이르되 영원부터 영원까지 하나님의 이름을 찬송할 것은 지혜와 능력이 그에게 있음이로다
21. 그는 때와 계절을 바꾸시며 왕들을 폐하시고 왕들을 세우시며 지혜자에게 지혜를 주시고 총명한 자에게 지식을 주시는도다
22. 그는 깊고 은밀한 일을 나타내시고 어두운 데에 있는 것을 아시며 또 빛이 그와 함께 있도다
23. 나의 조상들의 하나님이여 주께서 이제 내게 지혜와 능력을 주시고 우리가 주께 구한 것을 내게 알게 하셨사오니 내가 주께 감사하고 주를 찬양하나이다 곧 주께서 왕의 그 일을 내게 보이셨나이다 하니라

20~23절 그의 능력의 증거는 일을 주장하시는 것과 나라의 운명을 주관하시는 것에 나타나 있다. 느부갓네살은 하나님께서 그를 통해 자신의 뜻을 이루시고자 결정하심으로 왕이 되었다. 하나님의 지혜의 증거는 '지혜자에게 지혜를 주시고', '깊고 은밀한 일을 나타내시는 것' 알 수 있다. '빛'이 하나님과 함께 거한다. 그것은 모든 사람들이 어두움에 둘려 있지만 그에겐 모든 것이 분명하기 때문이다. 하나님은 미래를 아시며 그것을 계시해 주실 수 있다. 하나님은 다니엘에게 꿈을 주시고 그 해석을 알게 하셨다. 다니엘의 찬양 기도는 하나님께서 그를 신뢰하는 네 명에게 왕의 꿈을 보여 주신 것에 대한 감사로 끝을 맺고 있다.

24. 이에 다니엘은 왕이 바벨론 지혜자들을 죽이라 명령한 아리옥에게로 가서 그에게 이같이 이르되 바벨론 지혜자들을 죽이지 말고 나를 왕의 앞으로 인도하라 그리하면 내가 그 해석을 왕께 알려 드리리라 하니
25. 이에 아리옥이 다니엘을 데리고 급히 왕 앞에 들어가서 아뢰되 내가 사

로잡혀 온 유다 자손 중에서 한 사람을 찾아내었나이다 그가 그 해석을
왕께 알려 드리리이다 하니라
26. 왕이 대답하여 벨드사살이라 이름한 다니엘에게 이르되 내가 꾼 꿈과
그 해석을 네가 능히 내게 알게 하겠느냐 하니

24~26절 '열조의 하나님'에게 감사의 기도를 마친 다니엘은 이제 이방
인 시위대 장관에게 왕의 꿈을 해석할 수 있음을 자신 있게 알린다. 그의 이
름은 아리옥이다. 그는 왕의 알현을 책임지고 있는 자인데, "왕은 바벨론 박
사들을 멸하라는 명"을 그에게 내렸었다. 다니엘은 그를 찾아가 "바벨론 박
사들을 멸하지 말고 나를 왕 앞으로 인도하면 그 해석을 왕께 보여 드리겠
다."고 약속한다. 확신에 찬 다니엘의 말을 들을 아리옥은 "급히 왕의 앞에
들어가서" 꿈 해석의 가능성을 전달한다. 아리옥은 왕에게로 바로 직행하여
"꿈 해석"이라는 희망의 메시지를 들고 온 다니엘을 소개한다. 아리옥은 왕
에게 "사로잡혀 온 유다 자손 중에서 한 사람을 얻었다."고 말한다. 아리옥의
보고를 들은 왕은 다니엘을 바벨론의 이름인 "벨드사살"로 부르며, "내가
얻은 꿈과 그 해석을 네가 능히 내게 알게 하겠느냐."고 질문한다. 이 왕의
말은 반갑고 기쁜 입장에서 나온 반응이라기보다는 바벨론의 최고 현자들
도 실패했던 일을 어찌 할 수 있겠느냐는 회의적인 반응이라고 볼 수 있다.

27. 다니엘이 왕 앞에 대답하여 이르되 왕이 물으신 바 은밀한 것은 지혜자
나 술객이나 박수나 점쟁이가 능히 왕께 보일 수 없으되
28. 오직 은밀한 것을 나타내실 이는 하늘에 계신 하나님이시라 그가 느부
갓네살 왕에게 후일에 될 일을 알게 하셨나이다 왕의 꿈 곧 왕이 침상
에서 머리 속으로 받은 환상은 이러하니이다

27~28절 다니엘은 왕이 지혜자들에게 요구했던 것과 같은 진실성을 시
험 받았다. 그때 그들은 다만 신들만이 미래를 인간에게 알려 줄 수 있다고
대답했다. 다니엘은 바벨론의 박사들이 거짓된 신과 협의한다고 해서 할 수
있는 일은 없다고 단언했다. 다니엘은 '은밀한 것을 나타내실 자'는 '하늘에

계신 하나님' 이셨기 때문에 그런 말을 할 수 있었다. 그럼에도 불구하고 다니엘은 그 자신에게 공을 돌리지 않았다.

29. 왕이여 왕이 침상에서 장래 일을 생각하실 때에 은밀한 것을 나타내시는 이가 장래 일을 왕에게 알게 하셨사오며
30. 내게 이 은밀한 것을 나타내심은 내 지혜가 모든 사람보다 낫기 때문이 아니라 오직 그 해석을 왕에게 알려서 왕이 마음으로 생각하던 것을 왕에게 알려 주려 하심이니이다

29~30절 다니엘은 왕의 꿈이 예언적인 것으로 '닥칠 일'과 '일어나게 될 일'을 말한다고 처음부터 밝혔다. 느부갓네살의 꿈은 왕 자신의 시대가 장차 닥칠 이스라엘의 메시야에 의해 굴복하게 되는, 이방인의 역사에 대한 예언적 전개를 다루고 있었다. 이때는 '이방인의 때'라고 불린다. 이 꿈은 느부갓네살에게 즉시 이해될 수 있었다.

다니엘은 자기 지혜가 다른 사람보다 낫기 때문에 그에게 은밀한 것이 보이는 것이 아니라고 겸손하게 고백했다.

31. 왕이여 왕이 한 큰 신상을 보셨나이다 그 신상이 왕의 앞에 섰는데 크고 광채가 매우 찬란하며 그 모양이 심히 두려우니
32. 그 우상의 머리는 순금이요 가슴과 두 팔은 은이요 배와 넓적다리는 놋이요
33. 그 종아리는 쇠요 그 발은 얼마는 쇠요 얼마는 진흙이었나이다

31~33절 왕의 꿈은 비교적 간단했다. 다니엘은 왕이 본 것은 상당히 큰 신상이라고 말했다. 그 크기와 모양은 그에게 심히 두려운 정도였다.

왕이 그 앞에 섰을 때 왕의 모습은 작아 보였다. 그 우상은 금속으로 주조되어서 광채가 찬란했다. 그 우상의 머리는 순금으로 되었고, 가슴과 두 팔은 은으로 되었고, 배와 넓적다리는 놋이었으며, 종아리는 쇠이고 발은 쇠와 진흙으로 되어 있었다. 이처럼 신상은 여러 부분으로 되어 있었다.

34. 또 왕이 보신즉 손대지 아니한 돌이 나와서 신상의 쇠와 진흙의 발을 쳐서 부서뜨리매
35. 그 때에 쇠와 진흙과 놋과 은과 금이 다 부서져 여름 타작 마당의 겨 같이 되어 바람에 불려 간 곳이 없었고 우상을 친 돌은 태산을 이루어 온 세계에 가득하였나이다

34~35절 그 우상은 오래 가지 않았다. 돌 하나가 나와서 신상의 발을 부서뜨리자, 바람에 날려가는 겨와 같이 돼 버렸다. 여기서 겨는 여름 타작마당에 바람에 불려가는 낱알의 먹지 못하는 부분이었다. 돌은 우상을 부수어 온 세계에 가득한 큰 태산을 만들었다. 그러나 그 꿈은 왕을 괴롭혔다.

36. 그 꿈이 이러한즉 내가 이제 그 해석을 왕 앞에 아뢰리이다
37. 왕이여 왕은 여러 왕들 중의 왕이시라 하늘의 하나님이 나라와 권세와 능력과 영광을 왕에게 주셨고
38. 사람들과 들짐승과 공중의 새들, 어느 곳에 있는 것을 막론하고 그것들을 왕의 손에 넘기사 다 다스리게 하셨으니 왕은 곧 그 금 머리니이다

36~38절 다니엘의 해석은 팔레스타인과 이스라엘 족속을 차례로 다스릴 이방국가의 순서를 나타내는 것이 틀림없었다. 느부갓네살은 바벨론 제국의 왕으로서 금 머리였다. 그의 부친은 무력으로 바벨론을 다스렸으나, 느부갓네살은 그의 나라와 권세와 능력과 영광을 하나님께 받았다.
느부갓네살의 통치는 들짐승과 새는 물론, 모든 인생을 다스리는 세계적인 제국으로 보였다. 여기서 하나님께서 지명하신 느부갓네살은 하나님께서 사람을 위해 계획하신 모든 것을 이루는 일에 조력하는 것이다.

39. 왕을 뒤이어 왕보다 못한 다른 나라가 일어날 것이요 셋째로 또 놋 같은 나라가 일어나서 온 세계를 다스릴 것이며

39절 신상의 둘째 부분인 가슴과 팔은 은으로 되었는데, 메데와 바사의

발흥을 나타내었다. 메데와 바사는 바벨론을 B.C 539년에 점령했다. 은으로 된 팔은 분명히 메데와 바사가 바벨론을 패배시킨 것을 뜻하고 있었다.

배와 허벅다리는 놋으로 셋째 왕국의 출현을 나타낸다. 이것은 그리스 제국을 뜻한다. 알렉산더 대왕은 메데와 바사를 B.C 334~330년 사이에 멸망시키고 그 나라의 주민과 영토를 몰수하였다. 알렉산더의 정복으로 그리스 제국은 동쪽으로 인도의 북서지방까지 확장되었다. 확장된 제국은 온 세계를 지배하는 것처럼 보였다.

40. 넷째 나라는 강하기가 쇠 같으리니 쇠는 모든 물건을 부서뜨리고 이기는 것이라 쇠가 모든 것을 부수는 것 같이 그 나라가 뭇 나라를 부서뜨리고 찧을 것이며

40절 철로 된 다리는 로마 제국을 나타낸다. 네 번째 왕국은 B.C 63년에 그리스 제국을 지배했다. 비록 로마 제국이 두 개의 종아리로 나뉘었고 철과 진흙으로 혼합된 발이었지만 그것은 동일한 제국이었다. 철에 비교된 이 제국은 그 힘에 있어서는 청동이나 은이나 금보다 더 강하였다. 로마 제국은 앞선 제국들보다 더 강대하였다. 그것은 앞서 있던 여러 제국들을 부서뜨렸다. 로마는 전에 세 나라에 속했던 민족과 영토를 삼켜버렸다.

41. 왕께서 그 발과 발가락이 얼마는 토기장이의 진흙이요 얼마는 쇠인 것을 보셨은즉 그 나라가 나누일 것이며 왕께서 쇠와 진흙이 섞인 것을 보셨은즉 그 나라가 쇠 같은 든든함이 있을 것이나
42. 그 발가락이 얼마는 쇠요 얼마는 진흙인즉 그 나라가 얼마는 든든하고 얼마는 부서질 만할 것이며
43. 왕께서 쇠와 진흙이 섞인 것을 보셨은즉 그들이 다른 민족과 서로 섞일 것이나 그들이 피차에 합하지 아니함이 쇠와 진흙이 합하지 않음과 같으리이다

41~43절 철로 시작된 제국은 철과 혼합된 진흙의 상태로 변해버렸다.

이 혼합물은 점진적인 악화와 약화를 말해준다. 두 금속은 금속 하나만으로 당해내지 못할 합금을 이룬다. 그러나 철과 진흙은 혼합 될 수 없다.

철과 진흙이 도가니에 혼합되어 녹는점까지 가열되고 주물을 만들려고 부어질 때는 서로 분리된다. 진흙은 약한 주물을 형성할 뿐이다. 로마 제국은 분할과 약화로 특징 지워진다.

44. 이 여러 왕들의 시대에 하늘의 하나님이 한 나라를 세우시리니 이것은 영원히 망하지도 아니할 것이요 그 국권이 다른 백성에게로 돌아가지도 아니할 것이요 도리어 이 모든 나라를 쳐서 멸망시키고 영원히 설 것이라

45. 손대지 아니한 돌이 산에서 나와서 쇠와 놋과 진흙과 은과 금을 부서뜨린 것을 왕께서 보신 것은 크신 하나님이 장래 일을 왕께 알게 하신 것이라 이 꿈은 참되고 이 해석은 확실하니이다 하니

44~45절 이미 꿈에 대한 해석은 끝났지만 다니엘은 이 꿈의 내용 중에서 다시금 강조하는 내용이 있다. 네 금속으로 이루어진 신상이 산에서 나온 손대지 아니한 돌에 의하여 부서졌다는 꿈의 내용이 느부갓네살 왕에게 주어진 것은 하나님이 장래 일을 왕에게 알려주려는 것이다. 그 장래일이란 아무리 자신만만한 느부갓네살 왕의 나라라도 궁극적으로는 멸망하리라는 것이다.

46. 이에 느부갓네살 왕이 엎드려 다니엘에게 절하고 명하여 예물과 향품을 그에게 주게 하니라

47. 왕이 대답하여 다니엘에게 이르되 너희 하나님은 참으로 모든 신들의 신이시요 모든 왕의 주재시로다 네가 능히 이 은밀한 것을 나타내었으니 네 하나님은 또 은밀한 것을 나타내시는 이시로다

48. 왕이 이에 다니엘을 높여 귀한 선물을 많이 주며 그를 세워 바벨론 온 지방을 다스리게 하며 또 바벨론 모든 지혜자의 어른을 삼았으며

49. 왕이 또 다니엘의 요구대로 사드락과 메삭과 아벳느고를 세워 바벨론 지방의 일을 다스리게 하였고 다니엘은 왕궁에 있었더라

46~49절 느부갓네살은 다니엘을 높여 귀한 선물을 주며 나라의 운명을 맡기는 직책을 주었다. 다니엘은 바벨론 시가 있는 지방의 총독이 되었다. 다니엘은 세 친구들을 잊지 않고 그들도 등용되도록 청원했다. 왕은 사드락(하나냐), 메삭(미사엘), 아벳느고(아사랴)로 하여금 다니엘을 도와 바벨론 지방의 일을 다스리게 했다. 다니엘은 왕의 고문으로서 왕궁에 있을 수 있었다. 하나님께서는 놀랄 만한 방법으로 다니엘을 궁정에서 높여주셨고 잠시(597년과 586년) 바벨론에 잡혀와 있던 유대인들과 왕 사이의 중재자가 되게 하셨다.

3. 느부갓네살의 금신상과 신앙의 절개와 승리 (3:1~30)

다니엘 3장

1. 느부갓네살 왕이 금으로 신상을 만들었으니 높이는 육십 규빗이요 너비는 여섯 규빗이라 그것을 바벨론 지방의 두라 평지에 세웠더라

1절 금으로 된 머리와 동일한 느부갓네살은 금 신상을 만들도록 명령했다. 신상은 "바벨론 도의 두라 평지"에 세워졌다. '두라'는 '둘레, 주위' 등을 의미하는데, 울타리로 테두리가 쳐진 곳임을 암시한다.

2. 느부갓네살 왕이 사람을 보내어 총독과 수령과 행정관과 모사와 재무관과 재판관과 법률사와 각 지방 모든 관원을 느부갓네살 왕이 세운 신상의 낙성식에 참석하게 하매
3. 이에 총독과 수령과 행정관과 모사와 재무관과 재판관과 법률사와 각 지방 모든 관원이 느부갓네살 왕이 세운 신상의 낙성식에 참석하여 느부갓네살 왕이 세운 신상 앞에 서니라

2~3절 느부갓네살은 신상의 낙성식에 여덟 계급의 신하를 참석하게 했

다. 총독은 왕의 최고 대변인이었고, 수령은 군사 지도자였고, 행정관은 행정 관리였으며, 모사는 정부의 조정관이었다. 재무관은 왕국의 재정을 관리했고, 재판관은 법을 운용했고, 법률사는 판결을 내렸다. 각 지방 모든 관원은 그 지방을 관리하고 다스리는 자들이었던 것 같다. 이 관리들은 느부갓네살의 모든 관료를 포함했을 것이다.

느부갓네살이 참석한 가운데 두라 평원의 신상 앞에서 많은 관료들이 복종을 맹세한 것은 놀라운 일임에 틀림없다.

4. 선포하는 자가 크게 외쳐 이르되 백성들과 나라들과 각 언어로 말하는 자들아 왕이 너희 무리에게 명하시나니
5. 너희는 나팔과 피리와 수금과 삼현금과 양금과 생황과 및 모든 악기 소리를 들을 때에 엎드리어 느부갓네살 왕이 세운 금 신상에게 절하라
6. 누구든지 엎드려 절하지 아니하는 자는 즉시 맹렬히 타는 풀무불에 던져 넣으리라 하였더라

4~6절 금 신상 앞에서 절하도록 한 것은 느부갓네살이 자기 왕국의 절대 권력에 대한 복종을 공개적으로 보기 위함이었다. 관리들을 신상 앞에서 엎드리게 했을 뿐만 아니라 절하도록 했던 사실은 그 일이 정치적이면서도 종교적인 의미가 있음을 뜻했다. 느부갓네살은 바벨론 신들 중의 하나로 존경될 뿐만 아니라 새로운 형태의 종교적 숭배의 대상이 되었다.

두라 평원에 소집되었던 신하들은 그들이 왜 불려 왔는지 알지 못했다. 그들이 집합하자 왕의 선포하는 자는 그들에게 느부갓네살의 정치적, 종교적 권력을 인정하도록 선언했다. 신상에 절하지 않을 때는 극렬히 타는 풀무에 던져지는 형벌이 가해졌다. 이 극심한 형벌은 신하들의 복종이 강압에 의한 것이었음을 시사한다.

7. 모든 백성과 나라들과 각 언어를 말하는 자들이 나팔과 피리와 수금과 삼현금과 양금과 및 모든 악기 소리를 듣자 곧 느부갓네살 왕이 세운 금 신상에게 엎드려 절하니라

7절 '반포하는 자'의 위협적인 말이 끝나자 곧 다양한 악기들로부터 소리가 울려 퍼졌고, 그때에 "모든 백성과 나라들과 각 방언하는 자들이 느부갓네살 왕의 세운 금 신상에게 엎드리어 절"을 하였다. 공포와 억압의 상황에서 왕의 명령에 불복종할 수 있는 자는 아무도 없었다.

8. 그 때에 어떤 갈대아 사람들이 나아와 유다 사람들을 참소하니라
9. 그들이 느부갓네살 왕에게 이르되 왕이여 만수무강 하옵소서
10. 왕이여 왕이 명령을 내리사 모든 사람이 나팔과 피리와 수금과 삼현금과 양금과 생황과 및 모든 악기 소리를 듣거든 엎드려 금 신상에게 절할 것이라
11. 누구든지 엎드려 절하지 아니하는 자는 맹렬히 타는 풀무불 가운데에 던져 넣음을 당하리라 하지 아니하셨나이까
12. 이제 몇 유다 사람 사드락과 메삭과 아벳느고는 왕이 세워 바벨론 지방을 다스리게 하신 자이거늘 왕이여 이 사람들이 왕을 높이지 아니하며 왕의 신들을 섬기지 아니하며 왕이 세우신 금 신상에게 절하지 아니하나이다

8~12절 낙성식이 진행되는 동안에 한 가지 심각한 문제가 발생하였다. "어떤 갈대아 사람들이(왕 앞에)나아와 유다 사람들을 참소"하는 사건이 생긴 것이다. "참소하다"는 직역하면 '그들이 조각들을 먹었다.' 인데, 궁중 안에서 빈번하게 발생했던 파벌 싸움과 관련된 정치적 용어다.

고발인들은 신상에게 절하지 않은 자들이 "몇 유다 사람 사드락과 메삭과 아벳느고"임을 밝히고, 그들은 "왕을 높이지 아니하며 왕의 신들을 섬기지 아니한" 자들이라며 왕에게 구체적으로 고발의 이유를 내놓았다. 세 명의 유대인들이 신상에게 절하며 경의를 표하지 않은 것은 왕의 절대적인 권위에 도전한 행위이며, 왕이 섬기는 신을 모독한 행동이라는 것이다.

이들은 세 유대인들이 왕의 신상에 절하지 않는 것을 자신들의 행위와 대조시켜 왕의 호의를 사려고 했다. 흥미로운 것은 그들이 다니엘이 아닌 그의 세 친구인 사드락, 메삭, 아벳느고를 고소했다는 사실이다.

13. 느부갓네살 왕이 노하고 분하여 사드락과 메삭과 아벳느고를 끌어오라 말하매 드디어 그 사람들을 왕의 앞으로 끌어온지라
14. 느부갓네살이 그들에게 물어 이르되 사드락, 메삭, 아벳느고야 너희가 내 신을 섬기지 아니하며 내가 세운 금 신상에게 절하지 아니한다 하니 사실이냐
15. 이제라도 너희가 준비하였다가 나팔과 피리와 수금과 삼현금과 양금과 생황과 및 모든 악기 소리를 들을 때 내가 만든 신상 앞에 엎드려 절하면 좋거니와 너희가 만일 절하지 아니하면 즉시 너희를 맹렬히 타는 풀무불 가운데에 던져 넣을 것이니 능히 너희를 내 손에서 건져낼 신이 누구이겠느냐 하니

　　13~15절 절하기를 거부한 세 명의 보고를 듣고 그는 분노했다. 느부갓네살은 즉각적으로 그들을 벌하지는 않았으나 그들에게 그 고소의 사실여부를 확인했다. 그는 그들에게 다시 한번 신상에 절할 기회를 주었다. 그렇게 하면 그들에 대한 참소가 거짓된 것이 드러나고 그들의 바뀐 태도를 보여줄 수 있었다.
　　왕은 그런 복종의 중대함을 상기시키고 나서 반항에 대한 형벌이 즉시 행해질 것임을 경고했다.

16. 사드락과 메삭과 아벳느고가 왕에게 대답하여 이르되 느부갓네살이여 우리가 이 일에 대하여 왕에게 대답할 필요가 없나이다
17. 왕이여 우리가 섬기는 하나님이 계시다면 우리를 맹렬히 타는 풀무불 가운데에서 능히 건져내시겠고 왕의 손에서도 건져내시리이다
18. 그렇게 하지 아니하실지라도 왕이여 우리가 왕의 신들을 섬기지도 아니하고 왕이 세우신 금 신상에게 절하지도 아니할 줄을 아옵소서

　　16~18절 느부갓네살 왕의 위협적인 명령에도 불구하고 사드락과 메삭과 아벳느고는 신상에게 절하지 않기로 한 그들의 마음을 바꾸지 않았다. 그들의 결심은 생각보다 단호하였다. 그들은 풀무불에 던져질 각오를 하고

있으며, 하나님이 그들을 그 위험한 곳으로부터 보호해 주실 것이라는 강한 믿음을 가지고 있었다.

사드락과 메삭과 아벳느고는 하나님이 자신들을 구원하지 않을 수도 있음을 알고 있는 자들이었다. 그러나 그것은 하나님이 살아 계시지 않거나 능력이 없기 때문이 아니라, 하나님에게 어떤 더 큰 선한 이유가 있기 때문이라는 것이다. "그리 아니하실지라도"는 세 명의 피고발인들의 신앙이 최고의 수준에 도달되어 있음을 알려 주고 있는 표현이다. 만일 하나님이 신실한 자들을 구원해 주지 않는다면, 거기에는 인간이 헤아릴 수 없는 하나님의 신비스러운 섭리가 있기 때문이라는 것이다.

19. 느부갓네살이 분이 가득하여 사드락과 메삭과 아벳느고를 향하여 얼굴빛을 바꾸고 명령하여 이르되 그 풀무불을 뜨겁게 하기를 평소보다 칠 배나 뜨겁게 하라 하고
20. 군대 중 용사 몇 사람에게 명령하여 사드락과 메삭과 아벳느고를 결박하여 극렬히 타는 풀무불 가운데에 던지라 하니라
21. 그러자 그 사람들을 겉옷과 속옷과 모자와 다른 옷을 입은 채 결박하여 맹렬히 타는 풀무불 가운데에 던졌더라
22. 왕의 명령이 엄하고 풀무불이 심히 뜨거우므로 불꽃이 사드락과 메삭과 아벳느고를 붙든 사람을 태워 죽였고
23. 이 세 사람 사드락과 메삭과 아벳느고는 결박된 채 맹렬히 타는 풀무불 가운데에 떨어졌더라

19~23절 자신이 높여준 사람들임에도 불구하고 왕은 그들에게 직접 사형을 내려 자신의 권한을 나타내 보이기로 결심하였다.

왕은 세 친구들이 금신상 앞에서 절대로 절하지 않을 것을 알았다. 그리하여 느부갓네살 왕은 가장 강하고 잔인한 방법으로 세 친구들을 벌할 방법을 찾는다. 그는 분이 가득하고, 얼굴빛을 바꾸어 명령한다. 풀무불의 뜨겁기를 7배나 더 하라고 명령한다.

왕의 명령을 받은 용사들은 결박된 세 명의 유대인을 풀무불 속으로 집어

넣기 위해 가까이 갔다가 큰 화를 당하고 말았다. 뜨겁게 타오르는 불길에 가까이만 가도 자신들에게 큰 위험이 있게 될 것이라는 것을 잘 알고 있었지만 용사들은 왕의 명령을 거역할 수 없었다. 성급한 왕의 명령으로 인하여 유능한 용사들만 억울하게 죽음을 당하게 되었다. 사형선고를 받은 피고발인들 대신에 묵묵하게 책임을 감당한 용사들이 죽음을 당한 것이다. 용사들은 임무를 완성하기는 했지만, 그 대신에 그들의 귀중한 목숨을 바쳐야 했다.

24. 그 때에 느부갓네살 왕이 놀라 급히 일어나서 모사들에게 물어 이르되 우리가 결박하여 불 가운데에 던진 자는 세 사람이 아니었느냐 하니 그들이 왕에게 대답하여 이르되 왕이여 옳소이다 하더라

25. 왕이 또 말하여 이르되 내가 보니 결박되지 아니한 네 사람이 불 가운데로 다니는데 상하지도 아니하였고 그 넷째의 모양은 신들의 아들과 같도다 하고

26. 느부갓네살이 맹렬히 타는 풀무불 아귀 가까이 가서 불러 이르되 지극히 높으신 하나님의 종 사드락, 메삭, 아벳느고야 나와서 이리로 오라 하매 사드락과 메삭과 아벳느고가 불 가운데에서 나온지라

27. 총독과 지사와 행정관과 왕의 모사들이 모여 이 사람들을 본즉 불이 능히 그들의 몸을 해하지 못하였고 머리털도 그을리지 아니하였고 겉옷 빛도 변하지 아니하였고 불 탄 냄새도 없었더라

24~27절 느부갓네살은 안전한 곳에서 이 과정을 지켜보고 있었다. 아래쪽 풀무 문으로 풀무 속을 보았을 때 그는 놀라고 말았다. 그가 결박했던 사람들이 풀무 속에서 결박되지 아니한 채로 다니고 있었다. 풀부 속에는 세 사람이 아니라 네 사람이 보였다. 그는 넷째 사람이 신들의 아들 같다고 했다. 그 사람은 아마도 미리 나타나신 그리스도이셨을 것이다. 비록 느부갓네살이 하나님의 아들에 대해서는 몰랐으나 세 사람과 함께 보이는 사람이 초인임을 알았다.

느부갓네살은 자기 명령이 잘 들릴 수 있도록 풀무의 아귀에 가까이 갔다. 그는 세 명에게 풀무에서 나와서 가까이 오라고 명령했다. 이 말을 할

때 왕은 그들을 '지극히 높으신 하나님의 종'이라고 불렀다. 여기서 느부갓네살은 이 세 명이 섬긴 하나님(3:17)을 참된 하나님이라고 인정했다.

느부갓네살이 하나님을 인정한 것은 놀라운 일이었다. 그때부터 그는 여호와가 바벨론의 신들보다 낫다고 믿었다. 그럼에도 그는 유대 포로들을 잡아왔고 성전 집기들을 가져왔다. 그러나 그의 신들은 풀무불로부터 산자를 구해내지 못했다. 세 명이 예언했던 것과 같이 그들의 하나님 여호와는 그들을 풀무에서부터 구하셨다. 세 명이 불속에서 나왔을 때 자세히 살펴본 느부갓네살의 신하들은 세 명의 몸이 상하지도 않았고 의복은 타지도 않았고 불탄 냄새도 나지 않았음을 보았다.

28. 느부갓네살이 말하여 이르되 사드락과 메삭과 아벳느고의 하나님을 찬송할지로다 그가 그의 천사를 보내사 자기를 의뢰하고 그들의 몸을 바쳐 왕의 명령을 거역하고 그 하나님 밖에는 다른 신을 섬기지 아니하며 그에게 절하지 아니한 종들을 구원하셨도다
29. 그러므로 내가 이제 조서를 내리노니 각 백성과 각 나라와 각 언어를 말하는 자가 모두 사드락과 메삭과 아벳느고의 하나님께 경솔히 말하거든 그 몸을 쪼개고 그 집을 거름터로 삼을지니 이는 이같이 사람을 구원할 다른 신이 없음이니라 하더라
30. 왕이 드디어 사드락과 메삭과 아벳느고를 바벨론 지방에서 더욱 높이니라

28~30절 그러한 증거를 보고 느부갓네살은 이것은 사드락, 메삭, 아벳느고의 하나님께서 자기 천사를 보내어 자기를 섬긴 그들을 구원하셨다고 선언했다. 느부갓네살은 세 사람이 자기들의 하나님을 섬긴 헌신을 보고 감동했다. 동시에 그는 하나님이 그 종들을 구원하셨다는 사실을 공적으로 선포할 뿐만 아니라 조서를 내려 그 나라 사람들 중에서 유대인의 하나님께 불경을 행하는 자는 사형에 처하겠다고 선언하게 된다.

우리는 하나님을 향해 살아 있는 믿음을 소유한 자는 일시적으로 고난과 피해를 당하지만 궁극적으로는 승리하며 참된 기쁨을 맛보게 된다는 점을 깨달을 수 있다.

4. 느부갓네살의 꿈과 성취(4:1~37)

다니엘 4장

1. 느부갓네살 왕은 천하에 거주하는 모든 백성들과 나라들과 각 언어를 말하는 자들에게 조서를 내리노라 원하노니 너희에게 큰 평강이 있을지어다
2. 지극히 높으신 하나님이 내게 행하신 이적과 놀라운 일을 내가 알게 하기를 즐겨 하노라
3. 참으로 크도다 그의 이적이여, 참으로 능하도다 그의 놀라운 일이여, 그의 나라는 영원한 나라요 그의 통치는 대대에 이르리로다

    1~3절 1절은 왕이 백성에게 내린 조서의 선언인데, 고대의 편지형식에 따라 발신인, 수신인, 인사말 순서로 되어 있다. 느부갓네살은 사드락과 메삭과 아벳느고가 풀무불에서 살아났을 때에 그들의 종교를 공식적으로 인정하는 조서를 내린 적이 있었는데, 왕은 백성들에게 다시 한번 특별한 조서를 내리게 되었다. 왕은 세상의 모든 백성들을 향해 먼저 "너희에게 많은 평강이 있을지어다."라고 안부인사를 전한다. 왕은 백성들이 "지극히 높으신 하나님이 내게 행하신 이적과 기사를 내가 알게 하기" 위해 특별 조서를 내린 것이다. 백성들에게 자신의 입장을 조서로 밝히겠다는 의지 표명이 있은 후에 왕은 갑자기 하나님의 능력에 대해 찬송을 드린다.

4. 나 느부갓네살이 내 집에 편히 있으며 내 궁에서 평강할 때에
5. 한 꿈을 꾸고 그로 말미암아 두려워하였으니 곧 내 침상에서 생각하는 것과 머리 속으로 받은 환상으로 말미암아 번민하였었노라
6. 이러므로 내가 명령을 내려 바벨론의 모든 지혜자들을 내 앞으로 불러다가 그 꿈의 해석을 내게 알게 하라 하였더라
7. 그 때에 박수와 술객과 갈대아 술사와 점쟁이가 들어왔으므로 내가 그 꿈을 그들에게 말하였으나 그들이 그 해석을 내게 알려 주지 못하였느니라

4~7절 꿈을 통한 계시가 두 번째로 느부갓네살에게 주어졌다. 이 꿈은 전에 있었던 것과 같이 왕을 번민 가운데 몰아넣었다. 그는 편히 있으며 평강하였으나 그 꿈으로 인해 두려워했다. 그래서 그는 두려움을 완화시킬 수 있는 해석을 구했다. 바벨론의 모든 박사들이 첫 번째 꿈을 해석하지 못하여 왕에게 신뢰를 받지 못했으나 다시 그들을 불렀다. 그는 박수, 술객, 술사, 점쟁이를 불러서 꿈을 말해 주었으나 그들은 해석하지 못했다.

8. 그 후에 다니엘이 내 앞에 들어왔으니 그는 내 신의 이름을 따라 벨드사살이라 이름한 자요 그의 안에는 거룩한 신들의 영이 있는 자라 내가 그에게 꿈을 말하여 이르되

8절 그 다음에야 왕은 다니엘에게 꿈을 고했다. 그는 술객들로부터 도움을 받지 못한 채 여호와를 경외한 사람에게 도움을 청했으나 여전히 자신의 신들(마르둑, 벨 등)을 버리지 않았다.

분명히 다니엘은 꿈을 해석하도록(4:6) 부름 받은 지혜자들 중에는 포함되어 있지 않았다. 분명히 다니엘은 왕을 위로하는 직책이 아니라 정부의 요직을 맡고 있었다. 그러므로 그는 지혜자들이 초청되었을 때 거기에 포함되지 않았다.

9. 박수장 벨드사살아 네 안에는 거룩한 신들의 영이 있은즉 어떤 은밀한 것이라도 네게는 어려울 것이 없는 줄을 내가 아노니 내 꿈에 본 환상의 해석을 내게 말하라

9절 왕은 다니엘을 "박수장 벨드사살"이라고 불렀다. 다니엘은 이미 '바벨론 모두 박사의 어른'으로 임명된 상태에 있었기 때문에, '박수장'은 바벨론에서의 다니엘의 공식적인 명예직함이라고 볼 수 있다. 지혜와 해몽의 능력에서 그가 바벨론의 모든 지혜자들보다 뛰어나다는 것을 부인할 수 있는 자는 아무도 없었다. 왕은 "아무 은밀한 것이라도 네게는 어려울 것이 없는 줄"을 확신하고 있었다. 왕이 그만큼 다니엘의 꿈 해석 능력을 신뢰하고 있

다는 것을 의미하며, 그에게 큰 기대를 하고 있음을 뜻한다.

10. 내가 침상에서 나의 머리 속으로 받은 환상이 이러하니라 내가 본즉 땅
    의 중앙에 한 나무가 있는 것을 보았는데 높이가 높더니
11. 그 나무가 자라서 견고하여지고 그 높이는 하늘에 닿았으니 그 모양이
    땅 끝에서도 보이겠고
12. 그 잎사귀는 아름답고 그 열매는 많아서 만민의 먹을 것이 될 만하고
    들짐승이 그 그늘에 있으며 공중에 나는 새는 그 가지에 깃들이고 육체
    를 가진 모든 것이 거기에서 먹을 것을 얻더라

10~12절 느부갓네살은 다니엘을 '박수장'이라고 불렀다. 그것은 그가
지혜자들보다 권한이 컸기 때문이 아니고 꿈을 해석하고 이해하는데 있어
누구보다 뛰어났기 때문이었다. 왕은 그에게 자신의 꿈을 해석하도록 요청
했다. 느부갓네살은 그가 본 것 때문이 아니라 자기가 이해할 수 없다는 사
실을 알고 당황했다. 이전에 느부갓네살은 레바논으로 여행하여 바벨론의
건설 사업에 쓰일 백향목이 벌목되는 것을 보았다. 그래서 그는 거대한 나
무가 잘라지는 것을 보았다.

13. 내가 침상에서 머리 속으로 받은 환상 가운데에 또 본즉 한 순찰자, 한
    거룩한 자가 하늘에서 내려왔는데
14. 그가 소리 질러 이처럼 이르기를 그 나무를 베고 그 가지를 자르고 그
    잎사귀를 떨고 그 열매를 헤치고 짐승들을 그 아래에서 떠나게 하고 새
    들을 그 가지에서 쫓아내라

13~14절 왕은 한 순찰자, 한 거룩한 자를 보았다고 설명했다. 이 거룩한
사자는 느부갓네살이 모르는 자였는데 유대인들에게는 메시지를 갖고 있는
하늘의 천사로 알려져 있었다. 그 사자는 "그 나무를 베고 그 가지를 자르고
그 잎사귀를 떨고 열매를 헤치라"고 말했다. 그리고 그 나무 아래 깃들었던
"짐승들과 새들을 쫓아내라"고 했다.

15. 그러나 그 뿌리의 그루터기를 땅에 남겨 두고 쇠와 놋줄로 동이고 그것을 들 풀 가운데에 두어라 그것이 하늘 이슬에 젖고 땅의 풀 가운데에서 짐승과 더불어 제 몫을 얻으리라
16. 또 그 마음은 변하여 사람의 마음 같지 아니하고 짐승의 마음을 받아 일곱 때를 지내리라
17. 이는 순찰자들의 명령대로요 거룩한 자들의 말대로이니 지극히 높으신 이가 사람의 나라를 다스리시며 자기의 뜻대로 그것을 누구에게든지 주시며 또 지극히 천한 자를 그 위에 세우시는 줄을 사람들이 알게 하려 함이라 하였느니라

15~17절 느부갓네살이 후에 미쳐버려 사슬에 매이게 될 것임을 예고하고 있다고 볼 수 있다. 왕궁에서 쫓겨나 수풀 속에서 살아가면서 밤 이슬을 맞으며, 인간으로서의 품성을 잃은 채로 짐승과 같은 야만적인 생활을 하게 될 것임을 가리킨다.

왕궁에서 쫓겨나 들에서 살아가는 왕의 모든 생각과 행동이 결국 짐승의 것과 동일하게 된다는 것을 의미한다. 느부갓네살이 왕위에서 쫓겨나 정신 착란을 일으키고 짐승처럼 살아가게 되는 기간은 "일곱 때"가 될 것이다. '때'는 일반적으로 '해, 년'을 가리킬 때 사용되기 때문에 '일곱 때'는 7년이라고 말할 수 있다.

느부갓네살이 7년 동안 들에서 짐승처럼 비참하게 살아가게 되는 것은 "순찰자들의 명령대로요 거룩한 자들의 말대로" 발생한 사건이다. 즉, 바벨론의 왕 느부갓네살이 비참한 상태에 처하게 되는 것은 "지극히 높으신 이가 사람의 나라를 다스리시며 자기의 뜻대로 그것을 누구에게든지 주시며 또 지극히 천한 자를 그 위에 세우시는 줄을 사람들이 알게 하려는 것"이다.

하나님만이 역사의 유일한 주관자이시며, 인간의 생사화복에 대한 궁극적인 결정권이 하나님에게 속해 있다는 말이다. 왕이 세계를 통치하게 된 것은 자신의 능력 때문이 아니라 '지극히 높으신 자'인 하나님의 계획과 섭리에 의한 것이며, 교만한 자를 폐하고 언제든지 미천한 자로 왕위에 오르게 할 수 있다는 것이다.

18. 나 느부갓네살 왕이 이 꿈을 꾸었나니 너 벨드사살아 그 해석을 밝히 말하라 내 나라 모든 지혜자가 능히 내게 그 해석을 알게 하지 못하였으나 오직 너는 능히 하리니 이는 거룩한 신들의 영이 네 안에 있음이라

18절 자신이 꾼 꿈의 내용을 자세하게 설명한 후에 왕은 다니엘에게 꿈의 의미를 풀이해 줄 것을 다시 한번 요청한다. 왕은 "내 나라 모든 지혜자가 능히 내게 그 해석을 알게 하지 못하였다."는 사실을 상기시키며, 다니엘만이 자신의 꿈을 해석할 수 있는 유일한 자임을 시인하였다. 왕은 다니엘이 이미 신뢰를 상실한 다른 현자들과는 분명히 다른 인물임을 알고 있었다. 왕은 다니엘이 어떤 꿈이라도 능히 해석할 수 있다고 믿고 있었는데, 그이유는 그가 "거룩한 신들의 영"을 소유하고 있기 때문이라는 것이다.

19. 벨드사살이라 이름한 다니엘이 한동안 놀라며 마음으로 번민하는지라 왕이 그에게 말하여 이르기를 벨드사살아 너는 이 꿈과 그 해석으로 말미암아 번민할 것이 아니니라 벨드사살이 대답하여 이르되 내 주여 그 꿈은 왕을 미워하는 자에게 응하며 그 해석은 왕의 대적에게 응하기를 원하나이다

19절 "벨드사살이라 이름한 다니엘"은 왕의 꿈 내용을 자세히 듣고 난후에 "한동안 놀라 벙벙하여 마음이 번민하여" 어찌할 바를 알지 못했다. 왜냐하면 다니엘은 왕의 꿈이 그에게 불길한 미래를 예고하는 것이라는 사실을 잘 알고 있었기 때문이다. 꿈의 의미를 깨닫게 되자 그는 너무도 놀라 당황하였고, 왕에게 꿈의 의미를 보고하는 일을 주저하지 않을 수 없었다. 다니엘은 왕을 심판하시려는 하나님의 계획을 알고 극심한 내면적 혼란을 느끼게 되었다는 것이다.
왕은 "꿈과 그 해석을 인하여" 고민하는 다니엘의 모습을 보고, 속히 꿈의 의미를 밝힐 것을 권면하였다. 왕의 담대한 태도를 확인한 다니엘은 꿈의 의미를 전하기로 결심하였다. 다니엘은 왕에게 예의를 갖추며 먼저 예비적인 진술을 드리는 것을 잊지 않는다. 다니엘의 말은 혹시 자신에게 임할

지도 모르는 예기치 않은 화를 미연에 방지하려는 의도를 갖고 있지 않다. 다니엘은 그렇게 비겁한 겁쟁이가 아니며, 하나님이 주신 꿈풀이의 내용을 확신하지 못하는 불신앙의 소유자도 아니다. 다니엘은 다가오는 재난과 불행에서 벗어날 수 있는 가능성이 왕에게 아직 남아 있다는 것을 전달하고 싶었던 것이다.

20. 왕께서 보신 그 나무가 자라서 견고하여지고 그 높이는 하늘에 닿았으니 땅 끝에서도 보이겠고
21. 그 잎사귀는 아름답고 그 열매는 많아서 만민의 먹을 것이 될 만하고 들짐승은 그 아래에 살며 공중에 나는 새는 그 가지에 깃들었나이다
22. 왕이여 이 나무는 곧 왕이시라 이는 왕이 자라서 견고하여지고 창대하사 하늘에 닿으시며 권세는 땅 끝까지 미치심이니이다

20~22절 다니엘은 나무의 위대함을 설명하고 그것이 느부갓네살이라고 설명했다. 다니엘은 지혜롭게 좋은 소식부터 알렸다. 나무와 같이 느부갓네살은 크고 창대해졌다. 그의 왕국은 그의 통치하에 커지고 견고해졌다. 그의 왕국은 그때로부터 어떤 왕국보다 커졌다.

23. 왕이 보신즉 한 순찰자, 한 거룩한 자가 하늘에서 내려와서 이르기를 그 나무를 베어 없애라 그러나 그 뿌리의 그루터기는 땅에 남겨 두고 쇠와 놋줄로 동이고 그것을 들 풀 가운데에 두라 그것이 하늘 이슬에 젖고 또 들짐승들과 더불어 제 몫을 얻으며 일곱 때를 지내리라 하였나이다
24. 왕이여 그 해석은 이러하니이다 곧 지극히 높으신 이가 명령하신 것이 내 주 왕에게 미칠 것이라
25. 왕이 사람에게서 쫓겨나서 들짐승과 함께 살며 소처럼 풀을 먹으며 하늘 이슬에 젖을 것이요 이와 같이 일곱 때를 지낼 것이라 그 때에 지극히 높으신 이가 사람의 나라를 다스리시며 자기의 뜻대로 그것을 누구에게든지 주시는 줄을 아시리이다

23~25절 그 다음에 나쁜 소식이 있었다. 나무가 베어지는 것, 즉 지극히 높으신 자로부터의 명령은 느부갓네살이 왕의 권한과 지위를 잃게 된다는 것을 의미했다. 즉, 왕이 당하게 될 운명은 단순한 우연적 사건이 아니라, 철저히 하나님의 뜻에 따라 일어난 것이라는 말이다. "왕이 사람에게서 쫓겨나서 들짐승과 함께 살며 소처럼 풀을 먹으며 하늘 이슬에 젖을 것이요 이와 같이 일곱 때를 지낼 것이라."는 것은 그가 들짐승이 된다는 말이 아니라, 느부갓네살이 왕위에서 쫓겨나 동물들처럼 살아가는 비참한 신세가 될 것이라는 의미다. 그것은 정신병으로서 자신을 동물로 여기고 행동도 그렇게 하는 '동물화 망상'이다. 이것이 느부갓네살이 가진 병이었던 것 같다. 다니엘은 사자가 꿈에서 말해 준대로 그 경험의 목적을 얘기했다. 이런 질병으로 느부갓네살은 지극히 높으신 분이 인간 나라를 다스리시며 자기 뜻대로 그것을 누구에게든지 주시는 분인 것을 알게 될 것이다.

26. 또 그들이 그 나무뿌리의 그루터기를 남겨 두라 하였은즉 하나님이 다스리시는 줄을 왕이 깨달은 후에야 왕의 나라가 견고하리이다
27. 그런즉 왕이여 내가 아뢰는 것을 받으시고 공의를 행함으로 죄를 사하고 가난한 자를 긍휼히 여김으로 죄악을 사하소서 그리하시면 왕의 평안함이 혹시 장구하리이다 하니라

26~27절 그루터기가 뽑히지 않았다는 것은 왕이 왕위에 회복될 것을 의미한다. 그러나 그것은 느부갓네살이 하나님의 통치권을 인정하게 되기까지는 일어나지 않을 것이다.

다니엘은 왕이 그의 죄악을 고백하라고 권고하는 것으로 종결한다. 다니엘은 느부갓네살이 자신의 죄로부터 돌아서고 의의 열매를 맺을 것을 종용했다. 곧 하나님께 낮아진 마음에서 우러나오는 행동을 권고했다. 느부갓네살이 그렇게 했더라면 7년의 방황이 그를 피해갔을 것이다.

28. 이 모든 일이 다 나 느부갓네살 왕에게 임하였느니라
29. 열두 달이 지난 후에 내가 바벨론 왕궁 지붕에서 거닐새

30. 나 왕이 말하여 이르되 이 큰 바벨론은 내가 능력과 권세로 건설하여 나의 도성으로 삼고 이것으로 내 위엄의 영광을 나타낸 것이 아니냐 하였더니

31. 이 말이 아직도 나 왕의 입에 있을 때에 하늘에서 소리가 내려 이르되 느부갓네살 왕아 네게 말하노니 나라의 왕위가 네게서 떠났느니라

32. 네가 사람에게서 쫓겨나서 들짐승과 함께 살면서 소처럼 풀을 먹을 것이요 이와 같이 일곱 때를 지내서 지극히 높으신 이가 사람의 나라를 다스리시며 자기의 뜻대로 그것을 누구에게든지 주시는 줄을 알기까지 이르리라 하더라

33. 바로 그 때에 이 일이 나 느부갓네살에게 응하므로 내가 사람에게 쫓겨나서 소처럼 풀을 먹으며 몸이 하늘 이슬에 젖고 머리털이 독수리 털과 같이 자랐고 손톱은 새 발톱과 같이 되었더라

28~33절 다니엘의 해석으로 느부갓네살에게 주어진 계시는 곧 잊혀지고 다니엘의 권고는 무시되었다. 느부갓네살은 교만한 죄를 계속 저질렀다. 그는 다니엘이 권고했던 것과 같은 회개를 하지 않았다. 그는 바벨론 도시 자체를 자신의 소유물로서 자신의 위엄과 영광의 상징으로 생각했다.

하나님께서는 느부갓네살의 자만을 열두 달이나 참으셨다. 이것은 느부갓네살이 하나님께로 회개하고 돌아서도록 그에게 주어진 은총의 기간이었을 것이다. 교만한 왕을 향한 하나님의 징계는 매우 신속했다. "이 말이 아직도 나 왕의 입에 있을 때에" 하나님의 심판이 시작되었다. 느부갓네살의 교만한 독백이 채 끝나기도 전에 "하늘에서 소리가" 내려온 것이다. 이 신비한 소리는 교만한 자에 대한 징벌이 시작되었다는 것을 알리기 위해 하늘에 있는 순찰자들이 보낸 음성이다. 그 내용은 "나라의 왕위가 네게서 떠났다."는 것이다.

예언된 것은 더 이상 지체되지 않았고 다니엘의 해석대로 느부갓네살에게 심판이 닥쳤다. 왕이 궁정의 지붕에서 거닐면서 자신의 성취를 즐기고 있을 때 하늘에서 소리가 내려 그에게 심판을 선고했다.

예언된 바와 같이 왕은 소처럼 풀을 먹으며 들짐승과 같이 살았다. 그의

몸이 하늘 이슬에 젖고 머리털이 독수리 털과 같이 자랐고 손톱은 새 발톱과 같이 되었다. 그는 자신의 외모에 전혀 신경을 쓰지 않았다.

34. 그 기한이 차매 나 느부갓네살이 하늘을 우러러 보았더니 내 총명이 다시 내게로 돌아온지라 이에 내가 지극히 높으신 이에게 감사하며 영생하시는 이를 찬양하고 경배하였나니 그 권세는 영원한 권세요 그 나라는 대대에 이르리로다
35. 땅의 모든 사람들을 없는 것 같이 여기시며 하늘의 군대에게든지 땅의 사람에게든지 그는 자기 뜻대로 행하시나니 그의 손을 금하든지 혹시 이르기를 네가 무엇을 하느냐고 할 자가 아무도 없도다
36. 그 때에 내 총명이 내게로 돌아왔고 또 내 나라의 영광에 대하여도 내 위엄과 광명이 내게로 돌아왔고 또 나의 모사들과 관원들이 내게 찾아오니 내가 내 나라에서 다시 세움을 받고 또 지극한 위세가 내게 더하였느니라
37. 그러므로 지금 나 느부갓네살은 하늘의 왕을 찬양하며 칭송하며 경배하노니 그의 일이 다 진실하고 그의 행하심이 의로우시므로 교만하게 행하는 자를 그가 능히 낮추심이라

34~37절 "그 기한이 차매"는 '일곱 때'가 지나갔음을 의미한다. 왕이 들판에서 동물들처럼 생활하고 동물과 같은 모습으로 살아갔던 7년이 지나간 것이다. 그가 삶의 어두운 터널을 지나 밝은 세상으로 다시 돌아올 수 있었던 것은 순전히 하나님의 은총 덕택이다. 하나님은 7년이라는 제한된 기간을 넘기지 않았다. 7년은 왕에게 심판의 기간이었지만, 동시에 하나님의 자비와 긍휼을 깨닫는 기간이기도 했다. 이제 그는 교만을 버리고 겸손한 모습으로 "하늘을 우러러 바라보며" 하나님께 찬양의 고백을 드리기 시작한다. 그가 눈을 들어 하늘을 바라보았다는 것은 하나님의 도움을 간절히 바라고 있다는 뜻인데, 자신의 위대한 능력을 자랑하며 교만했던 모습을 철저하게 회개하고 하나님의 권위를 인정하고 있다는 것을 나타내는 상징적 행동이라고 볼 수 있다. 그가 하나님의 도움을 희망하며 회개하고 돌아오자,

하나님은 그에게 즉각적인 응답을 해주셨다. 왕은 자신의 "총명이 다시(내게로)돌아왔다."는 것을 깨달을 수 있었던 것이다.

하나님의 권능과 그분의 은혜를 깨달은 왕은 "지극히 높으신 이에게 감사하며 영생하시는 이를 찬양하고 경배하였나니 그 권세는 영원한 권세요 그 나라는 대대에 이르리로다." 라고 고백하지 않을 수 없게 되었다. 느부갓네살은 하나님의 절대성과 전능하심을 찬양하고 있다. 그는 영생하시는 하나님의 권능을 구체적으로 거론한다. 하나님은 "땅의 모든 사람들을 없는 것 같이 여기시는"분으로 고백되고 있다. 또한 하나님은 "하늘의 군대에게든지 땅의 사람에게든지 그는 자기 뜻대로 행하시는" 분으로 찬양되고 있다. "누가 그의 손을 금하든지 혹시 이르기를 네가 무엇을 하느냐고 할 자가 아무도 없도다." 라는 말은 하나님의 심판은 세계의 어느 누구에 의해서도 간섭받을 수 없는 강력한 것임을 시사한다.

왕은 "내 총명이 내게로 돌아왔고 또 내 나라의 영광에 대하여도 내 위엄과 광명이 내게로 돌아왔다." 고 고백하였다. 이 구절은 이성의 회복과 왕권의 회복에 대해 말하고 있는 것이다. 왕은 인간으로서의 온전한 이성적 기능을 다시 발휘할 수 있게 되었고, 왕으로서의 권위 있는 통치권도 다시 소유할 수 있게 되었다. "나의 모사들과 관원들이 내게 찾아오니 내가 내 나라에서 다시 세움을 받고 또 지극한 위세가 내게 더하였느니라."는 것은 왕궁의 관료들이 다시 왕을 찾고 알현하여 국사를 논할 수 있게 되었고, 왕은 이전보다 훨씬 더 강력한 권위를 소유할 수 있게 되었다는 것이다.

우리는 여기서 느부갓네살의 찬양과 감사의 고백이 전하고 있는 지상의 통치자와 하늘의 하나님 사이의 관계에 관한 신학적 메시지를 들을 수 있다. 즉, 7년 동안의 고통의 순간들이 다 지나가고 자신의 왕권이 회복되었으니, "지금 나 느부갓네살은 하늘의 왕을 찬양하며 칭송하며 경배"하지 않을 수 없게 되었다는 말이다.

마지막 문장은 왕이 하나님을 찬양하는 근본적인 이유들을 제시하고 있는데, 4장 전체의 요약문이라고 볼 수 있다. 하나님이 행하시는 일은 "진실하고 그의 행하심이 의로우시므로", 인간은 언제나 그 하나님 앞에서 겸손한 모습을 지니고 있어야 한다는 것이다.

5. 벨사살의 교만과 바벨론의 멸망(5:1~31)

다니엘 5장

1. 벨사살 왕이 그의 귀족 천 명을 위하여 큰 잔치를 베풀고 그 천 명 앞에 서 술을 마시니라

1절 느부갓네살의 통치는 끝이 났고, 이제 새로운 시대가 도래했다. 벨사살이 바벨론 제국을 통치하는 왕으로 있었다. "벨사살 왕"의 이름의 뜻은 "벨이여, 왕을 보호하소서!"이다. 벨사살은 어느 날 왕궁에서 "귀족 천 명을 위하여 큰 잔치를 베풀고 그 천 명 앞에서 술을 마시는" 대단한 연회를 열었다. 잔치에 참석한 '귀인들'이 누구인지는 정확히 알 수 없으나, 아마도 바벨론의 특권 귀족들이거나 국정을 담당한 고위 관료들을 지칭하고 있는 것으로 보인다.

2. 벨사살이 술을 마실 때에 명하여 그의 부친 느부갓네살이 예루살렘 성전에서 탈취하여 온 금, 은 그릇을 가져오라고 명하였으니 이는 왕과 귀족들과 왕후들과 후궁들이 다 그것으로 마시려 함이었더라
3. 이에 예루살렘 하나님의 전 성소 중에서 탈취하여 온 금 그릇을 가져오매 왕이 그 귀족들과 왕후들과 후궁들과 더불어 그것으로 마시더라
4. 그들이 술을 마시고는 그 금, 은, 구리, 쇠, 나무, 돌로 만든 신들을 찬양하니라

2~4절 연회가 한창 진행되고 있을 무렵에 벨사살은 술을 마시게 되었다. "벨사살이 술을 마실 때에"는 벨사살이 술에 취해 지극히 흥분된 상태에 있었음을 의미한다.

"그의 부친 느부갓네살이 예루살렘 성전에서 탈취하여 온 금, 은 그릇을 가져오라." 고 명령하였다. 벨사살 왕은 느부갓네살이 예루살렘에서 탈취해 와서 '신의 보고'에 보관해 두었던 성전의 그릇들을 꺼내 올 것을 요구하였

다. "왕과 귀족들과 왕후들과 후궁들이 다 그것으로 마시려고" 했기 때문이었다. 진실한 하나님의 능력에 대한 경멸을 나타내려고, 느부갓네살이 예루살렘 성전에서 취하여 온 금, 은 그릇으로 연회에 참석한 자들이 마실 수 있도록 했다. 연회장에 모여 예루살렘 성전에서 탈취해 온 그릇으로 술을 마신자들은 "금, 은, 구리, 쇠, 나무, 돌로 만든 신들을 찬양" 하였다.

벨사살의 아버지 나보니더스는 바벨론의 종교를 강화했다. 이러한 그의 아들의 행동은 이스라엘의 하나님을 높인 느부갓네살의 영향을 볼품없게 만드는 행동이었다. 그 자리에는 왕의 왕후들과 후궁들이 함께 있었다.

5. 그 때에 사람의 손가락들이 나타나서 왕궁 촛대 맞은편 석회벽에 글자를 쓰는데 왕이 그 글자 쓰는 손가락을 본지라
6. 이에 왕의 즐기던 얼굴빛이 변하고 그 생각이 번민하여 넓적다리 마디가 녹는 듯하고 그의 무릎이 서로 부딪친지라
7. 왕이 크게 소리 질러 술객과 갈대아 술사와 점쟁이를 불러오게 하고 바벨론의 지혜자들에게 말하되 누구를 막론하고 이 글자를 읽고 그 해석을 내게 보이면 자주색 옷을 입히고 금사슬을 그의 목에 걸어 주리니 그를 나라의 셋째 통치자로 삼으리라 하니라

5~7절 왕궁의 연회에 참석한 자들이 술을 마시며 바벨론의 신들을 찬양하던 "그 때에" 연회장의 분위기를 완전히 뒤바꾸는 한 가지 극적인 사건이 발생하게 되었다. 시끄럽게 떠들며 술에 취해 흥겨웠던 분위기는 갑자기 "사람의 손가락들이 나타나서 왕궁 촛대 맞은편 석회벽에 글자를 쓰는" 이해 할 수 없는 초자연적인 사건으로 인해 찬물을 끼얹듯 조용해졌다. 그것은 '감추어진 하나님' 의 현현 사건이다. 모독을 당한 하나님은 기이한 모습으로 인간들에게 나타나신 것이다. 왕궁의 벽에 나타난 사람의 손은 곧 '하나님의 손'이었다. 이 손은 능력의 손이며, 이스라엘의 적대자들을 힘없이 무너뜨리는 전능의 손이다.

상황이 급작스럽게 반전되었다. 살아 움직이는 유령 같은 손가락이 나타나 신비스러운 글자를 쓴 곳은 연회에 참석한 모든 사람들이 가장 잘 바라

볼 수 있는 장소였다. "왕이 그 글자 쓰는 손가락을 보기"까지 했다고 말하고 있다. 즉, 왕은 사람의 손가락이 나타나 왕궁의 벽에 글씨를 쓰는 과정을 처음부터 연회 참석자들과 함께 직접 바라보았다는 것이다.

갑자기 왕궁의 벽에 사람의 손이 나타나 이해할 수 없는 글자를 기록하는 것을 보는 순간 벨사살은 크게 놀라지 않을 수 없었다. 벨사살은 그 기이한 사건이 불길한 징조가 될 수 있음을 직감할 수 있었다. 벨사살 왕은 극도의 두려움으로 인해 심리적이고 신체적인 변화들을 경험하게 되었는데, 왕에게 미친 영향은 다음과 같이 네 가지로 서술되고 있다.

첫째는, "왕의 즐기던 얼굴 빛이 변화"되었다. 이것은 흥겹게 술을 마시던 왕의 얼굴이 갑자기 수심이 가득 찬 얼굴로 변했다는 것을 말하고 있다. 둘째는, "그 생각이 번민하게"되었다. 셋째로, "넓적다리 마디가 녹는 듯"하였다. "넓적다리 마디가 녹았다."는 것은 극도의 공포스러운 사건으로 인해 왕의 척추 마미들은 풀려 흩어져 버리고, 그는 온 힘을 잃게 되었다는 것을 설명하려는 문학적 표현이다. 넷째로, "그의 무릎이 서로 부딪히는"일이 일어났다. 겁에 질린 왕은 제대로 서 있을 힘도 없었으며, 무릎이 서로 부딪힐 정도로 심하게 떨고 있었다는 말이다.

위의 네 가지 표현들은 왕궁의 벽에 사람의 손가락이 나타나 이상한 글자를 기록한 사건이 왕에게 얼마나 크게 몸서리치는 충격을 주었는가를 잘 설명해 주고 있다. 겁에 질린 왕은 크게 당황하여 "크게 소리 질러 술객과 갈대아 술사와 점쟁이를 불러오게" 하였다. 크게 소리를 질렀다는 것은 왕이 무서워 정신을 차리지 못했다는 것을 의미한다. 왕은 바벨론의 현자들에게 "누구를 막론하고 이 글자를 읽고 그 해석을 내게 보이면 자주색 옷을 입히고 금사슬을 그의 목에 걸어 주리니 그를 나라의 셋째 통치자로 삼겠다."는 약속을 하였다. 왕은 현자들에게 세 가지의 상을 약속했다. 첫째는 자주 옷을 입혀 주겠다는 것이다.

둘째는 금 사슬을 목에 걸어 주겠다는 것이다. 셋째는 바벨론 제국의 '셋째 치리자'의 위치에 올려 주겠다는 것이다. 나보니더스는 왕이었고 벨사살은 그의 측근이었으므로, 수여될 최고 작위는 세 번째 통치자였다. 왕의 제안은 그의 두려움이 극심했음을 보여준다.

8. 그 때에 왕의 지혜자가 다 들어왔으나 능히 그 글자를 읽지 못하며 그 해석을 왕께 알려 주지 못하는지라

9. 그러므로 벨사살 왕이 크게 번민하여 그의 얼굴빛이 변하였고 귀족들도 다 놀라니라

10. 왕비가 왕과 그 귀족들의 말로 말미암아 잔치하는 궁에 들어왔더니 이에 말하여 이르되 왕이여 만수무강 하옵소서 왕의 생각을 번민하게 하지 말며 얼굴빛을 변할 것도 아니니이다

11. 왕의 나라에 거룩한 신들의 영이 있는 사람이 있으니 곧 왕의 부친 때에 있던 자로서 명철과 총명과 지혜가 신들의 지혜와 같은 자니이다 왕의 부친 느부갓네살 왕이 그를 세워 박수와 술객과 갈대아 술사와 점쟁이의 어른을 삼으셨으니

12. 왕이 벨드사살이라 이름하는 이 다니엘은 마음이 민첩하고 지식과 총명이 있어 능히 꿈을 해석하며 은밀한 말을 밝히며 의문을 풀 수 있었나이다 이제 다니엘을 부르소서 그리하시면 그가 그 해석을 알려 드리리이다 하니라

8~12절 지혜자들은 벽에 써 놓은 글을 읽거나 해석할 수 없었다. 이 사실이 왕을 더욱 두렵게 만들었다.

그 글자는 "왕의 지혜자가 다 들어왔으나 능히 그 글자를 읽지 못할" 정도로 난해하고 특수한 것이었다. 글자를 읽지도 못했으니 박사들은 "그 해석을 왕께 알게 할" 수는 더욱이 없었다. 또 다시 이방의 지혜자들의 무능력이 증명된 셈이다.

바벨론의 현자들에게 한 가닥 희망을 걸었던 벨사살은 크게 실망하고 말았다. 왕은 더욱 "크게 번민하게" 되었고, 그의 얼굴빛은 점점 어둡게 변했다. 이러한 내적이고 외적인 상황의 변화에 대한 소개는 벨사살의 절망적인 상태를 여실히 드러내고 있다고 볼 수 있다. 이제는 어느 누구도 그 문제를 해결할 가능성이 없어 보였다. 그것은 결코 심상치 않은 일이었고, 불길한 생각을 갖지 않을 수 없는 상황이었다. 왕뿐만 아니라, 바벨론의 "귀인들도 다 놀라" 심각한 사태를 해결할 방도를 찾지 못하고 있었다.

모두가 절망에 빠져 있을 때에 예기치 않은 한 인물이 희망의 메시지를 들고 나타났는데, 그 주인공은 놀랍게도 왕의 모친인 태후였다. 그녀는 "왕과 그 귀족들의 말로 말미암아 잔치하는 궁에 들어오게" 되었다. 아들이 곤경에 처해 있는데, 체면이나 왕궁 법도가 무슨 의미가 있겠는가! 태후는 왕 앞에 나아가 "왕이여 만수무강 하옵소서." 라고 먼저 인사를 올린다. 인사를 마친 태후는 "왕의 생각을 번민하게 하지 말며 얼굴빛을 변할 것도 아니다."라며 왕에게 희망의 메시지를 전한다. 바벨론의 현자들이 기이한 글자를 해독하지 못했다고 해서 전혀 해결책이 없는 것은 아니라는 말이다.

태후는 벨사살에게 그의 부친인 느부갓네살 시절에 알았던 한 사람을 소개하는데, 그는 세 가지 면에서 매우 뛰어난 인물로 간주되고 있다. 첫째로, 그는 "거룩한 신들의 영이 있는 사람"이다. 둘째로, 그는 "명철과 총명과 지혜가 신들의 지혜와 같은 자"다. 셋째로, 그는 "박수와 술객과 갈대아 술사와 점쟁이의 어른"이다. 태후는 아직 주인공의 이름을 밝히고 있지 않지만, 독자들은 그가 누구인지를 어렵지 않게 알아차릴 수 있다. 왜냐하면 위에 언급된 내용들은 느부갓네살이 다니엘에게 내린 평가와 거의 동일하기 때문이다. 태후는 자기의 남편 느부갓네살 시절에 바벨론의 모든 현자들보다 뛰어난 활약을 했었던 다니엘을 정확히 기억하고 있었던 것이다. 태후는 다니엘이 신적인 영감의 소유자이며, 신이 부여한 뛰어난 이성적 통찰권을 가진 자이며, 바벨론 최고의 현자의 위치에 올랐던 자임을 상기시키고 있다.

태후가 다니엘의 탁월성을 벨사살에게 설명한 이유는 자명하다. 다니엘이야말로 현재의 위급한 상황을 해결할 수 있는 유일한 인물임을 강조하기 위해서다. 왕이 왕궁 벽에 기록된 글자를 읽고 그 의미를 해석하기 위해서는 반드시 신적인 능력을 지닌 다니엘을 불러와야만 한다는 것이다. 그것은 난해한 글자를 읽고 문제를 해결할 수 있는 최후의 길이기 때문이다. 태후는 자신이 내세우는 주장의 정당성을 확증시키고자 다시 한번 다니엘의 능력을 언급한다. 그는 "마음이 민첩하고 지식과 총명이 있는 자"라는 것이다. 이 하나님의 '영'의 소유자는 보통 사람들의 욕구나 느낌 수준을 훨씬 뛰어넘는 생활을 하게 되며, 일반 다른 사람들이 갖고 있는 그 이상의 능력을 발휘할 수 있도록 한다. 즉, 다니엘의 능력은 하나님으로부터 받은 것이며, 그러므로 다니엘은 모든 사람들보다 훨씬 탁월한 이성적 통찰권을 소유하고 있다는 것이다.

이 초자연적 능력이 행사하는 세 가지 기능을 좀 더 구체적으로 설명하고 있다. 첫째는 "능히 꿈을 해석한다."는 것이다. 이것은 뛰어난 해몽 능력을 말한다. 둘째는 "은밀한 말을 밝힌다."는 것이다. '은밀한 말'은 수수께끼 같은 사건을 가리킨다. 세계 역사의 움직임과 관련되어 일어나는 비밀스러운 사건으로 정상적인 인간의 이성으로는 밝혀 낼 수 없는 신비한 말을 가리킨다. 셋째는 "의문을 풀 수 있다."는 것이다. 다니엘은 실타래처럼 복잡하게 얽힌 문제들을 별 어려움 없이 풀어가는 능력을 소유했다는 말이다. 태후는 왕이 다니엘을 부르면, "그가 그 해석을 알려 드리리이다."라고 확신하고 있다. 그녀는 아직도 다니엘의 능력을 전혀 의심하지 않고 있다. 왕이 어찌 이처럼 위대하고 탁월한 능력을 소유한 자를 부르지 않을 수 있겠는가! 벨사살은 어머니의 간절한 제안을 귀담아들어야만 했다.

왕비의 제안으로 다니엘이 그 글자를 해독하기 위해 왕 앞으로 불려 나오는 장면이 묘사되어 있는 본문은 이방신들과 여호와 하나님, 우상 숭배자들과 하나님의 백성들 사이에 있는 근본적인 차이점을 잘 부각시키고 있다.

13. 이에 다니엘이 부름을 받아 왕의 앞에 나오매 왕이 다니엘에게 말하되 네가 나의 부왕이 유다에서 사로잡아 온 유다 자손 중의 그 다니엘이냐

14. 내가 네게 대하여 들은즉 네 안에는 신들의 영이 있으므로 네가 명철과 총명과 비상한 지혜가 있다 하도다

15. 지금 여러 지혜자와 술객을 내 앞에 불러다가 그들에게 이 글을 읽고 그 해석을 내게 알게 하라 하였으나 그들이 다 그 해석을 내게 보이지 못하였느니라

16. 내가 네게 대하여 들은즉 너는 해석을 잘하고 의문을 푼다 하도다 그런즉 이제 네가 이 글을 읽고 그 해석을 내게 알려 주면 네게 자주색 옷을 입히고 금 사슬을 네 목에 걸어 주어 너를 나라의 셋째 통치자로 삼으리라 하니

13~16절 벨사살은 태후의 요청이 끝나자마자 곧바로 다니엘을 왕궁으로 불러들었다. 그만큼 벨사살은 다급했던 것이다. 다니엘이 등장하자마자 왕은 "네가 나의 부왕이 유다에서 사로잡아 온 유다 자손 중의 그 다니엘이냐."고 물어보았다. 이 질문에는 조금 전에 태후가 말한 내용이 전혀 들어 있지 않다. 이것은 왕이 다니엘에 대해 태후로부터 처음 들은 것이 아니었다는 것을 의미한다. 왕은 이미 다니엘에 대한 어느 정도의 정보를 가지고 있었다. 왕은 그가 유다에서 포로로 잡혀 온 인물임을 잘 알고 있었다. 왕은 직접적으로 다니엘의 얼굴을 본 경험은 없지만, 다니엘의 지혜로운 활약상에 대해 듣고 알고 있었을 것이다. 다니엘이 해독에 대해 왕이 내릴 상급이 제시되어 있다. 이것은 돈과 권력만 있으면 모든 것을 해결 할 수 있다는 왕의 물질 만능 사상과 하나님을 모르는 타락한 심성을 잘 보여 준다.

태후의 제의에 따라 벨사살은 그를 불러 오게 했다. 왕이 "네가 나의 부왕이 유다에서 사로잡아온 유다 자손 중의 그 다니엘이냐"라고 언급한 것으로 미루어, 그는 다니엘을 멸시한 것 같다. 다니엘은 벨사살이 경멸하는 하나님의 나라에서 왔었다. 왕은 다니엘에게 왕후로부터 들은 바, 그가 지혜자와 술객들이 할 수 없는 것을 행하는 능력이 있다는 것을 말했다. 그는 다니엘에게 벽에 쓰인 글을 읽고 그 뜻을 해석하면 지혜자들에게 약속한 것과 같은 보상을 주겠다고 했다.

17. 다니엘이 왕에게 대답하여 이르되 왕의 예물은 왕이 친히 가지시며 왕의 상급은 다른 사람에게 주옵소서 그럴지라도 내가 왕을 위하여 이 글을 읽으며 그 해석을 아뢰리이다
18. 왕이여 지극히 높으신 하나님이 왕의 부친 느부갓네살에게 나라와 큰 권세와 영광과 위엄을 주셨고
19. 그에게 큰 권세를 주셨으므로 백성들과 나라들과 언어가 다른 모든 사람들이 그의 앞에서 떨며 두려워하였으며 그는 임의로 죽이며 임의로 살리며 임의로 높이며 임의로 낮추었더니

17~19절 다니엘은 왕의 권위나 기세에 전혀 숨죽이지 않고 있다. 다니

엘은 "왕의 예물은 왕이 친히 가지시며 왕의 상급은 다른 사람에게 주옵소서." 라며 왕의 조건적 제안을 거절한다. 다니엘 자신이 신비한 글자를 해독하려는 것은 상급을 받으려는 저차원적인 동기 때문이 아니라는 것이다. 다니엘은 상급에는 관심이 없다. 다니엘은 세상의 재물에 의해 좌지우지되는 거짓 예언자와 같은 인생을 살아가는 자가 아니었다. 다니엘이 상급을 거절한 것은 하나님이 전하라는 내용이 무엇이든지간에 참된 진리만을 선포하겠다는 결연한 신앙적 의지를 보인 것이다. 다니엘은 하나님으로부터 받은 계시를 그대로 전달하려는 참된 예언자적 정신을 소유하고 있는 자다. 꿈풀이가 끝난 다음에 다니엘에게 상급이 주어졌을 뿐이다. 다니엘의 해몽이 물질과 명예의 상급에 종속되어 있지 않았었다는 것은 분명한 사실이다. 다니엘은 "그럴지라도 내가 왕을 위하여 이 글을 읽으며 그 해석을 아뢰리이다." 고 말한다. 다니엘은 상급과 무관하게 글자를 해독하고 그 의미를 전달하겠다고 말한 것이다. 다니엘은 상급과 무관하게 글자를 해독하고 그 의미를 전달하겠다고 말한 것이다. 다니엘은 자신의 부귀와 영예를 위해서가 아니라, '왕을 위하여 글자를 해독하기로 한 것이다. 이것은 다니엘의 성숙한 신앙에서 비롯된 결단이다. 다니엘은 왕궁 벽에 기록된 신비한 글자를 해독해 줌으로써 눈앞에 다가와 있는 바벨론의 멸망과 왕의 죽음을 예고해 주고, 그에게 회개의 기회를 제공하려고 하고 있는 것이다. 이 때문에 다니엘은 19~28절에서 벨사살의 교만, 신성모독, 우상 숭배의 범죄를 낱낱이 지적하게 된다.

벨사살을 향한 다니엘의 대답은 한 편의 교훈적 설교라고 말할 수 있다. 다니엘은 직설적으로 벨사살의 잘못을 지적하는 방식을 선택하지 않았다. 그러한 대화방식은 오히려 벨사살의 진노를 유발할 수도 있기 때문이다. 지혜로운 다니엘은 위험스러운 방식 대신에 왕이 편안하게 들을 수 있도록 대화의 분위기 조성에 노력하고 있다. 느부갓네살은 비록 위대한 왕이기는 했지만 그의 교만함으로 인하여 하나님의 무서운 심판을 받을 수밖에 없었다는 사실을 지적함으로써 벨사살의 잘못된 모습과 다가오는 하나님의 심판을 간접적으로 일깨우기 위해서다. 다니엘은 벨사살에게 느부갓네살이 비참하게 되었던 이유와 심판으로부터 회복될 수 있었던 해결책을 동시에 제시함으로써 그가 하나님의 무서운 징벌을 받게 되지 않기를 바라고 있었다.

다니엘은 먼저 "지극히 높으신 하나님이 왕의 부친 느부갓네살에게 나라와 큰 권세와 영광과 위엄을 주신" 것을 지적한다. 느부갓네살이 위대한 왕으로 살아갈 수 있었던 것은 자신의 능력에 의한 결과가 아니라, 하나님이 주신 은혜의 결과라는 것이다. 이것에 대한 인식이 겸손의 전제조건이며, 높은 권력을 차지하고 있는 인간이 하나님을 인정할 수 있는 출발점이다. 위대한 왕 느부갓네살이 소유했던 거대한 왕권은 지극히 높으신 하나님으로부터 온 것이었기 때문에 "백성들과 나라들과 언어가 다른 모든 사람들이 그의 앞에서 떨며 두려워한" 것이라고 다니엘은 말하고 있다. 느부갓네살의 권세는 하늘을 찌를 듯했는데, "그는 임의로 죽이며 임의로 살리며 임의로 높이며 임의로 낮추는" 행위를 했다.

하나님은 전능하시고 나라들을 지배하시며 왕을 그의 뜻대로 세우시는 분이다. 느부갓네살은 하나님의 뜻에 의해 바벨론 제국의 왕이 되었다. 그의 위엄은 널리 인정되었고, 그의 말은 바꿀 수가 없었다.

20. 그가 마음이 높아지며 뜻이 완악하여 교만을 행하므로 그의 왕위가 폐한 바 되며 그의 영광을 빼앗기고
21. 사람 중에서 쫓겨나서 그의 마음이 들짐승의 마음과 같았고 또 들나귀와 함께 살며 또 소처럼 풀을 먹으며 그의 몸이 하늘 이슬에 젖었으며 지극히 높으신 하나님이 사람 나라를 다스리시며 자기의 뜻대로 누구든지 그 자리에 세우시는 줄을 알기에 이르렀나이다

20~21절 다니엘은 느부갓네살이 하나님으로부터 높은 권세를 받고서도 감사하거나 순종하지 못하고 교만하여 하나님의 무서운 진노의 징계를 받게 되었음을 고지한다. 이러한 과거의 사건을 들추어내는 분명한 이유가 있다. 교만한 벨사살이 회개하지 않으면 역시 하나님의 무서운 징벌을 받게 될 것이라는 경고의 암시다. "그가 마음이 높아지며 뜻이 완악하여 교만을 행하므로"는 느부갓네살이 하나님의 권위에 대한 심각한 도전을 행하였음을 말하는데, 교만은 그가 하나님으로부터 심판을 받게 된 궁극적인 원인이 되었다는 말이다. 다니엘은 느부갓네살의 행위가 단순히 정치적인 것이 아

니라, 한발 더 나아가 심각한 종교적 범죄 행위임을 지적하고 있는 것이다. 벨사살의 강퍅한 마음은 그가 하나님 앞으로 나아가는 길을 차단하고 있는 것이다. 20~21절은 느부갓네살이 교만으로 인해 하나님으로부터 받은 심판의 구체적 내용들을 소개하고 있다. 느부갓네살은 "그의 왕위가 폐한 바 되며 그의 영광을 빼앗기게" 되었다. 물론 그를 왕의 자리에서 쫓아내고, 왕으로서의 찬란한 영예를 빼앗은 분은 역사의 주관자가 되시는 하나님이라는 사실이 전제되고 있다.

22. 벨사살이여 왕은 그의 아들이 되어서 이것을 다 알고도 아직도 마음을 낮추지 아니하고
23. 도리어 자신을 하늘의 주재보다 높이며 그의 성전 그릇을 왕 앞으로 가져다가 왕과 귀족들과 왕후들과 후궁들이 다 그것으로 술을 마시고 왕이 또 보지도 듣지도 알지도 못하는 금, 은, 구리, 쇠와 나무, 돌로 만든 신상들을 찬양하고 도리어 왕의 호흡을 주장하시고 왕의 모든 길을 작정하시는 하나님께는 영광을 돌리지 아니한지라

22~23절 드디어 다니엘은 벨사살을 신랄하게 비난하기 시작한다. 이것은 다니엘의 교훈적 설교의 최종목표에 해당된다. "벨사살이여."라는 호격은 지금까지 언급된 느부갓네살에 관한 내용이 끝나고, 본격적으로 벨사살에게 비난의 화살이 향하게 될 것임을 암시한다. 다니엘은 자신의 연설 대상이 죽은 느부갓네살이 아니라, 현재 통치하고 있는 벨사살임을 분명히 하고 있다. 이에 벨사살은 다니엘의 말을 듣고 긴장하지 않을 수 없게 되었다. 다니엘은 "왕은 그의 아들이 되어서 이것을 다 알고도 아직도 마음을 낮추지 아니하였음"을 지적하고 있다. 벨사살은 왕궁 안에서 살면서 부친 느부갓네살에게 일어났던 모든 사건들을 가까이서 목격했을 것인데도 겸손하지 못한 태도를 취했으니 하나님의 심판을 받아 마땅하다는 것이다.
　다니엘은 구체적으로 벨사살의 죄악을 나열하고 있다. 첫째는 "자신을 하늘의 주재보다 높이며 하늘의 주재를 거역한" 교만과 자만의 죄다. '하늘의 주재'는 '하늘의 주인'이라는 뜻이다. 둘째는 "성전 그릇을 왕 앞으로 가

져다가 왕과 귀족들과 왕후들과 후궁들이 다 그것으로 술을 마시게 한" 신성모독의 죄다. 셋째는 "왕이 또 보지도 듣지도 알지도 못하는 금, 은, 구리, 쇠와 나무, 돌로 만든 신상들을 찬양한" 우상 숭배의 죄다. 이 구절은 이방 신상들의 본질과 실체를 고발하고 있다. 이방의 신상들은 생명력이 없는 허상들이라는 것이다. 그것들은 눈이 있으나 보지 못하고, 귀가 있으나 듣지 못하고, 발이 있으나 걷지 못하고, 입이 있으나 말하지 못하는 존재들이다. 이 우상들은 인간에게 아무런 도움을 줄 수 없는 무익하고 허망한 자들이다. 넷째는 "왕의 호흡을 주장하시고 왕의 모든 길을 작정하시는 하나님께는 영광을 돌리지 아니한" 불신앙의 죄다.

24. 이러므로 그의 앞에서 이 손가락이 나와서 이 글을 기록하였나이다

24절 벨사살의 죄악에 대한 적나라한 고발을 마친 다음에 다니엘은 왕궁 벽에 왜 "손가락이 나와서 이 글을 기록하게 되었는지"를 밝혀 준다. "이러므로"는 손가락과 신비한 글자는 벨사살의 범죄에 대한 심판의 결과로 일어난 현상임을 분명하게 강조하고 있다.

심판의 주체자가 하나님이심을 시사하고 있다. 즉 하나님께서 벨사살의 죄악성을 지적하고 이를 심판하시기 위해서 곧바로 일어날 일을 계시하신 것이라고 할 수 있다.

25. 기록된 글자는 이것이니 곧 메네 메네 데겔 우바르신이라
26. 그 글을 해석하건대 메네는 하나님이 이미 왕의 나라의 시대를 세워서 그것을 끝나게 하셨다 함이요
27. 데겔은 왕을 저울에 달아 보니 부족함이 보였다 함이요
28. 베레스는 왕의 나라가 나뉘어서 메대와 바사 사람에게 준 바 되었다 함이니이다 하니

25~28절 다니엘은 벽에 기록된 글자를 읽고 그 신학적 의미를 왕에게 해석해 주기 시작한다. 그 신비한 글자는 "메네 메네 데겔 우바르신" 이었다.

'메네'는 미나(mina)를, '데겔'은 세겔(shekel)을 각각 의미하며, '바르신'은 반(半) 미나(a half mina)를 가리키는 페레스의 쌍수 또는 복수형이라는 것이다. '메네 메네 데겔 우바르신'이란 '세어지고 세어지고 저울에 달아보니 부족하여 나누어진다.'라는 뜻으로, 하나님이 벨사살의 죄악으로 인하여 바벨론의 멸망의 날을 정하셨으며 결국 바벨론을 메대와 페르시아에 넘기기로 결정하셨다는 것이다.

즉, "하나님이 이미 왕의 나라의 시대를 세어서 그것을 끝나게 하셨다."는 것이다. 벨사살의 통치 햇수가 하나님에 의해 세어진 바 되었고, 결국 심판을 통한 멸망에 이르게 되었다는 말이다. '데겔'은 '저울에 무게가 달아지다'를 의미한다. 즉, "왕을 저울에 달아 보니 부족함이 보였다."는 것이다. 다니엘은 "베레스는 왕의 나라가 나뉘어서 메대와 바사 사람에게 준 바 되었다."로 그 의미를 설명하고 있다. 바벨론은 페르시아에게 점령되어 멸망을 당한 것이지, 바벨론이 메대와 페르시아로 나누어진 것은 아니다.

벨사살의 나라는 깨어지고 메데와 바사 사람에게 준 바 되었다. 분명히 다니엘은 모음을 바꿔서 '바사인'를 나타내는 페레스로 나타내려 한 듯하다. 이것은 왕과 왕국의 도덕적이고, 영적인 몰락 때문에 하나님께서 바벨론 왕국을 끝냈고 그것을 메데와 바사인들에게 주시려는 메시지였다.

29. 이에 벨사살이 명하여 그들이 다니엘에게 자주색 옷을 입히게 하며 금 사슬을 그의 목에 걸어 주고 그를 위하여 조서를 내려 나라의 셋째 통치자로 삼으니라
30. 그 날 밤에 갈대아 왕 벨사살이 죽임을 당하였고
31. 메대 사람 다리오가 나라를 얻었는데 그 때에 다리오는 육십이 세였더라

29~31절 바벨론 왕국의 벽에 기록된 신비한 글자에 대한 다니엘의 해석이 끝나자 벨사살 왕은 약속한 대로 "다니엘에게 자주색 옷을 입히게 하며 금 사슬을 그의 목에 걸어 주고 그를 위하여 조서를 내려 나라의 셋째 통치자"로 삼았다. 다니엘에게 약속한 상급이 주어졌다는 것은 하나님이 다니엘에게 주신 지혜의 탁월성이 입증되었다는 증거가 된다. 다니엘의 해독에 대

해 벨사살 왕이 그날 바로 상급을 하사하고 다니엘을 셋째 통치자로 삼은 것은 왕으로서의 체면을 유지하기 위함이며, 사태의 급박성을 깊이 인식하지 못한 데서 나온 처사이다.

왕궁의 연회가 있었던 "그날 밤에 갈대아 왕 벨사살이 죽임을 당하는"돌발적인 사건이 발생했다. 이 구절은 앞에서 설명한 것처럼 바벨론의 최후의 날에 대한 전승에 기초하고 있다고 볼 수 있다. 벨사살은 연회 축제가 있었던 바로 그날 밤에, 왕궁 벽에 손가락이 나타나 경고의 메시지를 받았던 바로 그날 밤에 운명을 달리한 것이다. 자신이 베푼 흥겨운 연회가 서글픈 장례식장으로 변하고 말았다. 회개하지 못하고 오만하고 불경스러운 지도자에 대해 하나님은 최후의 심판을 내리신 것이다. 하나님은 역사에 대한 심판을 통해 그분의 계획을 성취시켜 나가시는 분이다.

벨사살의 죽음과 함께 바벨론 제국은 역사의 뒤안길로 사라지고, 메대 제국이 새롭게 역사의 전면에 등장하게 되었다. "메대 사람 다리오가 나라를 얻었는데 그 때에 다리오는 육십이 세"였다.

6. 사자굴에서 구원받은 다니엘(6:1~28)

다니엘 6장

1. 다리오가 자기의 뜻대로 고관 백이십 명을 세워 전국을 통치하게 하고.
2. 또 그들 위에 총리 셋을 두었으니 다니엘이 그 중의 하나이라 이는 고관들로 총리에게 자기의 직무를 보고하게 하여 왕에게 손해가 없게 하려 함이었더라

1~2절 6장은 5장 마지막과 이어져 벨사살의 나라가 멸망되고 다시 다리오의 나라가 시작된다. 다리오 왕이 새 왕국을 위하여 많은 관직과 제도들을 바꾸었겠지만 이 본문을 위하여 필요한 것은 바로 다니엘이 획득한 총리직에 관한 것이다.

새로운 제국이 형성되면, 일반적으로 사회와 정치 조직을 새롭게 구성하기 마련이다. 본문은 이러한 현상을 반영하고 있는 것으로 보인다. 새 왕 다리오는 왕국의 행정 조직을 새롭게 개편하고, "고관 백이십 명을 세워 전국을 통치하게 하고 또 그들 위에 총리 셋"을 두었다.

다니엘은 새로운 제국에서도 높은 정치적 지위를 차지했다. 본문은 주인공 "다니엘이 세 명의 총리 중의 하나"였음을 강조하고 있는데, 이것은 다니엘에 대한 다른 왕궁 신하들의 시기와 질투심이 매우 자연스러운 현상이었음을 알려려는 의도를 갖고 있다. 그러므로 다니엘이 총리라는 고위직에 올라가 있다는 보도는 앞으로 심각한 정치적 암투가 일어나게 될 것임을 암시하고 있다고 볼 수 있다. 총리의 임무와 권한은 매우 막강했다. 모든 방백들은 "총리에게 자기의 직무를 보고"해야 한다.

3. 다니엘은 마음이 민첩하여 총리들과 고관들 위에 뛰어나므로 왕이 그를 세워 전국을 다스리게 하고자 한지라.
4. 이에 총리들과 고관들이 국사에 대하여 다니엘을 고발할 근거를 찾고자 하였으나 아무 근거, 아무 허물도 찾지 못하였으니 이는 그가 충성되어 아무 그릇됨도 없고 아무 허물도 없음이었더라

3~4절 다니엘은 "마음이 민첩하여 총리들과 고관들 위에 뛰어난" 인재였다. 그의 '마음이 민첩하다'는 것은 그가 많은 관료들 중에서 '출중한, 탁월한, 눈에 확 띄는' 인물이었다는 것이다. 후에 다니엘이 다른 신하들로부터 모함을 받게 되는 것은 억울한 일이라는 것을 암시하고자 한다. 왕은 무능력한 다니엘을 편애한 것은 아니었으며, 왕의 조처는 아주 정당한 통치 행위에 속했다는 말이다.

"왕이 그를 세워 전국을 다스리게 하고자"하였다. 왕은 다니엘을 모든 행정을 총괄하는 행정상의 수반으로 기용하고자 했다는 것이다. 하지만 이러한 왕의 조처는 다니엘을 다른 신하들로부터 시기와 질투의 대상이 되게 했던 결정적 이유다. 왕이 권력을 다니엘에게 집중시키는 조처를 취한 것은 다른 동료들의 시기를 유발시키기에 충분하였다. 다른 두 명의 총리들과 모

든 방백들은 "국사에 대하여 다니엘을 고발할 근거를 찾고자" 했다. 그들은 다니엘의 약점을 찾는 데 자연스럽게 한 마음이 되었다. 다니엘을 고소하려는 자는 먼저 총리로서의 공적인 업무 수행에 무슨 실수나 결점이 있는지를 조사하였다. 만일 다니엘이 왕에게 충성하는 일이나 국가의 재정을 운영하는 일에서 약간의 하자만 발견되어도 그는 총리 자리에서 쫓겨나야만 했다. 그들은 그의 위치를 시기하고, 그가 유대인이었으므로 그를 보고 분개했다. 그러나 다니엘에게서 아무 허물도 발견할 수 없었다.

왜냐하면 "그가 충성되어 아무 그릇됨도 없고 아무 허물도 없었기" 때문이다. 다니엘은 자신의 부귀영화를 위해 일하는 자가 아니었다. 그는 정말로 정직한 사람이었고, 모든 일에 공평무사한 사람이었다. 다니엘은 왕의 특별한 총애를 받기에 충분한 신하였다.

5. 그들이 이르되 이 다니엘은 그 하나님의 율법에서 근거를 찾지 못하면 그를 고발할 수 없으리라 하고.
 6. 이에 총리들과 고관들이 모여 왕에게 나아가서 그에게 말하되 다리오 왕이여 만수무강 하옵소서

5~6절 두 명의 총리들과 방백들은 공적인 업무와 관련해서 다니엘을 고소하려고 했던 1차 계획을 완전히 포기하고, 2차 계획을 모의하기에 이르렀다. 그들은 "다니엘은 그 하나님의 율법에서 근거를 찾지 못하면 그를 고발할 수 없을 것"이라고 판단하였다. 총리들과 방백들은 이제 개인의 사적인 종교생활 문제를 가지고 다니엘을 고소할 결심을 하게 된 것이다. 이러한 결정은 총리들과 방백들의 비인간적 모습을 보여 주고 있는 것이라고 볼 수 있다. 총리들과 방백들은 자신들이 심사숙고하여 찾은 고소의 기회를 실행에 옮기기로 결정했다. 다니엘을 고소하기로 작당한 그들은 함께 "모여 왕에게" 나아갔다. 그들은 뒤에서 숨어서 다니엘의 비리를 조사하려는 것이 아니었다. 그들은 이제 공개적으로 다니엘을 고소하겠다는 굳은 의지를 표명하고 있는 것이다. 총리들과 방백들은 왕을 찾아가 "다리오 왕이여 만수무강 하옵소서."며 정중히 인사를 드린다.

7. 나라의 모든 총리와 지사와 총독과 법관과 관원이 의논하고 왕에게 한 법률을 세우며 한 금령을 정하실 것을 구하나이다 왕이여 그것은 곧 이 제부터 삼십일 동안에 누구든지 왕 외의 어떤 신에게나 사람에게 무엇을 구하면 사자 굴에 던져 넣기로 한 것이니이다

7절 총리들과 방백들은 다니엘을 고소하기 위해 수립한 특별 계획을 왕에게 보고했다. 물론 왕은 아직 그 음모를 알아차리지 못하고 있었다. 그들이 왕을 찾아간 이유는 분명하다. 공식적이고 합법적인 절차를 통해 다니엘을 고소하기 위해서다. 그들은 자신들의 계획이 "나라의 모든 총리와 지사와 총독과 법관과 관원이 의논한 것"임을 강조한다. 모든 관료들이 동의했다는 것은 그만큼 문제가 중대하다는 것을 의미하기 때문이다. 다니엘을 시기해 음모한 자들은 왕에게 "한 법률을 세우며 한 금령을 정하실 것"을 간청하였다. 그들은 다니엘을 제거하기 위해서는 반드시 왕의 이름으로 공포된 법을 제정해야 된다는 점을 잘 알고 있었다. 금령의 제정과 공포에 악의적 의도가 숨겨져 있음이 서서히 드러나고 있다. 새로 제정되는 왕의 법은 "이제부터 삼십일 동안에 누구든지 왕 외의 어떤 신에게나 사람에게 무엇을 구하면 사자 굴에 던져 넣기로 한 것"이었다. 적대자들은 다니엘이 하나님이 아닌 왕을 신적인 존재로 간주하고, 그에게 종교적 제의를 드리지 않게 될 것임을 이미 알고 있었을 것이다. 새로 제정되는 법을 지키지 않는 자는 무서운 형벌을 받도록 되어 있는데, '사자굴'에 던져져야 한다는 것이다.

8. 그런즉 왕이여 원하건대 금령을 세우시고 그 조서에 왕의 도장을 찍어 메대와 바사의 고치지 아니하는 규례를 따라 그것을 다시 고치지 못하게 하옵소서 하매.
9. 이에 다리오 왕이 조서에 왕의 도장을 찍어 금령을 내니라

8~9절 다니엘의 적대자들이 왕을 설득하려는 자세는 매우 적극적이었다. 그들은 자신들의 요구사항이 관철될 수 있기를 간절히 희망하고 있었다. "왕이여."라는 호격은 왕의 관심을 유도하고, 왕이 그들의 요청을 거부

하지 못하도록 하려는 간곡한 의지를 담고 있다. 신하들은 왕에게 "금령을 세우시고 그 조서에 왕의 도장을 찍어 메대와 바사의 고치지 아니하는 규례를 따라 그것을 다시 고치지 못하게" 해 달라고 요청하였다. 신하들의 요구는 두 가지로 요약될 수 있다. 하나는 다른 신이나 사람에게 간구하는 행동을 못하도록 하는 금령을 제정해 달라는 것이다. 다른 하나는 조서에 어인(옥쇄)을 찍어 왕의 명령이 변경되지 못하도록 해달라는 것이다.

이제 적대자들은 오직 메대의 왕만을 숭배하겠다는 타당한 명분을 내세워 다니엘을 제거하려는 자신들의 의도를 완전히 은폐시키는 데 성공했다. 왕은 "조서에 왕의 도장을 찍어 금령을 내리고" 말았던 것이다.

10. 다니엘이 이 조서에 왕의 도장이 찍힌 것을 알고도 자기 집에 돌아가서는 윗방에 올라가 예루살렘으로 향한 창문을 열고 전에 하던 대로 하루 세 번씩 무릎을 꿇고 기도하며 그의 하나님께 감사하였더라.
11. 그 무리들이 모여서 다니엘이 자기 하나님 앞에 기도하며 간구하는 것을 발견하고

10~11절 다니엘의 신앙은 매우 고결했다. 그는 외적 환경이나 조건에 얽매이지 않는 위대한 신앙의 소유자였다. 그는 자신의 정치적 적대자들이 왕을 설득하여 무서운 조서를 꾸몄고, "이 조서에 왕의 도장이 찍힌 것을 알고도" 겁내거나 두려워하는 마음을 갖지 않았다. 그는 금령을 어긴 자에게 내려질 무서운 형벌이 자신에게로 향할 것임을 잘 알고 있었고, 모든 동료들이 자신에게 등을 돌린 상황에 처해 있었지만 결코 좌절하거나 절망하지 않았다. 오히려 그는 그동안 규칙적으로 행해오던 개인의 종교적 경건생활을 계속하였다. 자신의 행동이 왕의 명령을 어기고 적대자들이 파 놓은 함정에 걸려드는 것임을 알면서도 다니엘은 종교적 신념을 버릴 수 없었다. 죽음을 두려워하지 않는 다니엘의 신앙적 모습은 디아스포라 유대인들에게 정말로 큰 위로와 희망을 줄 수 있었을 것이다.

다니엘은 "자기 집에 돌아가서는 윗방에 올라가 예루살렘으로 향한 창문을 열고 전에 하던 대로 하루 세 번씩 무릎을 꿇고 기도하며 그의 하나님께

감사"하였다. 다니엘은 항상 이 작은 다락방에서 하나님께 기도했다. 이 방의 창문이 예루살렘으로 향해 있기 때문이다. 유대인들은 솔로몬에 의한 성전 건축 이후부터 이미 예루살렘 성전이 위치한 방향을 향해 손을 펴고 기도하는 습관을 갖고 있었던 것으로 짐작된다. 다니엘은 위기의 순간에 인간보다는 하나님을 의지했던 자다. 그는 위기의 순간에 탄식하기 보다는 하나님에게 감사의 기도를 드릴 수 있는 성숙한 신앙인이었다.

다니엘은 그 당시 80세 이상이었을 것이다. 그는 66년전 (B.C 605년)에 포로가 되었을 당시 16세 가량이었기 때문이다. 그러므로 그의 나이에 그에게 부과된 책임은 육체적 강인함을 필요로 했기 때문에 하나님의 도움을 얻기 위해 기도했다. 다니엘은 왕의 조서에 위반되는 것임에도 불구하고 그의 경건한 생활과 하나님께 대한 의뢰함을 숨기려 하지 않았다. 다니엘은 하나님만이 공급해 주실 수 있는 인도하심과 힘을 다리오에게 찾을 수 없었다.

개인적인 신앙생활을 이유로 다니엘을 제거하려고 철두철미하게 준비를 해 왔던 자들은 왕의 조서가 공포되자마자 다니엘의 집으로 "모여" 들었다. 그들은 다니엘이 왕의 법을 어기는 현장을 목격하여 증거를 확보해야만 했기 때문이다. 그들은 드디어 "다니엘이 자기 하나님 앞에 기도하며 간구하는 것을 발견"하였다. 다니엘이 그들의 함정에 빠지는 순간이다. 이제 다니엘은 변명할 여지가 없게 되었다. 다니엘은 왕 외에 다른 신에게나 사람에게 무엇을 구해서는 안 된다는 왕의 명령을 어긴 자가 된 것이다. 다니엘은 정치적 적대자들에게 고소를 위한 충분한 빌미를 제공하고 말았다.

12. 이에 그들이 나아가서 왕의 금령에 관하여 왕께 아뢰되 왕이여 왕이 이미 금령에 왕의 도장을 찍어서 이제부터 삼십 일 동안에는 누구든지 왕 외의 어떤 신에게나 사람에게 구하면 사자 굴에 던져 넣기로 하지 아니하였나이까 하니 왕이 대답하여 이르되 이 일이 확실하니 메대와 바사의 고치지 못하는 규례니라 하는지라.

13. 그들이 왕 앞에서 말하여 이르되 왕이여 사로잡혀 온 유다 자손 중에 다니엘이 왕과 왕의 도장이 찍힌 금령을 존중하지 아니하고 하루 세 번씩 기도하나이다 하니

12~13절 다니엘의 기도하는 모습을 확인한 신하들은 왕에게로 갔다. 그런데 그들은 왕에게 곧바로 다니엘의 범죄 내용을 고발하지 않았다. 오히려 그들은 먼저 왕에게 어인을 찍고 공포한 조서의 내용을 상기시켜 주었다. 그들의 계략대로 왕은 "삼십 일 동안에는 누구든지 왕 외의 어떤 신에게나 사람에게 구하면 사자 굴에 던져 넣기로 한" 조서의 내용을 수긍하였다. 왕은 한 발짝 더 나아가 "이 일이 확실하니 메대와 바사의 고치지 못하는 규례대로 된 것" 임을 강조하기 까지 하였다. 왕은 자신이 취한 조처가 너무나도 확실한 것이다. 아무런 걱정을 말 것을 신하들에게 당부한 것이다. 신하들은 왕이 조서의 내용을 부인할 수 없도록 확실한 안전장치를 해 놓은 다음에 다니엘의 범죄사실을 거론하기 시작하였다. 그런데 그들은 다니엘을 총리로 소개하지 않고, "사로잡혀 온 유다 자손 중에 다니엘"이라고 말하고 있다. 다니엘은 원래 포로 출신의 외국인이라는 뜻이다. 그는 신분상의 치명적인 약점을 지니고 있는 자라는 말이다. 다니엘은 겨우 유다에서 사로잡아 온 포로 신분에 지나지 않는 인물이며, 그러므로 그가 총리라는 높은 위치에 올라가 있다는 것은 적절하지 못한 상황이라는 것을 강하게 암시하고 있다. 신하들은 "왕과 왕의 도장이 찍힌 금령을 존중하지 아니하고 하루 세 번씩 기도하였다."는 죄목으로 다니엘을 고발하였다. 다니엘은 왕 이외의 다른 신에게 간구하지 말라는 금령을 어겼다는 것이다.

14. 왕이 이 말을 듣고 그로 말미암아 심히 근심하여 다니엘을 구원하려고 마음을 쓰며 그를 건져내려고 힘을 다하다가 해가 질 때에 이르렀더라.
15. 그 무리들이 또 모여 왕에게로 나아와서 왕께 말하되 왕이여 메대와 바사의 규례를 아시거니와 왕께서 세우신 금령과 법도는 고치지 못할 것이니이다 하니.
16. 이에 왕이 명령하매 다니엘을 끌어다가 사자 굴에 던져 넣는지라 왕이 다니엘에게 이르되 네가 항상 섬기는 너의 하나님이 너를 구원하시리라 하니라

14~16절 신하들의 고발을 접수한 왕은 어찌할 바를 알지 못했다. 왕이

가장 신뢰하여 수석 총리로 임명하려고 계획했던 다니엘이 고발의 대상이었으니, 그는 당황하지 않을 수 없었다. 왕은 "심히 근심"하게 되었다. 하지만 왕은 자신이 신하들의 음모에 빠져 있음을 직감하고, 다니엘을 구해 낼 방도를 찾기로 다짐하였다. 그래서 그는 "다니엘을 구원하려고 마음을 쓰며 그를 건져내려고 힘을 다하다가 해가 질 때까지 이르게" 되었다.

비록 다리오가 자신의 금령에 묶인 것을 알았으나 그는 법이 정한 형벌로부터 다니엘을 구원할 방도를 찾았다.

왕이 다니엘을 구해 주기 위해 시간을 지체하고 있다는 것을 눈치 챈 신하들은 "또 모여 왕에게로" 나아갔다. 왕이 다니엘을 사자굴에 집어넣으라는 명령을 내리지 않자, 그들이 다시 한번 왕에게로 몰려온 것이다. 신하들은 왕에게 일종의 시위를 하고 있는 것이다. 그들은 참으로 집요한 자들이었으며, 한 발자국도 뒤로 물러서지 않는 무서운 자들이었다.

신하들은 왕에게 나아가 "왕께서 세우신 금령과 법도는 고치지 못하는 것"임을 다시 한번 확인시켜 주었다. 그들은 다니엘과 관련된 고소 건을 인정에 얽매이지 말고, 법대로 즉각적으로 처리해 달라고 요청했던 것이다. 이제 왕은 더 이상 빠져나갈 방도가 없었다. 다니엘을 구하려는 왕의 계획은 수포로 돌아갔다. 신하들의 압력을 받은 왕은 어쩔 수 없이 자신이 내린 결코 철회할 수 없는 조서의 내용을 실행해야만 했으며, 다니엘의 운명은 풍전등화와 같았다.

왕은 어쩔 수 없이 신하들의 간청을 용납할 수밖에 없었다. 그는 자신의 지혜와 노력으로 더 이상 다니엘을 구출할 방도를 찾지 못했다. 한 명을 구하기 위해 모든 신하들을 잃을 수는 없는 노릇이었다. 왕은 "다니엘을 끌어다가 사자 굴에 던져 넣으라."는 명령을 내렸다. 그러나 왕은 한 가지 희망을 잃지 않았다. 왕은 다니엘에게 "네가 항상 섬기는 너의 하나님이 너를 구원하실 것"임을 믿고 있었다. 이 말은 일종의 신앙고백이다. 왕 자신은 어쩔 수 없이 다니엘을 처벌할 수밖에 없지만, 다니엘의 하나님이 그를 구원해 주실 것을 확실히 믿고 있는 것이다. 느부갓네살과는 달리 다리오는 지상을 통치하는 왕의 권능보다 강한 신이 존재하고 있음을 시인하고 있는 것이다.

다리오가 하나님께서 느부갓네살 때에 다니엘의 세 친구를 극렬한 풀무

불에서 구해내신 일을 알고 있었는지는 확실치 않으나, 다리오의 말은 다니엘이 죽지 않기를 바라고 있음을 뜻하고 있다. 그는 확실히 다니엘의 행정 능력을 인정하였으므로 다니엘이 살아있기를 바랐다. 아마 그는 하나님을 신뢰하는 다니엘을 보고 감동했을 것이다.

17. 이에 돌을 굴려다가 굴 어귀를 막으매 왕이 그의 도장과 귀족들의 도장으로 봉하였으니 이는 다니엘에 대한 조치를 고치지 못하게 하려 함이었더라.
18. 왕이 궁에 돌아가서는 밤이 새도록 금식하고 그 앞에 오락을 그치고 잠자기를 마다하니라

17~18절 다니엘은 사자 굴에서 도망칠 수 없었다. 왕은 "돌을 굴려다가 굴 어귀를 막도록" 명령을 내렸다. "왕이 그의 도장과 귀족들의 도장으로 봉하기" 까지 한 것이다. 굴의 옆문 말고도 위쪽에 입구가 나 있었다. 반지의 글로 진흙 위에 찍힌 도장은 다니엘을 구하려는 노력을 금하도록 다른 사람에게 알리고 있다. 어쩔 수 없이 왕은 다니엘을 굴에 집어넣어 감금했다. 왕은 "다니엘 처치한 것을 변개함이 없다." 는 것을 증명하려고 했다.

왕은 총리들과 방백들에 의해 자신이 자신의 법에 매여 있게 되었다는 것을 알고 밤이 새도록 번민했다. 그는 잠을 이루지 못했다.

19. 이튿날에 왕이 새벽에 일어나 급히 사자 굴로 가서.
20. 다니엘이 든 굴에 가까이 이르러서 슬피 소리 질러 다니엘에게 묻되 살아 계시는 하나님의 종 다니엘아 네가 항상 섬기는 네 하나님이 사자들에게서 능히 너를 구원하셨느냐 하니라.
21. 다니엘이 왕에게 아뢰되 왕이여 원하건대 왕은 만수무강 하옵소서.
22. 나의 하나님이 이미 그의 천사를 보내어 사자들의 입을 봉하셨으므로 사자들이 나를 상해하지 못하였사오니 이는 나의 무죄함이 그 앞에 명백함이오며 또 왕이여 나는 왕에게도 해를 끼치지 아니하였나이다 하니라

19~22절 잠 못 이룬 밤이 새자 왕은 새벽에 일어나 급히 사자굴로 갔다. 다니엘은 늙었다. 다리오는 노신하인 다니엘이 섬기는 하나님이 그를 구해 주시기를 소원했다.

사자굴에 도착한 왕은 "슬피 소리 질러 다니엘에게 물어" 말하였다. 왕은 다니엘이 살아 있기 때문이 아니라, 다니엘이 살아 있기를 바라면서 슬픈 어조로 외친 것이다. 왕은 "살아 계시는 하나님의 종 다니엘아 네가 항상 섬기는 네 하나님이 사자들에게서 능히 너를 구원하셨느냐."고 사자굴을 향해 외쳤다. 왕은 다니엘의 하나님이 혹시라도 그를 구출해 주시지는 않았는지 확인하기를 원했던 것이다. 왕의 외침이 끝나자마자 놀랍게도 사자굴 속에서부터 다니엘의 음성이 들렸다. 다니엘이 살아 있었던 것이다. 왕은 다니엘의 생존에 대해 완전하게 확신하지 못했었는데, 놀랍게도 다니엘은 사자굴 속에서 건재하고 있었던 것이다. 왕이 고대했던 하나님의 기적이 일어난 것이다. 하나님은 사자굴 속에서도 경건한 믿음의 사람을 지켜 주셨다. 하나님의 권능과 그의 무한한 능력이 증명된 것이다. 다니엘은 먼저 왕에게 "왕이여 원하건대 왕은 만수무강 하옵소서." 라고 문안인사를 올린다. 이 인사말은 신하가 왕을 알현할 때 드리는 관용적 어법에 속한다. 다니엘은 왕에게 자신이 건강하게 살아 있는 것은 "나의 하나님이 이미 그의 천사를 보내어 사자들의 입을 봉했기" 때문이라고 그 이유를 설명해 주었다. 다니엘은 하나님이 사자들을 보내 자신의 몸을 보호해 주신 것은 "나의 무죄함이 그 앞에 명백하였기" 때문임을 강조하였다.

다니엘은 자신의 무죄함과 하나님을 믿는 믿음 때문에 하나님이 조금도 상하지 않게 보호하셨다고 대답했다. 그는 하나님의 천사가 사자의 입을 봉하셨다고 대답했다. 다니엘은 하나님의 개입과 기적을 인내하며 기다린 훌륭한 신앙의 인물이었다. 다니엘은 마지막으로 "왕이여 나는 왕에게도 해를 끼치지 아니하였나이다." 라고 말하였다. 비록 다니엘 자신이 살아났지만 그것은 왕에게 아무런 피해를 주지 않았다는 말이다. 왜냐하면 왕은 조서의 내용대로 다니엘을 사자굴에 집어넣었기 때문이다. 이 천사는 풀무 속에서 세 친구와 함께 있었던 사람과 같은 그리스도였다.

23. 왕이 심히 기뻐서 명하여 다니엘을 굴에서 올리라 하매 그들이 다니엘을 굴에서 올린즉 그의 몸이 조금도 상하지 아니하였으니 이는 그가 자기의 하나님을 믿음이었더라

　23절 왕은 다니엘이 살아 있다는 것을 확인한 후에 즉각적인 반응을 보였다. 왕은 "심히" 기뻐하였다. 왕은 다니엘의 음성을 듣고 놀라움을 금하지 못했으며, 사자굴 속에 그가 살아 있다는 것에 크게 기뻐하였다. 왕은 신하들에게 다니엘을 굴에서 끌어올리라는 명령을 내렸다. 또 한 번 놀라운 일이 일어났다. 사자굴에 던져진 다니엘의 몸이라고는 믿을 수가 없었다. "그의 몸이 조금도 상하지 아니하였기" 때문이다. 마치 세 명의 유대 청년들이 풀무에서 나왔을 때에 아무런 상해를 입지 않았던 것과 같았다. 하나님은 '완벽한 기적'을 일으키신 것이다. 다니엘이 사자굴 속에서 아무런 상해를 입지 않았던 것은 "그가 자기의 하나님을 믿음이었기 때문" 이었음이 강조되고 있다. 하나님은 그를 신뢰하는 자를 결코 버리시지 않는 분임이 확실히 증명되었다.

24. 왕이 말하여 다니엘을 참소한 사람들을 끌어오게 하고 그들을 그들의 처자들과 함께 사자 굴에 던져 넣게 하였더니 그들이 굴 바닥에 닿기도 전에 사자들이 곧 그들을 움켜서 그 뼈까지도 부서뜨렸더라

　24절 왕은 이제 무서운 복수의 화살을 신하들을 향해 겨누었다. 왕은 작당하여 다니엘을 사자굴에 던지도록 간청했던 신하들을 "끌어오게 하고 그들을 그들의 처자들과 함께 사자 굴에 던져 넣도록" 명령하였다. 왕은 철저한 보복을 요구하는 탈리온 법을 실행한 것이다. 목숨에는 목숨으로 되갚은 것이다. 극형을 받아야 하는 자와 함께 그 가족들이 처벌되는 것은 고대 근동의 관습에 속한다. 사자굴에 던져진 자들은 "굴 바닥에 닿기도 전에 사자들이 곧 그들을 움켜서 그 뼈까지도 부서뜨리는" 불행한 죽음을 맞이하게 되었다. 하나님의 공의가 승리하고, 불의가 패배하는 최후의 순간이다. 뼈까지 부수어졌다는 것은 다니엘의 적대자들의 완전한 패망을 의미한다. 살아날 수 있는 가능성이 그들에게는 조금도 존재하고 있지 않다.

25. 이에 다리오 왕이 온 땅에 있는 모든 백성과 나라들과 언어가 다른 모든 사람들에게 조서를 내려 이르되 원하건대 너희에게 큰 평강이 있을지어다.
26. 내가 이제 조서를 내리노라 내 나라 관할 아래에 있는 사람들은 다 다니엘의 하나님 앞에서 떨며 두려워할지니 그는 살아 계시는 하나님이시요 영원히 변하지 않으실 이시며 그의 나라는 멸망하지 아니할 것이요 그의 권세는 무궁할 것이며.
27. 그는 구원도 하시며 건져내기도 하시며 하늘에서든지 땅에서든지 이적과 기사를 행하시는 이로서 다니엘을 구원하여 사자의 입에서 벗어나게 하셨음이라 하였더라.
28. 이 다니엘이 다리오 왕의 시대와 바사 사람 고레스 왕의 시대에 형통하였더라

25~28절 3장에서 느부갓네살이 했던 것처럼 다리오 왕도 역시 기적적인 사건을 체험한 후에 "온 땅에 있는 모든 백성과 나라들과 언어가 다른 모든 사람들에게" 조서를 내린다. 왕의 조서는 고대세계에서 왕국의 통치 지침을 가장 빠르게 전하는 중요한 도구였다. "너희에게 큰 평강이 있을지어다." 는 조서의 처음 부분에 위치하는 상투적 인사말이다.

왕은 26절에서 다시 한번 조서를 받아야 하는 대상을 언급한다. "내 나라 관할 아래에 있는 사람들" 이 조서의 내용을 준수해야 하는 자들로 명시되고 있는데, 25절에 있는 '온 땅에 있는 모든 백성과 나라들과 각 방언하는 자들'과 동일한 의미다.

왕은 조서의 본론 부분에서 자기 백성들이 지켜야 할 사항을 지적한다. 왕은 백성들에게 "다 다니엘의 하나님 앞에서 떨며 두려워하라."는 명령을 내린다. 다니엘의 하나님은 "살아 계시는 하나님", "영원히 변하지 않으실 이", "그의 나라는 멸망하지 아니할 것", "그는 구원도 하시며 건져내기도 하시며", "이적과 기사를 행하시는 이"로 소개되고 있다. 그러므로 다리오의 조서는 지금까지 언급된 모든 조서의 요약이며, 하나님을 향한 신앙고백적 약술이라고 볼 수 있다. "다니엘을 구원하여 사자의 입에서 벗어나게 하셨더라."는 체험적인 왕의 고백이다. '사자의 입'은 원문에서는 '사자의 손'

이다. 손은 힘이나 세력을 의미한다. 그들은 하나님을 신뢰하는 자가 최후의 승리자가 될 것이며, 하나님은 그를 신뢰하는 자를 버리시지 않고 온갖 역경과 고난 속에서도 보호하실 것임을 확신하고 싶었던 것이다.

사자굴에 던져지는 시련 속에서도 하나님을 향한 믿음을 꺾지 않고 승리한 다니엘은 축복된 인생을 살게 되었는데, 그의 말년에 삶이 매우 간단하게 소개되고 있다. 그는 "다리오 왕의 시대와 바사 사람 고레스 왕의 시대에 형통한" 인생을 살았다. 여기서 형통하다는 '좋다, 유익하다, 목표를 달성하다'를 뜻한다. 하나님을 신뢰한 자들의 인생은 언제나 아름다운 법이다.

7. 네 짐승과 인자에 대한 다니엘의 환상(7:1~28)

다니엘 7장

1. 바벨론 벨사살 왕 원년에 다니엘이 그의 침상에서 꿈을 꾸며 머리 속으로 환상을 받고 그 꿈을 기록하며 그 일의 대략을 진술하니라

1절 다니엘의 첫 번째 환상은 "바벨론 벨사살 왕 원년"으로 소급된다. 예언자 다니엘의 환상은 벨사살 원년인 B.C 553년에 계시되었다. 그때는 벨사살이 나보니더스의 측근일 때였다. 다니엘의 꿈은 B.C 539년경에 일어났던 사자 굴 속에서의 체험보다 14년 전에 있었다. 꿈이 있을 때 다니엘은 68세쯤이었다. 그는 B.C 605년, 약 52년 전에 포로(약 16세)로 잡혀왔다.

"침상에서 꿈을 꾸며 머리 속으로 환상을 받고 그 꿈을 기록하며"는 환상이 임한 장소가 침상이었음을 말해 주고 있다. 다니엘은 잠을 자다가 환상을 본 것이다. 다니엘은 자신이 본 "그 일의 대략을 진술"했는데, 이것은 구약성서에서 결코 낯선 행위는 아니었다. 하나님으로부터 받은 말씀을 기록하는 행위는 예언서에 자주 등장하고 있다.(사 30:8, 렘 36:2, 합 2:2)

2. 다니엘이 진술하여 이르되 내가 밤에 환상을 보았는데 하늘의 네 바람이

큰 바다로 몰려 불더니.
3. 큰 짐승 넷이 바다에서 나왔는데 그 모양이 각각 다르더라

2~3절 다니엘은 환상을 통해 "하늘의 네 바람이 큰 바다로 몰려 불어 오는" 광경을 목격했다. 이 구절은 커다란 괴물이 태초의 혼돈의 바다에서 나온다는 고대 근동의 신화론적 표상세계의 배경에서 읽혀야 한다.

"큰 짐승 넷"이 큰 바다 속으로부터 이 땅 위로 올라온다. 여기서 '짐승 넷'이란 일반적으로 바벨론, 메대, 페르시아, 그리스를 가리킨다고 보고 있다. 소위 말하는 '네 제국설'이 제기될 수 있다.

"그 모양이 각각 다르니"는 거대한 신상의 모양이 서로 다른 금속으로 만들어졌다는 2장의 보도를 기억나게 한다. 2장은 점점 가치가 떨어지는 네 개의 금속 재료들로 구성된 거대한 신상을 소개함으로 세계를 지배했던 대제국들을 설명하였다. 반면 7장에서는 혼돈의 바다에서 올라오고 포악의 정도가 점점 더 심각해지는 짐승들이 세계를 통치하는 거대한 제국들을 상징하고 있다고 볼 수 있다.

4. 첫째는 사자와 같은데 독수리의 날개가 있더니 내가 보는 중에 그 날개가 뽑혔고 또 땅에서 들려서 사람처럼 두 발로 서게 함을 받았으며 또 사람의 마음을 받았더라 또 보니

4절 바다에서 올라온 첫 번째 짐승의 구체적인 모습들이 소개된다. 이 짐승은 "사자와 같은데 독수리의 날개"가 있는 모습을 하고 있는데, 메소포타미아의 고대 유적지에서 발견되는 신화적인 존재들과 관련된다. 독수리와 사자는 특히 예언자들의 선포에서 바벨론 제국을 상징하고 있다. 예루살렘을 함락시킨 바벨론의 세력은 실제로 무서운 사자로 비유되고 있는데, 유명한 바벨론의 '이쉬타르 문'으로 향하는 행진도로 벽에는 사자가 걸어 다니며 바벨론을 지키고 있는 모습이 새겨져 있기도 하다. 예언자들은 바벨론의 군대를 사나운 독수리에 비유하기도 했다. 사자의 힘 있게 뒤틀리는 날개는 그 운동능력을 상실케 될 것이다. 이것은 느부갓네살의 정신병이나 그의 죽

음 이후에 있던 분열을 나타낸다.

"그 날개가 뽑혔고 또 땅에서 들려서 사람처럼 두 발로 서게 함을 받았으며 또 사람의 마음을 받았으며"는 바벨론 제국의 영광과 국력의 완전한 상실을 의미한다. 이 구절은 전 세계를 지배하던 바벨론은 날개 뽑힌 독수리처럼 더 이상 위세를 뽐낼 수 없는 지경에 이르게 되었음을 조롱하고 있다. 두 발로 선 사자의 모습은 사람처럼 보였다. 그것이 사람의 마음을 받았다는 사실은 짐승이 동물적 특성을 잃고 인성을 가졌음을 암시한다. 그것은 느부갓네살의 인간적 특성을 언급한다.

5. 다른 짐승 곧 둘째는 곰과 같은데 그것이 몸 한쪽을 들었고 그 입의 잇사이에는 세 갈빗대가 물렸는데 그것에게 말하는 자들이 있어 이르기를 일어나서 많은 고기를 먹으라 하였더라

5절 바다에서 올라온 두 번째 짐승은 사나운 "곰"이다. 이것은 바벨론을 이은 메데와 바사를 상징한다. 메데-바사군은 강하고 드셌다. 사람 같은 사자의 모습처럼 곰은 둔중하고 보기 흉하였다. 곰이 "몸 한쪽을 들었다."는 것은 메데가 바벨론에 비해 불안정한 제국을 이루었음을 말하는 것으로 해석하기보다는, 몸을 들고 곧바로 덮칠 준비를 하고 있는 곰의 공격적인 모습이라고 보아야 한다. 그것은 바사가 메데보다 나중에 일어났으나, 바사가 곧 통일왕국 내에서 더 강성해 질 것임을 암시했다. "그 입의 잇사이에는 세 갈빗대가 물렸는데" 라는 표현은 포획한 동물을 물어뜯고 있는 곰의 탐욕적인 모습을 묘사하고 있다고 볼 수 있다. 메데에 의해 침략당한 국가들이 철저히 파괴되었음을 말한다. 곰의 입에 물린 세 갈빗대는 곰으로 나타난 나라보다 먼저 있었던 애굽, 앗수르, 바벨론을 가리키는 것이다. "일어나서 많은 고기를 먹으라."는 온 천하가 그들의 능력이 아니라, 하나님의 뜻으로 움직이는 것을 가리킨다. 다른 나라를 먹고 그 영토를 확장시켜 큰 나라로 만들 때 곰은 하나님의 목적을 이루게 된다.

6. 그 후에 내가 또 본즉 다른 짐승 곧 표범과 같은 것이 있는데 그 등에는

새의 날개 넷이 있고 그 짐승에게 또 머리 넷이 있으며 권세를 받았더라

6절 세 번째 짐승은 네 개의 날개와 네 개의 머리를 가진 "표범"이다. 분명히 페르시아를 상징하고 있다. 잔인한 약탈성과 탁월한 기동성을 보유한 표범의 모습은 아가 4:8, 예레미야 5:6, 호세아 13:7, 하박국 1:8 등에 기록되어 있다. 여기서 페르시아 제국이 표범으로 비유되고 있는 이유는 빠른 속도로 제국의 영토를 확장시켰기 때문일 것이다. "새의 네 날개"라는 표현도 역시 빠른 정복사업을 통해 세계적인 대제국을 형성한 페르시아의 군사적인 기동성을 말한다고 볼 수 있다. '네' 날개는 사방으로 확장되어 가는 제국의 모습을 표현하도록 의도된 것이다. "머리 넷"은 한편으로는 '네 날개'와 같은 의미로 사방(전 세계)을 향해 정복사업을 펼쳐 나가는 페르시아 제국을 말한다고 볼 수 있으며, 다른 한편으로는 구약성서에 등장하는 네 명의 유명한 페르시아의 왕들(고레스, 아하수에로, 아닥사스다, 다리오)이나 네 명의 다른 왕들을 가리킨다고 볼 수도 있다. "권세를 받았더라"는 페르시아의 왕들이 온 땅을 통치하게 될 것임을 의미한다. '권세'로 번역된 '샬탄'은 세상에 대한 지배권 혹은 통치권을 말한다.

7. 내가 밤 환상 가운데에 그 다음에 본 넷째 짐승은 무섭고 놀라우며 또 매우 강하며 또 쇠로 된 큰 이가 있어서 먹고 부서뜨리고 그 나머지를 발로 밟았으며 이 짐승은 전의 모든 짐승과 다르고 또 열 뿔이 있더라

7절 네 번째 짐승은 땅에 사는 동물의 모양이 아닌 괴이한 짐승의 모습을 하고 있는데, 그런 점에서 앞에 등장한 동물의 형상을 하고 있는 다른 짐승들과는 전혀 다르다. "무섭고 놀라우며 또 매우 강하며 또 쇠로 된 큰 이가 있어서 먹고 부서뜨리고 그 나머지를 발로 밟았으며"라는 표현은 바로 피지배 국가에 대한 그리스 제국의 잔인성과 포악성을 반영하고 있다고 보아야 한다.

"큰 철 이"는 다니엘 2:40의 "넷째 나라는 강하기가 철 같으리니 철은 모든 물건을 부숴뜨리고 이기는 것이니라."에 부합하는 표현이다. 여기서 '철'은 강력함과 파괴력을 상징한다. 강한 그리스 제국은 그 이전의 제국들

이 정복하지 못했던 "그 나머지" 국가들까지 침략하였다. 괴물 같은 네 번째 짐승은 "열 뿔"을 갖고 있다. '열'은 '충만함, 가득함'을 말하는 상징적인 숫자이며, '뿔'은 구약성서의 전통에서 강한 힘과 능력을 의미한다.

8. 내가 그 뿔을 유심히 보는 중에 다른 작은 뿔이 그 사이에서 나더니 첫 번째 뿔 중의 셋이 그 앞에서 뿌리까지 뽑혔으며 이 작은 뿔에는 사람의 눈 같은 눈들이 있고 또 입이 있어 큰 말을 하였더라

8절 전의 짐승과 다른 네 번째 짐승은 열 개의 뿔이 있었다. 24절에서 그것들은 열 왕을 나타내고 있다. 다니엘이 열 뿔에 주의하였을 때 그는 열 뿔 사이에서 또 다른 뿔이 나오는 것을 보았다. 이 작은 뿔은 처음에는 보잘 것 없었으나 자라서는 먼저 있던 뿔 중에 셋을 뽑아 버렸다. 이 작은 뿔은 그 총명과 교만한 주장으로 인해 눈에 띄었다.

9. 내가 보니 왕좌가 놓이고 옛적부터 항상 계신 이가 좌정하셨는데 그의 옷은 희기가 눈 같고 그의 머리털은 깨끗한 양의 털 같고 그의 보좌는 불꽃이요 그의 바퀴는 타오르는 불이며.
10. 불이 강처럼 흘러 그의 앞에서 나오며 그를 섬기는 자는 천천이요 그 앞에서 모셔 선 자는 만만이며 심판을 베푸는데 책들이 펴 놓였더라

9~10절 이 부분(9~12절)의 환상에서 다니엘은 심판의 왕좌가 있는 것을 보았다. 그 왕좌에는 '옛적부터 항상 계신 이'가 앉아 있었다. 이것은 나라와 민족을 통치하시는 전능하신 하나님이다. 그의 흰 옷과 머리털은 거룩함의 표현이다. 바퀴를 단 불 붙는 왕좌에 앉아 계신 이의 영광은 에스겔이 본 하나님의 영광을 회상케 한다. 왕좌를 둘러싼 '천천'은 그의 뜻을 수종드는 하나님의 천사들이었다. 이렇게 나라들에게 권력을 할당하신 하나님은 그 나라들을 심판할 것이다.

11. 그 때에 내가 작은 뿔이 말하는 큰 목소리로 말미암아 주목하여 보는

사이에 짐승이 죽임을 당하고 그의 시체가 상한 바 되어 타오르는 불에 던져졌으며

12. 그 남은 짐승들은 그의 권세를 빼앗겼으나 그 생명은 보존되어 정한 시기가 이르기를 기다리게 되었더라

11~12절 작은 뿔의 교만함을 보고 있을 때, 그는 네 번째 짐승이 죽임을 당하고 불꽃 속에 둘러싸인 것을 보았다. 완전히 죽어 없어진 네 번째 짐승과 달리 "그 남은 짐승들은 그의 권세를 빼앗겼으나 그 생명은 보존" 되었다. 남아 있는 짐승이란 네 번째 짐승에 앞서 언급된 세 짐승들을 의미한다. 즉, 고대 근동이 위대했던 세 제국들인 바벨론, 메데, 페르시아를 가리키고 있다. 권세를 빼앗긴 채로 이 세 제국들의 생명이 계속해서 보존된다는 것은 이 제국들의 명맥은 유지하게 될 것이지만 화려했던 과거의 옛 명성을 다시는 획득하지 못할 것이라는 말이다. "그 정한 시기가 이르기를 기다리게 되었더라."는 위의 제국들이 실권 없이 명맥만을 유지하다가 하나님의 나라가 임하게 될 때에 하나님의 백성을 섬기는 민족들 중의 하나가 될 것이라는 말이다.

13. 내가 또 밤 환상 중에 보니 인자 같은 이가 하늘 구름을 타고 와서 옛적부터 항상 계신 이에게 나아가 그 앞으로 인도되매.

14. 그에게 권세와 영광과 나라를 주고 모든 백성과 나라들과 다른 언어를 말하는 모든 자들이 그를 섬기게 하였으니 그의 권세는 소멸되지 아니하는 영원한 권세요 그의 나라는 멸망하지 아니할 것이니라

13~14절 다니엘은 이 환상의 세 번째 주요 부분에서 옛적부터 항상 계신 이에게 접근하는 인자를 보았다. 이 예언으로부터 인자라는 칭호를 사용하신 예수 그리스도는 자신을 언급할 때 이 칭호를 자주 사용하셨다(막 8:31; 요 1:51). 인자가 옛적부터 계신 자에게 나아와 인도되었을 때 네 나라의 왕들이 "모든 백성과 나라들과 다른 언어를 말하는 모든 자들"을 다스리던 모든 권세와 영광과 나라가 그에게 주어지고 모든 이들이 그를 섬기게 하

였다. 이것은 시편 2장 6~9절에서 아들에게 주어진 아버지의 약속이며, 그것은 그리스도의 재림 시기에 이루어질 것이다(마 24:30; 25:31; 계 11:15).

15. 나 다니엘이 중심에 근심하며 내 머리 속의 환상이 나를 번민하게 한지라
16. 내가 그 곁에 모셔 선 자들 중 하나에게 나아가서 이 모든 일의 진상을 물으매 그가 내게 말하여 그 일의 해석을 알려 주며 이르되 17. 그 네 큰 짐승은 세상에 일어날 네 왕이라

15~17절 느부갓네살처럼 다니엘은 근심했다. 전에 그는 꿈을 해석할 수 있는 능력이 있었으나 이것 또는 다음 것도 해석하지 못했다. 그래서 그는 후에 가브리엘 천사로 밝혀진 "그 곁에 모셔 선 자들 중 하나에게" 해석을 부탁했다. 그는 네 짐승은 네 왕들이라고 설명했다. 전에 언급한 대로 네 나라는 바벨론(사자), 메데-바사(곰), 그리스(표범), 로마(잡종 짐승)이었다.

18. 지극히 높으신 이의 성도들이 나라를 얻으리니 그 누림이 영원하고 영원하고 영원하리라

18절 재림 때 넷째 짐승이 파멸되면 "지극히 높으신 이의 성도들"이 나라를 얻을 것이다. 느부갓네살과 함께 시작된 현재의 '이방인의 때'에 이스라엘은 하나님의 뜻으로 인해 고난당하고 있다. '이방인의 때'에 네 나라들은 다니엘이 말한 대로 이스라엘과 국민을 다스릴 것이다. 그러나 다윗에게 하신 하나님의 약속은 변함이 없고 끝내는 이루어질 것이다. '성도들'은 이스라엘에게 하신 하나님의 약속의 성취를 즐거워하게 될 것이다.

19. 이에 내가 넷째 짐승에 관하여 확실히 알고자 하였으니 곧 그것은 모든 짐승과 달라서 심히 무섭더라 그 이는 쇠요 그 발톱은 놋이니 먹고 부서뜨리고 나머지는 발로 밟았으며.
20. 또 그것의 머리에는 열 뿔이 있고 그 외에 또 다른 뿔이 나오매 세 뿔이 그 앞에서 빠졌으며 그 뿔에는 눈도 있고 큰 말을 하는 입도 있고

그 모양이 그의 동류보다 커 보이더라

19~20절 다니엘의 관심은 이제 네 번째 짐승에게 집중된다. 7-8절에서 언급되었던 네 번째 짐승의 외적인 묘사가 다시 한번 반복된다. 차이점이 있다면 네 번째 짐승의 외모를 묘사하는데 "그 발톱은 놋이며" 라는 요소가 부가적으로 첨가되고 있으며, 작은 뿔이 다른 뿔들보다 강하다는 내용이 새롭게 추가되었다는 점이다. 그것은 강해보였다. 이때로부터 예언의 마지막까지 다니엘은 이 작은 뿔로 표시된 인물과 행위로 인한 계시에 관심이 있었기 때문이다.

21. 내가 본즉 이 뿔이 성도들과 더불어 싸워 그들에게 이겼더니.
22. 옛적부터 항상 계신 이가 와서 지극히 높으신 이의 성도들을 위하여 원한을 풀어 주셨고 때가 이르매 성도들이 나라를 얻었더라

21~22절 7~8절에서 언급되지 않았던 네 번째 짐승과 관련된 역사적 사건이 암시되고 있다. 21절의 "내가 본즉"은 환상이 새로 시작되고 있음을 알려 주고 있다. 다니엘은 다른 열 개의 뿔들보다 훨씬 더 강한 뿔이 - 이 뿔은 8절에서 말하는 작은 뿔이다. - "성도들과 더불어 싸워 이기는" 환상을 보았다. 하나님의 백성들의 고난과 박해가 이미 시작되었음이 강조되고 있다. "옛적부터 항상 계신 이"는 이 싸움을 외면하시지 않으시고 직접 개입하셔서 그의 성도들을 구원하신다. 22절의 "원한을 풀어 주셨고"는 원어상으로 '올바르게 재판하셨다'를 의미한다. 이 단어는 악인에 대한 심판과 의인에 대한 상급을 내포하고 있다. 하나님이 계획하신 "때가 이르매" 신실한 성도들은 18절에 약속된 바대로 영원한 하나님의 나라를 얻게 되었다.

23. 모신 자가 이처럼 이르되 넷째 짐승은 곧 땅의 넷째 나라인데 이는 다른 나라들과는 달라서 온 천하를 삼키고 밟아 부서뜨릴 것이며

23절 21절에서 시작되었던 다니엘의 환상은 끝나고 환상의 해석자인 천사의 말이 다시 시작된다. 다니엘은 환상을 보았고, 천사는 그 환상을 해석

하고 있다. 다니엘의 환상에 대한 천사의 해석은 "넷째 짐승"에 집중되고 있다. 이것은 해석 부분의 중요한 특징이기도 하다. "다른 나라들과는 달라서 온 천하를 삼키고 밟아 부서뜨릴 것이다."는 그리스 제국의 알렉산드로스 대왕과 그의 후계자들이 그 이전의 제국들보다 훨씬 더 넓은 지역을 통치하고, 피정복 국가와 민족의 풍속과 종교를 무시하고 헬라화를 강요토록 했던 역사적 상황을 설명하고 있는 구절이다. 그것은 맹렬한 정복이 될 것이어서 세계적인 지배자에 의한 단일 세계정부의 도래를 예견케 한다.

24. 그 열 뿔은 그 나라에서 일어날 열 왕이요 그 후에 또 하나가 일어나리니 그는 먼저 있던 자들과 다르고 또 세 왕을 복종시킬 것이며

24절 "열 뿔"에 대해서는 다시 언급할 필요가 없다. 차이점이 있다면 본문은 '뿔'을 '왕'으로 해석해 주고 있으며, 열 뿔 뒤에 등장하는 '열한 번째 뿔'에 대해 관심을 갖고 있다는 점이다. 열 뿔이 생겨난 지 얼마 후에 또 다른 왕이 일어날 것이다. 그는 곧 세 왕, 곧 열 나라 중에서 세 나라를 그의 주도적인 힘으로 복종시킬 것이다.

25. 그가 장차 지극히 높으신 이를 말로 대적하며 또 지극히 높으신 이의 성도를 괴롭게 할 것이며 그가 또 때와 법을 고치고자 할 것이며 성도들은 그의 손에 붙인 바 되어 한 때와 두 때와 반 때를 지내리라

25절 세 왕을 복종시킨 열한 번째 뿔은 오만불손한 "", 그의 거룩한 백성들을 공격하기 시작하였다. '대적하다'는 원어의 의미상 '· · · 옆에, · · · 곁에'인데, 유대인들을 말살하려고 야웨종교의 숭배 금지 조치를 취했던 안티오코스 4세를 하나님의 구원에 대한 대항세력으로 간주하고 있는 단어다. 그가 하나님 곁에서 하나님과 동등한 위치에 오르려 했다는 설명이다. 하나님을 대적한 그는 "지극히 높으신 이의 성도를 괴롭히는" 악행을 범한다. 여기서 '괴롭히다'는 원래 '옷이 닳아서 해지다'를 의미하는 동사인데, 유대인들에 대한 안티오코스 4세의 극심한 박해를 암시하고 있다. 그의 박해와 핍박이 너무 심해서 유대인들이 완전히 녹초가 되어 기진맥진해 있는 상태를 말한다. 그는 "때와 법"을 바꾸었다. '때'란 종교적으로 정해진 모든 시간, 즉 유대인들의 종교적 축제절기를 말한다. '법'이란 일차적으로 모세 율법을 가리킨다고 할 수 있다. 모세 율법에 금지된 돼지 제물이 성전의 제단에 올려졌고, 할례와 안식일을 지키는 행위가 엄격히 금지되면서 유대의 신앙전통은 철저하게 망가지고 말았다. 돼지가 제단 위에 올려진 것은 두 가지 이유 때문인 것으로 보인다. 첫째로, 돼지는 유대인들이 불결한 짐승으로 간주했기 때문이다. 즉, 유대인들을 멸시하려는 의도가 있었던 것이다. 둘째로, 돼지는 엘류시안의 정화의식에서 중요하게 간주되었기 때문이다. 즉, 돼지는 유대인들에게는 불결의 상징이었지만, 이교도들에게는 정결의 상징이었다. 그래서 율법에 충실한 경건한 유대인들 중에서 결국 수많은 사람들이 야웨종교를 등지고 "그의 손에 붙인 바 되고" 말았다.

유대인 박해는 "한 때와 두 때와 반 때"가 지날 때까지 계속될 것이다.

26. 그러나 심판이 시작되면 그는 권세를 빼앗기고 완전히 멸망할 것이요

26절 하나님이 정해 놓으신 시간은 모두 지나갔다. 드디어 하나님의 "심판이 시작된" 것이다. 이 구절은 절망과 수난의 시간은 지나가고, 악의 세력에 대한 정의의 심판의 시간이 도래했음을 시사한다. 역사는 하나님의 뜻에 따라 움직여지고 있는 것이다. 이러한 희망과 위로를 선포하기 위해 저자는 악의 세력에 대한 심판과 그의 "권세"에 대한 파괴를 언급해야만 했다. 마소라 본문에서는 '그의 권세'라고 되어 있어서 작은 뿔(열한 번째 뿔)이 심판을 통해 멸망당한 것을 강조하고 있다. 그러나 칠십인역은 '그 권세'라고 되어 있다. 이것은 네 번째 제국 전체의 완전한 파멸을 의도하고 있다.

27. 나라와 권세와 온 천하 나라들의 위세가 지극히 높으신 이의 거룩한 백성에게 붙인 바 되리니 그의 나라는 영원한 나라이라 모든 권세 있는 자들이 다 그를 섬기며 복종하리라

27절 26절과는 극히 대조적인 장면이 등장한다. 박해하던 세력은 심판을 받았지만, 박해를 받던 자들은 하나님의 "나라와 권세와 온 천하 나라들의 위세"를 획득하게 된다. 지극히 높으신 자가 그의 "거룩한 백성에게" 부여하신 주권은 우주적이다. 새로운 시대에는 거룩한 백성이 "모든 권세 있는 자", 즉 하늘 아래 있는 모든 나라의 권세를 평정시키는 우주적 구원의 드라마가 연출될 것이다.

28. 그 말이 이에 그친지라 나 다니엘은 중심에 번민하였으며 내 얼굴빛이 변하였으나 내가 이 일을 마음에 간직하였느니라

28절 "그 말이 이에 그친지라."는 온 우주에서 일어날 새 구원의 드라마의 소개와 더불어 다니엘의 환상에 대한 천사의 설명이 끝났음을 말해 준다. 성도들의 궁극적 승리에 대한 소식에도 불구하고 다니엘은 여전히 번민하는 모습을 보인다. "얼굴빛이 변하였다."는 두려움과 놀람 때문에 창백해진 안색의 상태를 말한다. 한편 "다니엘이 그의 마음속에 이 일을 감추었다."라는 표현은 독자들에게 긴장감과 관심을 불러일으킴과 동시에 다음장에서 계속될 환상들을 준비시키려는 목적을 갖고 있다.

이방인의 때가 끝날 무렵 '작은 뿔'로 불리는 사람이 세계적인 권세를 행사할 것이다. 그리스도가 오실 때 그는 지상에 천년왕국을 세워서 이스라엘과 맺은 하나님의 약속을 이루실 것이다.

8. 숫양과 숫염소에 대한 다니엘의 환상(8:1~27)

다니엘 8장

1. 나 다니엘에게 처음에 나타난 환상 후 벨사살 왕 제삼년에 다시 한 환상이 나타나니라
2. 내가 환상을 보았는데 내가 그것을 볼 때에 내 몸은 엘람 지방 수산 성에

있었고 내가 환상을 보기는 을래 강변에서이니라

1~2절 환상을 보는 자는 "나 다니엘"로 소개되고 있다. 7장에서처럼 (7:15, 28) '나 다니엘'은 해석 부분의 처음(15절)과 환상보도의 가장 마지막 구절(27절)에 다시 나타난다. 다니엘의 두 번째 환상은 "처음에 나타난 이상 후 벨사살 왕 삼년"에 있었다. 다니엘은 7장에서의 첫 번째 환상을 체험한 후 2년이 경과한 시점에 다시 환상을 보았다는 말이다.

다니엘은 환상을 보게 되었을 때 "엘람 도(지방) 수산 성"에 있었다. 수산은 원래 고대 제국 엘람의 수도였다가 느부갓네살(기원전 605-562년) 이후부터 바벨론의 지배를 받게 되었다. 수산은 페르시아의 다리오 1세(기원전 522-486년)에 의해 재건된 이후에 페르시아 왕들의 겨울철 거주지로 이용되었다. 이러한 이유로 인하여 '수산 성'은 구약성서에서 단순히 도성이 아니라, 왕이 살고 있는 거주지로 소개되고 있다.(느 1:1, 에 1:2, 5, 2:3) 본문에서 수산 성은 다니엘에게 환상이 임한 실제적 장소를 말하는 것이 아니라, 다니엘이 본 환상의 배경을 이루는 장소를 의미한다. 환상의 장소가 좀 더 자세히 소개되고 있는데, "을래 강변"이라는 곳이다. 그리스의 역사가 헤르도투스는 수사 동편의 율라이오스 강가를 지적하였다.

3. 내가 눈을 들어 본즉 강 가에 두 뿔 가진 숫양이 섰는데 그 두 뿔이 다 길었으며 그 중 한 뿔은 다른 뿔보다 길었고 그 긴 것은 나중에 난 것이더라.
 4. 내가 본즉 그 숫양이 서쪽과 북쪽과 남쪽을 향하여 받으나 그것을 당할 짐승이 하나도 없고 그 손에서 구할 자가 없으므로 그것이 원하는 대로 행하고 강하여졌더라

3~4절 환상은 다니엘이 "강 가에 두 뿔 가진 숫양이 서있는" 장면을 보는 것으로 시작된다. 강가에 있던 숫양은 서와 북과 남을 향하여 받았으나, 그것을 당해낼 짐승이 하나도 없었다.

천사의 해석에 의하면 숫양이 지니고 있는 '두 뿔'은 메데와 페르시아라는 두 강대국을 상징하고 있다(20절). '숫양'은 '숫염소'와 마찬가지로 구약

성서에서 힘과 권세의 상징이다.(렘 50:8, 겔 34:17, 39:18, 슥 10:3) "두 뿔이 다 길었으며 그 중 한 뿔은 다른 뿔보다 길었고"라는 구절은 늦게 생긴 페르시아 제국이 먼저 생긴 메데 제국보다 더 오랫동안 강성했었음을 의미한다. "숫양이 서쪽과 북쪽과 남쪽을 향하여 받으나" 라는 구절은 페르시아 제국의 공격적인 행동을 묘사하는 구절인데, 제국의 활발했던 정복 활동을 시사하는 구절이다. "당할 짐승이 하나도 없고 그 손에서 구할 자가 없다." 라는 것은 페르시아의 세력에 맞서 싸울 제국이 실제로 존재하지 않는다는 것을 말하는데, 페르시아 제국의 강력한 군사력을 강조하는 표현이라고 볼 수 있다. "그것이 원하는 대로 행하고 강하여졌더라."는 페르시아 제국의 위력에 대한 비판적 진술이다.

5. 내가 생각할 때에 한 숫염소가 서쪽에서부터 와서 온 지면에 두루 다니되 땅에 닿지 아니하며 그 염소의 두 눈 사이에는 현저한 뿔이 있더라.
6. 그것이 두 뿔 가진 숫양 곧 내가 본 바 강 가에 섰던 양에게로 나아가되 분노한 힘으로 그것에게로 달려가더니 .
7. 내가 본즉 그것이 숫양에게로 가까이 나아가서는 더욱 성내어 그 숫양을 쳐서 그 두 뿔을 꺾으나 숫양에게는 그것을 대적할 힘이 없으므로 그것이 숫양을 땅에 엎드러뜨리고 짓밟았으나 숫양을 그 손에서 벗어나게 할 자가 없었더라

5~7절 다니엘은 계속되는 환상 중에 다른 짐승 형상을 목격하게 된다. 그는 "한 숫염소가 서쪽에서부터" 날쌔게 접근하는 장면을 보았다. '숫염소'란 페르시아 제국을 패망시키고 세계의 새로운 강국으로 등장한 그리스 제국을 상징한다. "온 지면에 두루 다니되 땅에 닿지 아니하며"는 그리스 제국의 정복사업의 신속성을 암시하고 있다. 다니엘이 숫염소를 보니 "그 염소의 두 눈 사이에는 현저한 뿔"이 있었다. 여기서 '현저한 뿔'은 염소의 엄청난 힘을 표현하는 구절이다. 속도가 매우 빨라서 그 다리가 땅에 닿지 않는 듯했다. 숫염소는 두 뿔 가진 숫양을 없애기로 결심한 듯 분노한 힘으로 돌격해서 숫양의 두 뿔을 꺾어 버렸다. 숫양은 자신을 방어할 힘이 없어

숫염소에게 굴복했다. 숫양을 위대하게 만들었던 것이 모두 숫염소의 것이 되었다. 전에는 아무도 숫양의 권세에서 벗어나지 못했으나(4절) 이제는 아무도 그 숫염소로부터 벗어나질 못했다(7절).

숫염소가 "숫양에게로 가까이 나아가서는 더욱 성내어 그 숫양을 쳐서 그 두 뿔을 꺾으나 숫양에게는 그것을 대적할 힘이 없었다."는 것은 페르시아의 마지막 왕인 다리오 3세(기원전 335~331년)에 대한 알렉산드로스 대왕의 결정적인 승리를 암시한다. 숫염소가 "숫양을 땅에 엎드러뜨리고 짓밟았으나 숫양을 그 손에서 벗어나게 할 자가 없었더라."라는 진술은 이미 네 번째 짐승의 강한 위력을 표현하는 데 사용되었던 모티브에 속한다.(7:7)

8. 숫염소가 스스로 심히 강대하여 가더니 강성할 때에 그 큰 뿔이 꺾이고 그 대신에 현저한 뿔 넷이 하늘 사방을 향하여 났더라

8절 알렉산드로스 대왕의 위세는 하늘을 찌르고도 남았다. "숫염소가 스스로 심히 강대하여 가더니 강성할 때에 그 큰 뿔이 꺾이고"는 그리스 제국이 심히 방대해졌을 때에 알렉산드로스가 갑작스럽게 죽음을 맞이해야 했던 역사적 상황을 반영하는 구절이다. '강성하다'를 위해 사용된 히브리어 단어는 제국의 강성함뿐만 아니라, 정복한 영토의 광활함을 의미하고 있다. "그 대신에 현저한 뿔 넷이 하늘 사방을 향하여 났더라."는 8:22에서 해석된 대로 알렉산드로스 사후 발생한 그리스 제국의 분열을 말한다.

9. 그 중 한 뿔에서 또 작은 뿔 하나가 나서 남쪽과 동쪽과 또 영화로운 땅을 향하여 심히 커지더니.
10. 그것이 하늘 군대에 미칠 만큼 커져서 그 군대와 별들 중의 몇을 땅에 떨어뜨리고 그것들을 짓밟고

9~10절 이제 환상의 주제는 네 개의 현저한 뿔들 중의 하나에서 돋아난 "작은 뿔"에게로 집중된다. 이 뿔은 7:8의 '작은 뿔'과 마찬가지로 셀레우코스 왕조에서 나온 안티오코스 4세를 상징한다. "남쪽과 동쪽과 또 영화로운

땅을 향하여 심히 커지더니"는 안티오코스 4세가 행한 군사적인 정복을 개괄적으로 설명하고 있는 표현이다. '남편'은 분할된 네 왕조 중 프톨레마이오스 왕조가 차지한 애굽을, '동편'은 엘리마이스와 아르메니아를 그리고 '영화로운 땅'은 예루살렘과 팔레스타인을 각각 가리키고 있다.

10절은 하늘의 시간을 변경시킨 안티오코스 4세의 종교적인 조처들을 암시하고 있다. 안티오코스 4세가 행한 악행의 정점에 도달하고 있는 셈이다. "그것이 하늘 군대에 미칠 만큼 커져서"란 안티오코스 4세가 수많은 민족들에 대한 군사적인 정복에 만족하지 않고, 천체의 운행과 관련된 유대인들의 종교적 축제 절기들을 변경시킨 사건을 의미한다. 작은 뿔은 하늘의 하나님께 속한 "군대와 별들"을 공격한 것이다. 여기서 '군대'는 우주적인 질서를 지키는 하늘의 천사들을 가리키는 신화적인 표현에 속한다. '별'은 우주의 시간질서를 책임진 존재다.(창 1:16) 이 별은 하늘의 군대인 천사들과 마찬가지로 하늘의 하나님께 속해 있다. 작은 뿔이 이들 중 얼마를 "땅에 떨어뜨리고 그것들을 짓밟았다."는 말은 하늘의 사건에 간섭한 오만한 왕에 의해 실시된 시간 계산법의 변경, 즉 달력의 개혁을 의미한다.

11. 또 스스로 높아져서 군대의 주재를 대적하며 그에게 매일 드리는 제사를 없애 버렸고 그의 성소를 헐었으며.
12. 그의 악으로 말미암아 백성이 매일 드리는 제사가 넘긴 바 되었고 그것이 또 진리를 땅에 던지며 자의로 행하여 형통하였더라

11~12절 안티오코스 4세는 바벨론의 느부갓네살과 벨사살과 마찬가지로 "스스로 높아지는" 어리석은 자가 되고 말았다. 그는 하나님을 대적하고, 하나님이 정해 놓으신 세계의 질서를 파괴하는 자가 된 것이다. 하나님의 백성들에 대한 안티오코스 4세의 박해와 하나님께 대한 도전의 내용이 좀 더 자세히 소개되고 있다. 첫째로, 그는 ""를 대적했다. 이것은 하늘 군대를 거느리는 사령관인 하나님에게 대항한 것과 마찬가지다. 하나님께 대한 안티오코스 4세의 두 번째 도전은 "매일 드리는 제사"(출 29:38ff., 민 28:3ff.)를 폐지시킨 조처다. 이 제사는 '타미드'인데, 아침과 저녁으로 규칙적으로 드려지는 숫양의 '번제'를 말한다. 유대인들에 대한 안티오코스 4

세의 세 번째 종교적 박해는 하나님의 "성소를 헐어 버린" 행위다.

12절의 본문은 상당히 난해하다. 다음과 같이 번역될 수 있다. "잘못된 (죄악 된)제물이 백성들의 매일 드리는 제사 때에 드려지고." 이 구절은 멸 망케 하는 가증한 물건이라고 불린 이방의 제물이 매일 드리는 제사 대신에 예루살렘 성전 제단에 드려졌음을 강조하는 구절이다. "진리를 땅에 던지며 자의로 행하여 형통하였더라."는 안티오코스 4세가 행한 반유대적 종교 조 처들이 상당한 성공을 거두었음을 의미한다.

13. 내가 들은즉 한 거룩한 이가 말하더니 다른 거룩한 이가 그 말하는 이에 게 묻되 환상에 나타난 바 매일 드리는 제사와 망하게 하는 죄악에 대한 일과 성소와 백성이 내준 바 되며 짓밟힐 일이 어느 때까지 이를꼬 하매
14. 그가 내게 이르되 이천삼백 주야까지니 그 때에 성소가 정결하게 되리 라 하였느니라

13~14절 다니엘이 경험한 환상의 장면이 바뀌고 있다. "내가 들은즉"은 이제 '보는 환상'이 끝나고, '듣는 환상'이 시작되고 있음을 말한다. 한 거룩 한 자가 새롭게 나타난 다른 거룩한 자에게 다음과 같이 묻는다. "환상에 나 타난 바 매일 드리는 제사와 망하게 하는 죄악에 대한 일과 성소와 백성이 내 준 바 되며 짓밟힐 일이 어느 때까지 이를꼬?" 두 거룩한 자들간의 '질문-대 답'의 대화형식(참고. 슥 2:1~5)을 통해 안티오코스 4세에 의한 성전의 모독 과 매일 드리는 제사의 폐지라는 10~12절의 주제가 다시 한번 반복된다. 여 기서 "거룩한 이"란 4:13, 17, 23에서와 같이 분명히 하늘의 거룩한 천사를 가리킨다. "어느 때까지 이를꼬?"라는 질문은 당시에 안티오코스 4세에 의해 박해를 당하고 있던 경건한 유대인들의 신앙적 고뇌를 대변하고 있다고 볼 수 있다. 예언자 스가랴도 여호와 하나님에게 "어느 때까지 예루살렘과 유다 성읍들을 긍휼히 여기지 아니하시려나이까."(1:12)라고 항변하고 있다.

질문을 받은 거룩한 자는 고통과 어두움의 시간이 "이천삼백 주야"라고 대답해 준다. "성소가 정결하게 함을 입을" 수 있기 위해서는 정해진 시간 이 지나가야 한다는 말이다. '주야'는 히브리어 본문에 유대인들의 날짜 계 산 관습에 따라 '밤과 낮'의 순서로 되어 있다.

15. 나 다니엘이 이 환상을 보고 그 뜻을 알고자 할 때에 사람 모양 같은 것
    이 내 앞에 섰고.
16. 내가 들은즉 을래 강 두 언덕 사이에서 사람의 목소리가 있어 외쳐 이
    르되 가브리엘아 이 환상을 이 사람에게 깨닫게 하라 하더니.
17. 그가 내가 선 곳으로 나왔는데 그가 나올 때에 내가 두려워서 얼굴을
    땅에 대고 엎드리매 그가 내게 이르되 인자야 깨달아 알라 이 환상은
    정한 때 끝에 관한 것이니라.
18. 그가 내게 말할 때에 내가 얼굴을 땅에 대고 엎드리어 깊이 잠들매 그
    가 나를 어루만져서 일으켜 세우며

　　15~18절 다니엘은 느부갓네살의 꿈을 해석했지만, 또 다시 이 꿈을 해
석하지는 못했다. 가브리엘은 환상을 해석해주기 위해서 다니엘에게 보내
졌다. 역시 다니엘은 찬란한 사자가 나타나자 두려워서 얼굴을 땅에 대었
다. 사자는 다니엘을 '인자'로 언급하면서 가브리엘은 환상이 끝이 관한 것
(17절), 즉 다니엘 이후의 사건으로서 그리스 왕국의 지배하에 있을 이스라
엘에 관한 것이라고 설명했다.

19. 이르되 진노하시는 때가 마친 후에 될 일을 내가 네게 알게 하리니 이
    환상은 정한 때 끝에 관한 것임이라

　　19절 환상에 포함된 사건은 다니엘 이후의 것이라고 말했다. 이방인의
때로서 이후의 때는 '진노하시는 때'라고 불렀다. 이전에 기록된 대로(2장)
이방인의 때는 느부갓네살로부터 그리스도의 재림까지 이스라엘이 하나님
의 계획 속에서 고생하는 기간을 말한다. 불순종은 그 나라에 하나님의 진
노를 불러들였다.

20. 네가 본 바 두 뿔 가진 숫양은 곧 메대와 바사 왕들이요.
21. 털이 많은 숫염소는 곧 헬라 왕이요 그의 두 눈 사이에 있는 큰 뿔은 곧
    그 첫째 왕이요.

22. 이 뿔이 꺾이고 그 대신에 네 뿔이 났은즉 그 나라 가운데에서 네 나라
가 일어나되 그의 권세만 못하리라

20~22절 가브리엘은 먼저 '두 뿔 가진 숫양'의 뜻을 설명했다. 이 짐승
은 메데와 바사로서 몸 한 쪽을 들고 있는 곰으로(7:5) 나타난다. 바사가 메
데보다 뒤늦게 나왔으나 바사는 메데를 흡수했다. 그래서 두 번째 뿔은 첫
째 뿔보다 컸다. 바사는 200만 이상의 군대를 동원해 왕국을 서, 북, 남쪽
으로 확장시켰다. 하지만 이번에는 "두 뿔 가진 숫양은 곧 메대와 바사 왕
들"이며, "털이 많은 숫염소는 곧 헬라 왕이요 그의 두 눈 사이에 있는 큰
뿔은 곧 그 첫째 왕"임을 분명히 풀이해 주고 있다. 역사 속의 대제국들과
상징 동물들이 동일시되고 있는 것이다. 본문은 알렉산드로스를 상징하는
"이 뿔이 꺾이고 그 대신에 네 뿔이 났은즉 그 나라 가운데에서 네 나라가
일어났음"을 간단히 언급할 정도일 뿐이다. 천사에 의한 다니엘의 환상의
해석은 '끝'의 시대에 이를 때까지 급하게 지나갔다. 이제 "네 나라 마지막
때"(23절)를 해석할 순서가 되었다.

23. 이 네 나라 마지막 때에 반역자들이 가득할 즈음에 한 왕이 일어나리니
그 얼굴은 뻔뻔하며 속임수에 능하며

23절 천사의 해석은 마지막 때에 "반역자들이 가득할 즈음에 한 왕"에
게 집중된다. 이 왕은 9~12절에 언급된 '작은 뿔', 즉 안티오코스 4세다.
이제부터 그의 등장(23절), 성공(24~25a절) 그리고 파멸(25b절)이 차례로
소개된다. "얼굴은 뻔뻔하며 속임수에 능하며"는 새로 출현한 왕의 성격과
성품을 소개하는 구절이다.

24. 그 권세가 강할 것이나 자기의 힘으로 말미암은 것이 아니며 그가 장차
놀랍게 파괴 행위를 하고 자의로 행하여 형통하며 강한 자들과 거룩한
백성을 멸하리라
25. 그가 꾀를 베풀어 제 손으로 속임수를 행하고 마음에 스스로 큰 체하며

또 평화로운 때에 많은 무리를 멸하며 또 스스로 서서 만왕의 왕을 대적할 것이나 그가 사람의 손으로 말미암지 아니하고 깨지리라

24~25절 새로 일어난 왕의 성공적인 정복 행위와 거룩한 백성들에 대한 박해가 보고되고 있다. "그 권세가 강할 것이나 자기의 힘으로 말미암은 것이 아니며"는 새 왕의 강력한 권세는 왕 자신의 힘에 의해서 형성된 것이 아니라, 하나님의 특별한 역사 계획에 따라 일시적으로 하나님의 도구에게 허락된 것임을 말하는 신학적인 진술이다. "그가 장차 놀랍게 파괴 행위를 하고 자의로 행하여 형통하며"는 왕의 악행을 보도하는 구절이 아니라, 왕의 정복 행위의 능력과 놀랄 만한 성공을 강조하고 있는 구절이다. "강한 자들과 거룩한 백성을 멸하리라."는 헬라화를 추진하면서 유대인들에 대해 엄청난 살육과 박해를 행한 새 왕의 무서운 잔인성을 폭로하는 구절이다. 이 포악한 왕은 그의 병사들에게 거리에서 만나는 사람이든, 집에 숨어 있는 사람이든, 젊은이든, 노인이든, 여자든, 어린이든, 처녀든, 젖먹이든 닥치는 대로 학살하라고 명령했었다. 이 원정이 끝난 후 안티오코스는 BC 168년에 다시 애굽을 원정했으나 로마로부터 애굽을 떠나도록 강요받았다. 돌아올 때 그는 이스라엘을 자신과 애굽과의 완충지대로 만들 것을 결심했다. 그는 많은 무리를 죽이고 예루살렘을 불살랐다. 그는 유대인들이 안식일 준수, 제사, 절기행사, 아이들의 할례등 모세의 법을 따르지 못하게 했다. 우상의 제단이 예루살렘에 세워졌고, BC 167년 12월 16일에 유대인들은 부정한 제물을 드리고 돼지고기를 먹도록 강요되었으며, 그렇게 하지 않았을 때 그들은 죽임을 당하였다.

"그가 꾀를 베풀어 제 손으로 속임수를 행하고"는 어떤 특별한 역사적 사건들을 말한다기보다는 왕의 계속된 성공적인 정치적 계략을 보도하는 구절이라고 보아야 한다. "마음에 스스로 큰 체하며"는 "스스로 서서 만왕의 왕을 대적할 것이나"와 의미상 같은 말이다. 역사는 유일하신 하나님, 오직 '그분'에 의해서만 진행되는 것임을 말한다.

잔인하고 포악한 안티오코스 4세에게도 마지막 날이 찾아올 것이다. "그가 사람의 손으로 말미암지 아니하고 깨지리라."는 안티오코스 4세의 멸망

을 하나님의 심판으로 보려는 신학적 진술이다.

26. 이미 말한 바 주야에 대한 환상은 확실하니 너는 그 환상을 간직하라 이는 여러 날 후의 일임이라 하더라

26절 천사는 환상에 대한 해석을 끝내고 다니엘에게 환상의 사실성을 강조한다. 천사는 "이미 말한 바 주야에 대한 환상은 확실하다."는 것을 다니엘에게 주지시킨다. 천사는 다니엘에게 "그 환상을 간직하라."고 명령한다. '간직하다'는 '감추다, 숨기다, 은닉하다'라는 뜻이다. 그것은 비밀에 붙여두라는 의미가 아니고 끝맺는다는 뜻으로, 미래를 위해 보존하라는 것이다. 다니엘은 그것을 기억하고 있다가 성령의 영감으로 그 내용을 기록할 때까지 보존했다.

"이는 여러 날 후의 일이라."도 마찬가지로 시간적 공백을 해결하려는 저자의 이러한 의도를 반영하고 있다.

27. 이에 나 다니엘이 지쳐서 여러 날 앓다가 일어나서 왕의 일을 보았느니라 내가 그 환상으로 말미암아 놀랐고 그 뜻을 깨닫는 사람도 없었느니라

27절 다니엘은 그 환상의 해석으로 인해 기진했다. 여러 날 동안 그는 왕의 일을 수행할 수 없었다.

9. 다니엘의 기도와 칠십 이레에 관한 환상(9:1~27)

다니엘 9장

1. 메대 족속 아하수에로의 아들 다리오가 갈대아 나라 왕으로 세움을 받던 첫 해

2. 곧 그 통치 원년에 나 다니엘이 책을 통해 여호와께서 말씀으로 선지자 예레미야에게 알려 주신 그 연수를 깨달았나니 곧 예루살렘의 황폐함이 칠십 년만에 그치리라 하신 것이니라

1~2절 메데 왕 다리오의 통치 원년이었다. 이것은 다니엘이 포로가 된 지 66년이 지난 BC 539년이었다. '갈대아 나라'의 멸망은 기념비적인 사건이었다. 그것은 벽에 쓰인 글을 다니엘이 해석함으로써 벨사살에게 계시되었다. 바벨론의 멸망은 최초로 느부갓네살이 예루살렘을 침략한 이래 포로로 있었던 유대인들의 해방을 준비시켰다. 예레미야는 백성의 멸망 외에도 이스라엘이 바벨론에 체류할 기간이 70년이 될 것도 예언했다.

다리오의 침략으로 잡혀간 다니엘은 다리오가 중요한 역할을 하는 사건을 이해하기 위해 성경을 연구했다. 그는 다리오의 승리가 70년 포로생활의 끝이 가까웠음을 의미하는 것이라고 깨달았다.

3. 내가 금식하며 베옷을 입고 재를 덮어쓰고 주 하나님께 기도하며 간구하기를 결심하고 .
4. 내 하나님 여호와께 기도하며 자복하여 이르기를 크시고 두려워할 주 하나님, 주를 사랑하고 주의 계명을 지키는 자를 위하여 언약을 지키시고 그에게 인자를 베푸시는 이시여 .
5. 우리는 이미 범죄하여 패역하며 행악하며 반역하여 주의 법도와 규례를 떠났사오며.
6. 우리가 또 주의 종 선지자들이 주의 이름으로 우리의 왕들과 우리의 고관과 조상들과 온 국민에게 말씀한 것을 듣지 아니하였나이다

3~6절 다니엘은 성경을 연구한 결과, 하나님께 향하고 금식하며 기도와 간구를 하게 되었다. 그는 먼저 "금식"을 하였다. '금식'은 계시를 받기 위해 필요한 신앙적 행위다. 또한 다니엘은 "베옷을 입고" "재를 덮어쓰고" 있었다. 이것은 참회와 겸손의 기도를 드리는 자의 외적인 모습을 표현하고 있다. 한편 "주 하나님께 기도하며 간구하기를 결심하고"는 하나님의 도우

심을 이끌어 내려는 기도자의 내적인 신앙적 결단을 말한다고 할 수 있다. 다니엘은 "내 하나님 여호와께 자복하여" 기도하기를 시작한다. 이스라엘을 대표하여 드리는 다니엘의 긴 기도가 시작된다.

다니엘의 기도는 개인 탄식시의 유형에서 일반적으로 등장하는 '하나님에 대한 부름'으로 시작된다. 이 부름은 동격의 "주 하나님"이라는 서로 다른 두 개의 하나님의 칭호를 통해 진행된다. 이어 하나님의 세 가지 속성이 소개되는데, 구약성서의 신학전통에 깊이 뿌리를 두고 있는 개념들이다. 첫째로, 하나님은 "크신" 분이시다. 하나님은 '위대하신' 분이며, 모든 신들 위에 '뛰어나신' 분으로 고백되고 있다.

둘째로, 하나님은 "두려워할" 분이시다. 하나님은 인간의 두려움의 대상이며, 그의 이름은 두렵고, 그의 행위는 엄위하시다.

셋째로, 하나님은 "주를 사랑하고 주의 계명을 지키는 자를 위하여 언약을 지키시고 그에게 인자를 베푸시는 이"로 소개되고 있다.

5-6절은 죄의 고백이다. 죄의 고백은 죄의 인정을 의미하며, 동시에 현재의 이스라엘 공동체에 임한 하나님의 심판의 정당성을 승인하는 것이다. 다니엘은 이스라엘 민족이 "범죄하여 패역하며 행악하며 반역하여 주의 법도와 규례를 떠났다."는 사실을 고백한다. "주의 법도와 규례를 떠났사오며"는 이스라엘의 모든 범죄 행위를 함축하고 있는 구절이다. 하나님의 계명에서 떠났기 때문에 하나님께 대한 범죄가 이루어졌다는 말이다. 이스라엘 백성들은 "주의 종 선지자들이 주의 이름으로 우리의 왕들과 우리의 고관과 조상들과 온 국민에게 말씀한 것을 듣지 아니하였다."는 것이다. 예언자들은 이스라엘 사회의 영적인 각성을 위해 외친 사람들이었다.

7. 주여 공의는 주께로 돌아가고 수치는 우리 얼굴로 돌아옴이 오늘과 같아서 유다 사람들과 예루살렘 거민들과 이스라엘이 가까운 곳에 있는 자들이나 먼 곳에 있는 자들이 다 주께서 쫓아내신 각국에서 수치를 당하였사오니 이는 그들이 주께 죄를 범하였음이니이다
8. 주여 수치가 우리에게 돌아오고 우리의 왕들과 우리의 고관과 조상들에게 돌아온 것은 우리가 주께 범죄하였음이니이다 마는

7~8절 죄와 심판의 긴밀한 관계가 하나님의 의로우신 증거로 여겨지고 있다. "공의는 주께로 돌아가고 수치는 우리 얼굴로 돌아온다."는 것이다. 하나님의 공의와 죄인의 수욕이 강하게 대비되고 있다. 하나님이 그의 백성을 흩으신 것은 그들이 죄를 지었기 때문이다. "오늘과 같아서"는 '오늘날 볼 수 있는 바와 같이'라는 뜻으로 이스라엘 공동체의 현재의 고난과 슬픔은 철저히 그들의 죄의 결과라는 사실을 강조하는 구절이다. "그들이 주께 죄를 범하였음이니이다."라는 구절도 마찬가지로 예루살렘의 멸망을 이스라엘의 범죄에 대한 하나님의 공의로운 심판으로 보려는 인과응보적 신학을 대변하고 있다. "유다 사람들과 예루살렘 거민들"이라는 순서는 포로기 때부터 등장한 서술방식이다. 이어서 나오는 "이스라엘"은 '유다와 예루살렘'에 대비되는 정치적 성격을 지닌 단어다. 이렇게 볼 때 '유다 사람들과 예루살렘 거민들과 이스라엘'은 하나님의 백성 모두에게 임한 하나님의 심판을 강조하려는 목적을 갖고 있다.

9. 주 우리 하나님께는 긍휼과 용서하심이 있사오니 이는 우리가 주께 패역하였음이오며 .

10. 우리 하나님 여호와의 목소리를 듣지 아니하며 여호와께서 그의 종 선지자들에게 부탁하여 우리 앞에 세우신 율법을 행하지 아니하였음이니이다

9~10절 다니엘은 철저히 자기 민족의 죄악을 고백했다. 그는 "우리가 주께 패역하였음이오며 우리 하나님 여호와의 목소리를 듣지 아니하며 여호와께서 그의 종 선지자들에게 부탁하여 우리 앞에 세우신 율법을 행하지 아니하였다."는 사실을 실토했다. 이스라엘 백성들은 그들을 선택하시고 그들에게 은혜를 베풀어 주신 하나님을 버리고, 하나님이 주신 율법의 내용을 준수하지 않았다는 것이다. 다니엘의 기도는 이스라엘의 고난이 하나님의 심판의 결과라는 사실을 전제하고 있다.

이스라엘이 고난당하는 것은 이스라엘의 악한 행위에 의해 촉발된 하나님의 임시적인 태도 변화일 뿐이다. 하나님의 진노는 일시적이지만, 인애와 사랑은 영속적이다. 다니엘은 고난의 징벌을 제거하실 분은 오직 하나님 한

분뿐이라는 것을 알고 있다. 그래서 그는 "주 우리 하나님께는 긍휼과 용서하심이 있음"을 고백하고 있다.

11. 온 이스라엘이 주의 율법을 범하고 치우쳐 가서 주의 목소리를 듣지 아니하였으므로 이 저주가 우리에게 내렸으되 곧 하나님의 종 모세의 율법에 기록된 맹세대로 되었사오니 이는 우리가 주께 범죄하였음이니이다.
12. 주께서 큰 재앙을 우리에게 내리사 우리와 및 우리를 재판하던 재판관을 쳐서 하신 말씀을 이루셨사오니 온 천하에 예루살렘에서 일어난 일 같은 것이 없나이다.
13. 모세의 율법에 기록된 대로 이 모든 재앙이 이미 우리에게 내렸사오나 우리는 우리의 죄악을 떠나고 주의 진리를 깨달아 우리 하나님 여호와의 얼굴을 기쁘게 하지 아니하였나이다.
14. 그러므로 여호와께서 이 재앙을 간직하여 두셨다가 우리에게 내리게 하셨사오니 우리의 하나님 여호와께서 행하시는 모든 일이 공의로우시나 우리가 그 목소리를 듣지 아니하였음이니이다.

　11~14절 다니엘이 열거한 하나님께 대한 이스라엘의 죄목은 크게 두 가지로 요약될 수 있다. 첫째는 "온 이스라엘이 주의 율법을 범한" 죄다. 둘째는 "치우쳐 가서 주의 목소리를 듣지 아니한"불순종의 죄다. 이스라엘의 이러한 죄악된 행동에 대한 하나님의 심판은 그분의 예기치 않은 변덕스러운 결정에 의한 것이 아니라 "하나님의 종 모세의 율법에 기록된 맹세"대로 이루어진 것이다. 이 구절들은 율법을 범한 범죄자들에게 내려질 냉혹한 하나님의 심판을 제시한다. 기원전 586년에 "예루살렘에 임한 큰 재앙"은 모세율법에 기록되어 있는 "우리와 및 우리를 재판하던 재판관을 쳐서 하신 말씀을 이루신"것뿐이다. 이스라엘 백성들은 율법 가운데 기록된 당연한 죄의 값을 받은 것이다. 그러나 다니엘은 예루살렘에 임했던 이 큰 재앙이 최후의 재앙이 아니었음을 알고 있다. 하나님의 심판에도 불구하고 이스라엘 백성들은 회개하고 하나님께 돌아오지 않았기 때문에, 하나님은 더 큰 "재앙을 간직하여 두신 것"이고 하나님의 때가 되었을 때 역사 속에 임하게 하신 것이다.

우리는 다니엘의 기도문 속에 들어 있는 철두철미한 인과응보적 역사관을 인식할 수 있다. "우리의 하나님 여호와께서 행하시는 모든 일이 공의로우시나 우리가 그 목소리를 듣지 아니하였음이니이다." 이스라엘에 내린 새로운 재앙, 즉 기원전 167년에 사악한 안티오코스 4세에 의해 예루살렘에 임한 비극적 재앙은 하나님의 연속된 경고를 무시한 이스라엘의 범죄에 대한 하나님의 정당한 그리고 필연적인 심판의 결과일 뿐이라는 것이다.

15. 강한 손으로 주의 백성을 애굽 땅에서 인도하여 내시고 오늘과 같이 명성을 얻으신 우리 주 하나님이여 우리는 범죄하였고 악을 행하였나이다.
16. 주여 구하옵나니 주는 주의 공의를 따라 주의 분노를 주의 성 예루살렘, 주의 거룩한 산에서 떠나게 하옵소서 이는 우리의 죄와 우리 조상들의 죄악으로 말미암아 예루살렘과 주의 백성이 사면에 있는 자들에게 수치를 당함이니이다

15~16절 다니엘은 똑같은 고백을 다시 시작하고 있다. 다니엘은 그의 위대한 힘으로 애굽에서 건져내신 하나님에 대해 얘기하고 있다. 하나님은 그의 백성들을 구해내셔서 영광을 받으셨다. 그러나 나라가 죄를 범하였기 때문에 주변국가에게서 수치를 받았다. 공의를 좇으사 예루살렘에서 분노와 재앙을 거두시라는 기도에서 다니엘은 하나님께서 징벌을 거두시고 백성들을 결박으로부터 해방시켜 달라고 간구하였다. 다시 한 번 다니엘은 그들의 형편이 과거의 죄악 때문이라고 말한다.

17. 그러하온즉 우리 하나님이여 지금 주의 종의 기도와 간구를 들으시고 주를 위하여 주의 얼굴 빛을 주의 황폐한 성소에 비추시옵소서.
18. 나의 하나님이여 귀를 기울여 들으시며 눈을 떠서 우리의 황폐한 상황과 주의 이름으로 일컫는 성을 보옵소서 우리가 주 앞에 간구하옵는 것은 우리의 공의를 의지하여 하는 것이 아니요 주의 큰 긍휼을 의지하여 함이니이다.
19. 주여 들으소서 주여 용서하소서 주여 귀를 기울이시고 행하소서 지체

하지 마옵소서 나의 하나님이여 주 자신을 위하여 하시옵소서 이는 주의 성과 주의 백성이 주의 이름으로 일컫는 바 됨이니이다

17~19절 하나님의 징벌을 제거해 달라는 기도로부터 예언자는 긍정적으로 하나님의 은총과 자비와 용서를 간구한다. 하나님은 바로 "지금 주의 종의 기도와 간구를 들으시고 주를 위하여 주의 얼굴 빛을 주의 황폐한 성소에 비추어야"한다는 것이다. 다니엘은 이제 죄를 고백하는 겸손의 모습을 보이지 않는다. 그의 기도는 하나님께 대한 애절하고도 긴박한 호소로 바뀌었다. 다니엘은 하나님이 "눈을 떠서 우리의 황폐한 상황과 주의 이름으로 일컫는 성"을 주시할 것을 간절히 소원한다. 다니엘은 "우리의 공의를 의지하여 하는 것이 아니요 주의 큰 긍휼을 의지"하고 있음을 잊지 않고 있다. 다니엘은 예루살렘과 성전의 구원의 이유를 하나님의 이름의 영광스러운 회복에서 찾고 있다. "주의 성과 주의 백성이 주의 이름으로 일컫는 바 됨이니이다" 다니엘의 기도는 "주여 불쌍히 여기소서."라고 부를 수 있는 구절로 끝을 맺는다.

20. 내가 이같이 말하여 기도하며 내 죄와 내 백성 이스라엘의 죄를 자복하고 내 하나님의 거룩한 산을 위하여 내 하나님 여호와 앞에 간구할 때

20절 20절은 3-19절의 긴 기도문의 내용을 '죄의 회개와 구원의 간구'라는 두 가지 주제로 요약해 주고 있다. 다니엘은 "내 죄와 내 백성 이스라엘의 죄를 자복하고 내 하나님의 거룩한 산을 위하여 내 하나님 여호와 앞에 간구"했던 것이다. 다니엘은 자신이 이스라엘의 죄를 회개함으로 하나님의 거룩한 시온 산이 있는 예루살렘이 속히 회복되기를 간절히 소원하고 있는 것이다.

21. 곧 내가 기도할 때에 이전에 환상 중에 본 그 사람 가브리엘이 빨리 날아서 저녁 제사를 드릴 때 즈음에 내게 이르더니

21절 "다니엘이 말하여 기도할 때에 이전에 환상 중에 본 그 사람 가브리엘이 빨리 날아서 저녁 제사를 드릴 때 즈음에" 다니엘에게 이르렀다. 다니엘이 본 환상을 해석해 주기 위해 이미 8장에서 나타났던 천사 가브리엘이 다시 한번 더 등장한 것이다. 이 구절은 다니엘이 회개의 기도를 드리게 되었을 때에 하나님은 그의 기도에 즉각적으로 응답하셨음을 알려 주고 있다.

22. 내게 가르치며 내게 말하여 이르되 다니엘아 내가 이제 네게 지혜와 총명을 주려고 왔느니라.
23. 곧 네가 기도를 시작할 즈음에 명령이 내렸으므로 이제 네게 알리러 왔느니라 너는 크게 은총을 입은 자라 그런즉 너는 이 일을 생각하고 그 환상을 깨달을지니라

22~23절 다니엘은 그의 기도에서 언급하지는 않고 있으나 분명히 '그때로부터' 이스라엘을 위한 하나님의 계획과 관련되어 있었다. 예레미야의 예언은 70년 바벨론 포로기의 끝까지만 그 나라에 대한 하나님의 계획을 나타내고 있다. 다니엘은 그 일 이후에 무엇이 일어날 것인지를 물었다. 다니엘이 본 2개의 환상은 바벨론을 시작으로 이방 제국에 관한 것이었다. 그는 은총을 크게 받았으므로 가브리엘은 다니엘이 기도를 시작할 즈음에 그를 위한 응답을 하나님으로부터 받았다.

24. 네 백성과 네 거룩한 성을 위하여 일흔 이레를 기한으로 정하였나니 허물이 그치며 죄가 끝나며 죄악이 용서되며 영원한 의가 드러나며 환상과 예언이 응하며 또 지극히 거룩한 이가 기름 부음을 받으리라

24절 예레미야가 예언했던 70년에 대한 새로운 해석이 제시된다. 가브리엘은 다니엘에게 하나님이 "네 백성과 네 거룩한 성을 위하여 칠십 이레를 기한"을 정했음을 전한다. 여기서 "칠십 이레"는 490년을 의미하는 것으로 풀이되었다. '이레'를 1년이 아니라 7년으로 본 계산법이다. 본문은 마지막 때가 오면 일어날 여섯 가지 사건들을 매우 짧은 구절로 제시하고

있다. 마지막 때에 일어날 첫 번째 현상은 "허물이 마쳐지는" 것이다. 두 번째 현상은 "죄가 끝나는" 것이다. 세 번째 현상은 "죄악이 용서되는" 것이다.

이제 '70이레'가 지나면 일어날 또 다른 사건들을 살펴보자. 네 번째 현상은 "영원한 의"가 드러나는 것이다. 하나님의 '의'는 구원의 증거이며, 찬양과 감사의 이유다. 다섯 번째 현상은 "환상과 예언이 응하는" 것이다. 이 말은 선견자가 본 이상과 예언자가 말한 예언에 대한 인준을 의미함과 동시에 이상과 예언이 이제는 더 이상 필요 없는 때가 왔다는 것을 말한다.

마지막 여섯 번째 현상은 "지극히 거룩한 이가 기름 부음을 받을 것"이다. 이 구절이 메시아의 도래를 언급하는 구절로 이해되어서는 안 된다. '지극히 거룩한 자'는 사람을 가리키고 있는 것이 아니라 특별히 거룩한 장소인 예루살렘을 지칭한다.

25. 그러므로 너는 깨달아 알지니라 예루살렘을 중건하라는 영이 날 때부터 기름 부음을 받은 자 곧 왕이 일어나기까지 일곱 이레와 예순두 이레가 지날 것이요 그 곤란한 동안에 성이 중건되어 광장과 거리가 세워질 것이며

25절 "예루살렘을 중건하라는 영이 날 때부터"는 예레미야에게 예루살렘의 회복에 대한 하나님의 말씀이 임했을 때를 말한다. "기름 부음을 받은 자 곧 왕"이 누구를 지칭하는지는 불확실하다. "일곱 이레와 예순두 이레가 지날 것이요."는 문맥상 오해를 일으킬 수 있는 번역이다. 기름부음 받은 자, 곧 메시아가 일어나기까지 일곱 이레요, 그리고 그 후에 육십이 이레가 지날 것이라는 의미다. "그 곤란한 동안에" 고레스 칙령 이후 팔레스타인 땅으로 돌아온 유대인들이 성전을 재건하고 성벽을 수축하면서 지냈던 어려웠던 시기를 가리킨다. "거리와 해자"에서 '거리'는 도시에 있는 넓은 광장을 말하며, '해자'는 도시 외곽에 있는 성벽을 의미하는 것으로 해석 할 수 있다.

26. 예순두 이레 후에 기름 부음을 받은 자가 끊어져 없어질 것이며 장차 한 왕의 백성이 와서 그 성읍과 성소를 무너뜨리려니와 그의 마지막은 홍수에 휩쓸림 같을 것이며 또 끝까지 전쟁이 있으리니 황폐할 것이 작

정되었느니라

27. 그가 장차 많은 사람들과 더불어 한 이레 동안의 언약을 굳게 맺고 그가 그 이레의 절반에 제사와 예물을 금지할 것이며 또 포악하여 가증한 것이 날개를 의지하여 설 것이며 또 이미 정한 종말까지 진노가 황폐하게 하는 자에게 쏟아지리라 하였느니라 하니라

26~27절 마지막 한 이레 동안(기원전 170-164년)에 일어날 사건들이 소개된다. 먼저 "기름 부음을 받은 자가 끊어져 없어지는 일"이 생길 것이다. 또 다른 사건은 "한 왕의 백성이 와서 그 성읍과 성소를 무너뜨리는"일이다. 기원전 168년 예루살렘을 점령하고 성전 지역 내에 보루를 세우고 성벽과 집들을 파괴하고 많은 도시민을 죽였던 안티오코스 4세의 군대를 가리키는 것으로 보아야 한다. "그의 마지막은 홍수에 휩쓸림 같을 것이며"는 안티오코스 4세의 비극적 종말을 말하는 구절이 아니다. 왜냐하면 27절에서도 그의 활동이 계속되고 있기 때문이다. 여기서 '그의 종말'은 '그것의 최후', 즉 바로 앞에 언급되어 있는 예루살렘의 마지막을 말하려고 한다. "끝까지 전쟁이 있으리니 황폐할 것이 작정되었느니라."는 마지막 한 이레가 끝날 때까지 예루살렘이 전쟁의 공포를 경험하고 회복되지 못할 것임을 말하는 것으로 보아야 한다.

27절은 마지막 한 이레 기간 동안의 사건들이 계속해서 소개되고 있다. "그가 장차 많은 사람들과 더불어 한 이레 동안의 언약을 굳게 맺고"는 수많은 유대인들이 악한 왕 안티오코스 4세가 내린 무서운 종교적 조처들에 무릎을 꿇고 여호와 하나님을 배반했던 사건을 회상시키는 구절이다. 그는 또한 "이레의 절반에 제사와 예물을 금지하는" 조처를 취했다. 이때 '이레의 절반'은 물론 3년 반을 말한다. 유대인의 감정을 더욱 악화시킨 사건은 "잔포하여 미운 물건"이 성전 제단에 드려진 일이다. 본문에서 '미운 물건'은 제우스 올림피오스 신상을 말하고 있음에 틀림없다. "이미 정한 종말까지 진노가 황폐하게 하는 자에게 쏟아지리라."는 안티오코스 4세의 박해는 하나님이 정하신 기한까지만 가능하고, 그 이후에는 오히려 그에게 하나님의 심판이 임하게 될 것이라는 것을 말하고 있는 구절이다.

10. 이스라엘 장래에 관한 환상(10:1~11:45)

다니엘 10장

1. 바사 왕 고레스 제삼년에 한 일이 벨드사살이라 이름한 다니엘에게 나타났는데 그 일이 참되니 곧 큰 전쟁에 관한 것이라 다니엘이 그 일을 분명히 알았고 그 환상을 깨달으니라.
2. 그 때에 나 다니엘이 세 이레 동안을 슬퍼하며.
3. 세 이레가 차기까지 좋은 떡을 먹지 아니하며 고기와 포도주를 입에 대지 아니하며 또 기름을 바르지 아니하니라

1~3절 1절에서 다니엘을 말할 때 "나" 라고 말하지 않고 "벨드사살이라 이름한 다니엘"이라는 삼인칭으로 표현하고, 2절 이하부터는 다니엘이 "나"라고 1인칭으로 표현한다. 그리하여 1절은 나머지와 구별되면서 나머지 10장 전체에 대한 표제 역할을 한다. 다니엘은 자신이 환상을 받은 시기를 바사 왕 고레스 삼 년이라고 말한다.

마지막 환상은 고레스 3년 BC 536년에 있었다. 포로들은 바벨론에서 돌아와 성전을 짓고 있었다. 이스라엘의 사로잡힘에 끝이 왔다. 예루살렘은 다시 웅성 거렸고 나라는 평화롭게 보였다. 그러나 이 때 받은 계시는 이스라엘이 새로운 자유로 즐거워하고 영원히 평화롭게 지낼 것이라는 예언자의 소망을 산산조각 나게 했다. 하나님은 여러 갈등 속에 묻힐 것이라고 계시하셨기 때문이다. 이 환상의 의미를 깨닫고자 다니엘은 세 이레 동안 금식하였다.

4. 첫째 달 이십사일에 내가 힛데겔이라 하는 큰 강 가에 있었는데

4절 4절은 다니엘이 본 큰 전쟁에 관한 환상의 시기와 장소를 제공한다. 다니엘은 "첫째 달 이십사일에 내가 힛데겔이라 하는 큰 강가에" 있었다. 그가 있던 곳은 큰 강가로 원래 큰 강은 유프라테스를 의미하지만, 이곳에

서는 유프라테스 강 대신 힛데겔강을 언급한다. 무대가 힛데겔 강가라고 언급함으로 고레스 때 제국의 중심이 더 이상 유프라테스 강가의 바벨론이 아님을 알 수 있다.

5. 그 때에 내가 눈을 들어 바라본즉 한 사람이 세마포 옷을 입었고 허리에
   는 우바스 순금 띠를 띠었더라
6. 또 그의 몸은 황옥 같고 그의 얼굴은 번갯빛 같고 그의 눈은 횃불 같고
   그의 팔과 발은 빛난 놋과 같고 그의 말소리는 무리의 소리와 같더라

5~6절 5절은 다니엘의 환상 체험을 두 단계의 과정을 통해 설명한다. "내가 눈을 들어 바라보았고"는 신비한 체험의 비범함을 강조하려는 표현이다. 다니엘이 환상 중에 본 기이한 "한 사람"의 외관에 대한 묘사를 이끌고 있다. 묘사된 천사의 옷 모양이 대제사장의 옷과 유사하다는 것을 생각해 보면, 새로 나타난 천사는 가브리엘보다 높은 위치에 있는 천상의 존재, 즉 '하늘의 대제사장'이라는 것을 암시하고자 하는 것으로 보인다. 천사가 입은 "세마포 옷"은 가는 베로 만든 흰색의 옷으로서 정결과 신적 권위를 상징한다. 천사가 허리에 두른 "우바스 순금 띠"는 우바스라는 지역에서 생산된 금으로 만든 허리띠를 말한다고 볼 수 있다. 우바스의 위치는 밝혀지지 않고 있다. '허리띠'는 종종 뛰어난 지도력과 능력의 상징으로 등장한다.
6절은 다섯 개의 직유법을 통해 새롭게 나타난 천사의 신체에 관해 묘사한다. "그의 몸은 황옥 같고 그의 얼굴은 번갯빛 같고 그의 눈은 횃불 같고 그의 팔과 발은 빛난 놋과 같고 그의 말소리는 무리의 소리와 같더라." 이때 히브리어 전치사 'ㆍㆍㆍ 같은'은 천사의 외모를 다른 어떤 존재의 외모와 동일시하지 못하도록 억제시키는 기능을 갖고 있다.

7. 이 환상을 나 다니엘이 홀로 보았고 나와 함께 한 사람들은 이 환상은 보
   지 못하였어도 그들이 크게 떨며 도망하여 숨었느니라.
8. 그러므로 나만 홀로 있어서 이 큰 환상을 볼 때에 내 몸에 힘이 빠졌고
   나의 아름다운 빛이 변하여 썩은 듯하였고 나의 힘이 다 없어졌으나.

9. 내가 그의 음성을 들었는데 그의 음성을 들을 때에 내가 얼굴을 땅에 대고 깊이 잠들었느니라

7~9절 다니엘과 그와 함께 있던 자들의 반응을 서술한다. 여러 사람들이 다니엘과 함께 있었지만, 이 특별한 사건에 대한 반응과 관찰은 제각각이었다. "다니엘이 홀로 보았고 나와 함께 한 사람들은 이 환상은 보지 못하였던"것이다. 하지만 다니엘 주변에 있던 자들은 "크게 떨며 도망하여 숨게"되었다. 그들은 다니엘처럼 환상을 보지는 못했지만, 신적 존재의 임재를 느끼기는 했던 것이다.

8~9절에서 나타나는 다니엘의 반응도 하나님의 보좌 환상을 경험한 사람들의 모습이다 특히나 이스라엘의 영웅들의 소명이야기나 하나님의 신언을 받는 것과 유사하다. 신현현을 목격한 다니엘은 황홀경을 경험한다. 몸에 힘이 빠지고, 힘이 없어지며, 얼굴을 땅에 대고 깊이 잠들게 되었다. 깊이 잠든다는 것은 계시를 받을 수 없는 상태를 의미한다. 본문에서 "한 사람"의 묘사는 하나님의 보좌전승으로 이해해야 한다. 다니엘은 하나님의 현현이라는 환상을 경험하고, 그 앞에서 "내 몸에 힘이 빠졌고 나의 아름다운 빛이 변하여 썩은 듯하였고 나의 힘이 다 없어졌으나 내가 그의 음성을 들었는데 그의 음성을 들을 때에 내가 얼굴을 땅에 대고 깊이 잠들었느니라."

10. 한 손이 있어 나를 어루만지기로 내가 떨었더니 그가 내 무릎과 손바닥이 땅에 닿게 일으키고.
11. 내게 이르되 큰 은총을 받은 사람 다니엘아 내가 네게 이르는 말을 깨닫고 일어서라 내가 네게 보내심을 받았느니라 하더라 그가 내게 이 말을 한 후에 내가 떨며 일어서니

10~11절 땅에 쓰러졌던 다니엘이 다시 일어설 때까지는 얼마간의 시간이 필요했다. 다니엘은 너무 큰 충격으로 인해 혼자서 일어날 수 없었다. 본문은 천사가 어떻게 다니엘에게 용기를 북돋아 주었는지를 비교적 자세하게 설명하고 있다. "한 손이 있어 나를 어루만지기로 내가 떨었더니 그가 내

무릎과 손바닥이 땅에 닿게 일으키고"라는 구절은 천사의 도움을 받고서야 비로소 다니엘이 자리에서 일어났음을 말해 주고 있다. 종말에 발생할 큰 전쟁에 관한 이상을 보고 쓰러졌던 다니엘은 주체적 행동을 통해 일어서지 못할 정도로 충격을 크게 받은 것이다. 다니엘이 떤 것은 거룩한 천상의 존재가 현현한 것에 대한 인간의 자연스러운 반응에 속한다. 다니엘이 천사의 도움을 받고 절반쯤 일어났을 때에 천사가 그에게 말하기 시작했다. "은총을 받은 사람 다니엘아 내가 네게 이르는 말을 깨닫고 일어서라 내가 네게 보내심을 받았느니라." 다니엘은 이미 가브리엘에 의해 '은총을 크게 받은 사람'으로 칭해졌었다. 이 칭호는 다니엘이 하나님의 은혜를 받고 계시를 받을 사람으로 선택되었다는 것을 의미한다.

12. 그가 내게 이르되 다니엘아 두려워하지 말라 네가 깨달으려 하여 네 하나님 앞에 스스로 겸비하게 하기로 결심하던 첫날부터 네 말이 응답 받았으므로 내가 네 말로 말미암아 왔느니라.
13. 그런데 바사 왕국의 군주가 이십일 일 동안 나를 막았으므로 내가 거기 바사 왕국의 왕들과 함께 머물러 있더니 가장 높은 군주 중 하나인 미가엘이 와서 나를 도와 주므로.
14. 이제 내가 마지막 날에 네 백성이 당할 일을 네게 깨닫게 하러 왔노라 이는 이 환상이 오랜 후의 일임이라 하더라

12~14절 천사의 연설이 시작된다. 천사는 다니엘의 이름을 이미 알고 있었다. 천사는 먼저 다니엘을 안심시킨다. "다니엘아 두려워하지 말라."라는 천사의 외침은 연약한 인간에게 주시는 하늘의 위로와 격려의 메시지이며, 천상의 존재가 인간에게 주시는 하늘의 위로와 격려의 메시지이며, 천상의 존재가 인간에게 나타날 때 습관적으로 사용하는 표현이다. 다니엘을 안심시킨 천사는 그의 현현이 다니엘의 신실한 기도와 신앙적 고행의 결과임을 강조한다. "네가 깨달으려 하여 네 하나님 앞에 스스로 겸비하게 하기로 결심하던 첫날부터 네 말이 응답 받았으므로 내가 네 말로 말미암아 왔느니라." 여기서 '첫날부터'라는 단어는 다니엘의 간절한 기도에 대해 하나

님이 매우 신속하게 응답하신 것이며, 천사가 나타난 것은 다니엘의 기도의 결과임을 시사하고 있다.

천사는 다니엘이 기도하기 시작한 지 3주가 지나서야 도착할 수밖에 없었음을 설명한다. 다니엘에게 하나님의 비밀스러운 계획이 전달되는 것은 그만큼 늦을 수밖에 없었다. 천사는 자신이 늦게 도착한 이유를 다음과 같이 말하였다. "바사 왕국의 군주가 이십일 일 동안 나를 막았으므로 내가 거기 바사 왕국의 왕들과 함께 머물러 있더니." 그가 늦게 도착한 것은 바사국 군에 의해 방해를 받았기 때문이었다. "바사 왕국의 군주"란 페르시아 제국의 수호천사를 가리킨다. 메소포타미아의 도시국가들은 각각의 수호천사들을 소유하고 있었는데, 그 천상의 존재들은 해당 도시국가들을 특별히 돌보는 책임을 가지고 있다는 사고가 본문의 근저에 깔려 있다. 페르시아 제국의 수호천사의 이름은 '둡비엘'로 알려져 있으며, 이스라엘의 수호천사의 이름은 "미가엘"이다. 다니엘에게 온 천사는 "군주 중 하나인 미가엘이 와서 나를 도와 주어" 페르시아 군을 물리칠 수 있었음을 고백하였다. '미가엘'은 쿰란에서 발견된 "빛의 아들들과 어둠의 아들들의 전쟁"이라는 책에서도 명백히 이스라엘의 수호천사로 등장하고 있다. '미가엘'은 신약성서에도 두 번 등장한다 유다서 1:9에서는 사탄과 싸우는 천사로 나오고 있으며, 요한계시록 12:7에서는 용의 천사들과 싸우는 군대를 지휘하는 천사로 활약하고 있다. 14절은 천사가 다니엘에게 나타난 이유를 설명하고 있는데, 다니엘서 저자의 종말론적 역사관을 보여 주고 있다. "내가 마지막 날에 네 백성이 당할 일을 네게 깨닫게 하러 왔노라 이는 이 환상이 오랜 후의 일임이라." 여기서 '마지막 날에'는 세계 역사의 마지막 날들을 의미하지만, 실제로는 11장에 기록된 안티오코스 4세의 유대인 박해 시대와 관련된다. 저자는 그가 서 있던 안티오코스 4세의 시대를 역사의 종말로 간주하고 있다.

15. 그가 이런 말로 내게 이를 때에 내가 곧 얼굴을 땅에 향하고 말문이 막혔더니
16. 인자와 같은 이가 있어 내 입술을 만진지라 내가 곧 입을 열어 내 앞에 서 있는 자에게 말하여 이르되 내 주여 이 환상으로 말미암아 근심이

내게 더하므로 내가 힘이 없어졌나이다.
17. 내 몸에 힘이 없어졌고 호흡이 남지 아니하였사오니 내 주의 이 종이
    어찌 능히 내 주와 더불어 말씀할 수 있으리이까 하니

　15~17절 천사의 계시에 대한 다니엘의 몇 가지 반응들은 계시의 중대성
을 실감케 한다. 천사의 말을 들었을 때에 다니엘은 다시 "얼굴을 땅에 향하
고 벙벙한" 상황이 되었다. 천사의 계시의 말씀에 대한 다니엘의 반응은 침
묵이었다. '얼굴을 땅에 대고'는 걱정 때문에 땅을 바라보았다는 것이 아니
라 신적 권위에 압도당한 인간의 초라한 모습을 말하고 있다. '벙벙하였더
니'는 입이 마비가 되었다는 뜻이다. 계시를 들은 다니엘은 충격을 받고 벙
어리가 되고 말았다. 다니엘은 감당할 수 없을 만큼 극심한 육체의 고통을
느낀 것이다. "인자와 같은 이"에 의해 다니엘의 입술은 말하는 능력을 회
복하게 되었다. 치료함을 받은 다니엘은 이제 입을 열어 자기 앞에 서 있는
천사에게 다음과 같이 말했다. "내 주여 이 환상으로 말미암아 근심이 내게
더하므로 내가 힘이 없어졌나이다." 여기서 '근심'으로 번역된 히브리어 단
어는 사실상 해산하는 여인이 느끼는 것과 같은 육체의 커다란 아픔을 말한
다. '내 주여'라는 호칭은 다니엘을 회복시킨 천사를 그리스도로 판단케 하
는 증거가 될 수는 없다. 그것은 지상의 존재에 대한 천상의 존재들의 우월
성을 의미한다. "내 몸에 힘이 없어졌고 호흡이 남지 아니하였사오니"는 천
사가 전한 중요한 하늘의 계시를 듣고 무력해진 다니엘의 초라한 모습을 그
리고 있다.

18. 또 사람의 모양 같은 것 하나가 나를 만지며 나를 강건하게 하여.
19. 이르되 큰 은총을 받은 사람이여 두려워하지 말라 평안하라 강건하라
    강건하라 그가 이같이 내게 말하매 내가 곧 힘이 나서 이르되 내 주께
    서 나를 강건하게 하셨사오니 말씀하옵소서

　18~19절 쇠진한 다니엘은 "사람의 모양 같은 것 하나"의 도움으로 다시
새 힘을 얻는다. 그는 틀림없이 천사 중의 하나다. 그는 다니엘을 "만지며

나를 강건하게 하여" 주었다. '만지며'는 손을 대고 있는 행동을 의미한다. "강건하게 하여"는 강하게 용기를 불어넣어 주었다는 뜻이다. 다니엘의 육체적인 치료와 심령의 회복을 의미한다. 천사는 다니엘에게 "두려워하지 말라 평안하라 강건하라 강건하라."라는 네 마디의 말을 통해 그를 격려한다. '평안하라'는 고대로부터 지금까지 계속되고 있는 유대인들의 인사말인데, 편지의 머리말에서도 전형적으로 쓰이고 있다. '강건하라'는 원래 편지의 맺는 말에 해당되는 구절이다.

20. 그가 이르되 내가 어찌하여 네게 왔는지 네가 아느냐 이제 내가 돌아가서 바사 군주와 싸우려니와 내가 나간 후에는 헬라의 군주가 이를 것이라.
21. 오직 내가 먼저 진리의 글에 기록된 것으로 네게 보이리라 나를 도와서 그들을 대항할 자는 너희의 군주 미가엘뿐이니라

　　20~21절 다니엘에게 계시를 전해 준 천사는 미가엘에게 돌아가서 페르시아 군대와 다시 싸우고 후에는 그리스 군대와 싸워야 한다고 말한다. "내가 나간 후에는 헬라의 군주가 이를 것이라."는 표현은 의미상의 오해를 불러일으킬 수 있다. 여기서 '헬라의 군주'는 '바사의 군주'와 동일한 악령의 세력을 가리키는 말로, 표면적으로는 '바사'에서 '헬라'로 세력이 바뀌지만 실제로는 동일한 악령의 역사임을 암시적으로 보여 준다.
　　이 천사가 페르시아 군대와 싸우기 위해 다니엘에게서 떠난 직후 그리스 군대가 달려온다는 의미가 아니다. 천사의 행동과 그리스 군대의 등장은 시간적 간격을 갖고 있는 것으로 보아야 한다. 페르시아 군대와의 싸움이 끝난 후에 그리스 군대와의 새로운 싸움이 시작된다는 것이다. 천사는 미가엘에게로 돌아가기 전에 다니엘에게 "진리의 글"에 기록된 내용을 보여 준다. 이 책은 앞으로 미래에 일어날 사건들을 모두 기록해 놓은 '주의 책'이다. 하나님의 완전한 역사 섭리와 구원 계획을 담고 있는 책이다. 인류 역사와 성도들의 고난 및 장래에 대한 하나님의 섭리와 계획을 의미한다.

10. 이스라엘 장래에 관한 환상(10:1~11:45)

다니엘 11장

1. 내가 또 메대 사람 다리오 원년에 일어나 그를 도와서 그를 강하게 한 일이 있었느니라

1절 11:1의 "메대 사람 다리오 원년에"라는 연대 기록은 문맥의 흐름을 갑자기 차단시키고 있다. 연대가 갑자기 메대 제국 시대와 관련되고 있는 이유는 아마도 10장과 11장이 하나의 통일성 있는 작품임을 몰랐던 어떤 후대의 편집자가 착오를 일으켰기 때문으로 보인다. 예수 그리스도께서 천사장 미가엘로 하여금 메대 왕 다리오를 도와 바벨론을 멸망케 하셨다는 뜻이다. 여기서 우리는 세상 권세에 대한 하나님의 절대 주권과 하나님께서는 전쟁 등의 방법을 통해서도 당신의 섭리와 계획을 이루어 나가신다는 점을 깨달을 수 있다.

2. 이제 내가 참된 것을 네게 보이리라 보라 바사에서 또 세 왕들이 일어날 것이요 그 후의 넷째는 그들보다 심히 부요할 것이며 그가 그 부요함으로 강하여진 후에는 모든 사람을 충동하여 헬라 왕국을 칠 것이며

2절 11:2는 11~12장의 위대한 역사 예언의 개막을 알린다. "참된 것"은 예언의 진실성을 강조하고 있다. 다니엘의 받은 계시는 틀림이 없는 확실한 예언이라는 것이다. 천사의 예언은 페르시아 시대로부터 시작된다. 하지만 이 시대는 매우 간략하게 요약되어 있다. 저자의 관심은 그리스 시대와 안티오코스 4세의 시대에 있기 때문이다. "바사에서 일어나는 또 세 왕"이란 고레스(기원전 539~530년), 캄비세스(기원전 530~522년)그리고 다리오 1세(기원전 522~486년)를 말한다. "그 후의 넷째"왕은 크세르크세스(=아하수에로, 기원전 486~465)가 된다. 그렇게 되면 "넷째는 그들보다 심히 부요할 것이며 그가 그 부요함으로 강하여진 후에는 모든 사람을 충동하여 헬라 왕국을 칠 것이며"라는 구절은 그가 즉위한 후에 막강한 군사적 힘을 결집시켜 부왕 다리오 1세가 실패한 그리스 정복사업에 뛰어들었던 역사적 상황을 증거하는 구절이 된다.

3. 장차 한 능력 있는 왕이 일어나서 큰 권세로 다스리며 자기 마음대로 행하리라
4. 그러나 그가 강성할 때에 그의 나라가 갈라져 천하 사방에 나누일 것이나 그의 자손에게로 돌아가지도 아니할 것이요 또 자기가 주장하던 권세대로도 되지 아니하리니 이는 그 나라가 뽑혀서 그 외의 다른 사람들에게로 돌아갈 것임이라

3절~4절 그리스 제국의 발흥, 알렉산드로스의 극적인 권력 획득과 그의 갑작스런 죽음 후에 발생한 제국의 분열이 보도되고 있다. "한 능력 있는 왕"은 당연히 알렉산드로스 대왕을 지칭하고 있는데, 본문은 그를 한 위대한 군인으로 서술하고 있다. "큰 권세로 다스리며"는 알렉산드로스에 의해 세워진 국가가 세계적인 대제국이었음을 암시해 준다. "마음대로 행하리라."는 8:4, 7f.와 밀접히 관련되고 있다. 이 구절은 강력한 군사력으로 자유롭게 정복사업을 펼쳐 나갔던 알렉산드로스의 연속적인 승리의 모습을 표현하고 있다. "그가 강성할 때에" 히브리어로 '그가 일어났을 때'를 의미하는데, 위대한 알렉산드로스가 제국을 크게 형성시켰을 때를 말한다. "그의 나라가 갈라져 천하 사방에 나누일 것이나 그의 자손에게로 돌아가지도 아니할 것이요."와 "그 나라가 뽑혀서 그 외의 다른 사람들에게로 돌아갈 것임이라."는 같은 의미로서 그리스 제국이 알렉산드로스의 아들이 아닌 그의 장군들에게 나누어졌음을 말하고 있다. "자기가 주장하던 권세대로도 되지 아니하리니."는 그리스 제국이 알렉산드로스의 계획대로 전 세계를 지배하는 강대국으로 발전하지 못하고 분열되었다는 것을 전하고 있다.

5. 남방의 왕들은 강할 것이나 그 군주들 중 하나는 그보다 강하여 권세를 떨치리니 그의 권세가 심히 클 것이요

5절 "남방의 왕"이란 알렉산드로스 사후 애굽 지역을 차지하게 된 프톨레마이오스 1세 소테르(기원전 306~283년)를 말한다. 그는 알렉산드로스 대왕의 장군으로서 인도 정복에 큰 공을 세웠던 자였으며, 후에 프톨레마이오스 왕조의 초대 왕이 되었다. "강할 것이나"는 프톨레마이오스 왕조가 기원전 301년의 입소스 전투 이후 기원전 198년 파레아스 전쟁에서 프톨레마이오스 5세가 안티오코스 3세에게 패하기 전까지 약 100여년간 팔레스타인을 지배했었다는 사실을 암시하고 있다. "그 군주들 중 하나는"이란 분열된 네 왕국 중의 하나를 염두에 두고 있는 표현으로서 셀레우코스 1세 리카토르(기원전 312~280년)를 가리킨다. 그도 프톨레마이오스 1세처럼 알렉산드로스 대왕의 장군들 중의 한 사람으로서 그와 함께 알렉산드로스의 동방 정복사업에 참여했었다. "그보다 강하여 권세를 떨치리니"는 바로 이러한 역사적 배경 속에서 이해될 수 있을 것이다. "그의 권세가 심히 클 것이요."는 셀레우코스 1세가 서쪽으로는 부르기아와 카파도키아, 동쪽으로는 인도까지 통치 영역을 넓혔던 상황을 설명해 주고 있다.

6. 몇 해 후에 그들이 서로 단합하리니 곧 남방 왕의 딸이 북방 왕에게 가서 화친하리라 그러나 그 공주의 힘이 쇠하고 그 왕은 서지도 못하며 권세가 없어질 뿐 아니라 그 공주와 그를 데리고 온 자와 그를 낳은 자와 그 때에 도와주던 자가 다 버림을 당하리라

6절 6절은 셀레우코스 왕조와 프톨레마이오스 왕조 사이의 정략적인 결혼 동맹이 살인과 복수를 동반한 비극으로 종결되었던 사건을 언급한다. 시대는 "몇 해 후", 즉 50년 이상을 뛰어넘어 기원전 250년경으로 흘러간다. "그들이 서로 단합하리니 곧 남방 왕의 딸이 북방 왕에게 가서 화친하리라."는 프톨레마이오스 2세 필라델프스(기원전 283~246년)가 그의 딸 베르니케를 셀레우코스 왕조의 안티오코스 2세 데오스(기원전 261~246년)와 결혼시킨 사건을 말한다. 이혼당한 안티오코스 2세의 전처인 라오디케는 이에 앙심을 품고 피비린내 나는 복수를 감행한다. 라오디케는 베르니케와 그녀의 어린아이들을 죽이고, 심지어는 안티오코스 2세까지 독살시키게

된다. 이후 정권을 차지하게 된 라오디케는 베르니케의 애굽인 시종들, 즉 "그를 데리고 온 자와 그를 낳은 자와 그 때에 도와 주던 자" 모두를 제거한 다. 그리고 그녀는 자기의 아들 셀레우코스 2세(기원전 246~225년)를 왕 으로 등극시키게 된다. "그 왕은 서지도 못하며 권세가 없어질 뿐 아니라" 란 북방에서 베르니케의 비극적인 죽음의 사건이 일어남과 거의 동시에 남 방에서는 그녀의 아버지인 프톨레마이오스 2세(기원전 283~246년)가 죽 었음을 알리는 있는 구절이다.

7. 그러나 그 공주의 본 족속에게서 난 자 중의 한 사람이 왕위를 이어 권세를 받아 북방 왕의 군대를 치러 와서 그의 성에 들어가서 그들을 쳐서 이기고.
8. 그 신들과 부어 만든 우상들과 은과 금의 아름다운 그릇들은 다 노략하여 애굽으로 가져갈 것이요 몇 해 동안은 그가 북방 왕을 치지 아니하리라.
9. 북방 왕이 남방 왕의 왕국으로 쳐들어갈 것이나 자기 본국으로 물러가리라

7절~9절 본문은 애굽과 시리아 사이에 발발했던 소위 '라오디케 전쟁'이 라고 부르는 사건을 보도한다. "공주의 본 족속에게서 난 자 중의 한 사람" 이란 프톨레마이오스 3세를 말하며, "왕위를 이어"는 프톨레마이오스 3세 가 그의 부친 프톨레마이오스 2세의 뒤를 이어 왕위에 오른 사건을 보도하 고 있는 것이다. "그의 성에 들어가서"는 시리아의 요새지인 셀레우키아를 점령한 사건을 말하는 것으로 보인다. 피정복지의 "신들과 부어 만든 우상 들"의 탈취는 고대인들의 전쟁에서 일반적인 관습에 속하는 행위다. 9절은 라오디케의 아들 셀레우코스 2세가 시리아와 그의 도성 안디옥을 탈환한 후 기원전 242년경 애굽을 공격했지만 프톨레마이오스 3세에게 크게 패하고, 남아 있는 소수의 군대와 함께 북쪽으로 퇴각했던 사건을 보도하고 있다.

10. 그러나 그의 아들들이 전쟁을 준비하고 심히 많은 군대를 모아서 물이 넘 침 같이 나아올 것이며 그가 또 와서 남방 왕의 견고한 성까지 칠 것이요

10절 본문은 안티오코스 3세(기원전 223~187년)의 통치 기간에 일어난

사건들을 다루고 있다.

북쪽에서는 셀레우코스 3세 케라우누스(기원전 225~223년)가 부왕인 셀레우코스 2세를 이어 왕이 되었지만 기원전 223년의 소아시아 전쟁에서 살해당해 그의 동생인 안티오코스 3세가 왕으로 등극하게 되었다. 그는 왕위에 오른 후 팔레스타인을 차지할 계획을 세운다. 안티오코스 3세는 애굽의 군대를 물리치고 예루살렘 입성에 성공하게 되고, 그의 딸 클레오파트라를 프톨레마이오스 5세의 부인이 되게 한다. 그 후에 그는 세력을 서쪽으로 확대시키려다가 기원전 190년 프톨레마이오스 왕조와 동맹한 로마군에게 마그네시아 전투에서 심각한 패배를 당하게 된다. 이 패배로 인해 안티오코스 3세는 로마에 무거운 손해배상 지불을 해야만 했으며, 그의 나라는 점차 몰락의 길을 걸어가야만 했다. 안티오코스 3세는 엘람에 있는 벨 신전을 약탈하려고 시도하다가 기원전 187년에 죽게 된다. 그의 아들 안티오코스는 로마에 볼모로 잡혀 있었기 때문에, 그의 다른 아들 셀레우코스 4세(기원전 187~175년)가 왕위에 오른다. 한편 예루살렘은 애굽의 프톨레마이오스 왕조의 세력에서 벗어나 시리아의 셀레우코스 왕조의 지배하에 들어가게 되면서 친프톨레마이오스 왕조파와 친셀레우코스 왕조파 사이에 심각한 갈등이 발생하게 되었다.

10절의 "그의 아들들"은 안티오코스 3세와 셀레우코스 3세를 의도하고 있다. "심히 많은 군대를 모아서 물이 넘침 같이 나아올 것이며 그가 또 와서 남방 왕의 견고한 성까지 칠 것이요"는 안티오코스 3세가 기원전 219~218년에 행했던 시리아와 팔레스타인 원정 전쟁을 말한다. 이때 안티오코스 3세는 안디옥의 항구 셀레우키아를 탈환하고, 가자와 라피아 요새들을 점령하게 된다.

11. 남방 왕은 크게 노하여 나와서 북방 왕과 싸울 것이라 북방 왕이 큰 무리를 일으킬 것이나 그 무리는 그의 손에 넘겨 준 바 되리라 12. 그가 큰 무리를 사로잡은 후에 그의 마음이 스스로 높아져서 수만 명을 엎드러뜨릴 것이나 그 세력은 더하지 못할 것이요 13. 북방 왕은 돌아가서 다시 군대를 전보다 더 많이 준비하였다가 몇 때 곧 몇 해 후에 대군과 많은

물건을 거느리고 오리라

11절~13절 11~12절은 라피아 전투에 관해 서술한다. "남방 왕"인 프톨레마이오스 4세는 사력을 다해 "북방 왕"인 안티오코스 3세의 군대를 무찌르고 "수만 명"을 죽인다. "그 세력은 더하지 못할 것이요."는 프톨레마이오스 4세가 더 이상 진격해 올라가지는 않았음을 암시한다. 이 기간 동안 안티오코스는 소아시아의 통치권을 회복하게 되고, 동쪽으로 인도 접경 지역까지 통치 영역을 확대시킨다. "그의 마음이 스스로 높아져서"는 원인 모르게 죽었던 프톨레마이오스 4세의 사망 사건을 예루살렘 성전의 지성소에 들어갔던 그의 행동 때문에 당한 하나님의 진노의 심판으로 보려는 구절이다.

13절은 라피아 전투에서 패배했던 "북방 왕" 안티오코스 3세가 군사력을 회복시킨 후 "몇 해 후", 즉 기원전 200년경 마케도니아의 빌립과 동맹하여 애굽을 공격한 사건을 진술하고 있다. 이 전쟁을 통한 팔레스타인의 지배권은 셀레우코스 왕조에게로 넘어갔다. "대군과 많은 물건을 거느리고"는 안티오코스 3세가 이끌고 간 많은 수의 군대와 아마도 동방원정(인도)에서 획득한 많은 노획물들을 의미하는 것으로 보인다.

이 구절의 남방 왕은 프톨레미 4세 필로파토르(BC 221~204년)이다. 그는 안티오코스 3세가 몰아낸 사람이다. 프톨레미 4세는 이스라엘 남쪽 국경에서 회전했다. 프톨레미 4세는 안티오코스 3세의 침략을 지연시키는데 성공했다. 그러나 안티오코스는 다시 대군을 전보다 많이 준비하여 돌아와서 남방 왕을 물리쳤다.

14. 그 때에 여러 사람이 일어나서 남방 왕을 칠 것이요 네 백성 중에서도 포악한 자가 스스로 높아져서 환상을 이루려 할 것이나 그들이 도리어 걸려 넘어지리라.
15. 이에 북방 왕은 와서 토성을 쌓고 견고한 성읍을 점령할 것이요 남방 군대는 그를 당할 수 없으며 또 그가 택한 군대라도 그를 당할 힘이 없을 것이므로.
16. 오직 와서 치는 자가 자기 마음대로 행하리니 그를 당할 사람이 없겠고

그는 영화로운 땅에 설 것이요 그의 손에는 멸망이 있으리라.

17. 그가 결심하고 전국의 힘을 다하여 이르렀다가 그와 화친할 것이요 또 여자의 딸을 그에게 주어 그의 나라를 망하게 하려 할 것이나 이루지 못하리니 그에게 무익하리라

14절~17절 14절의 "그 때에 여러 사람이 일어나서 남방 왕을 칠 것이요."는 프톨레마이오스 4세의 죽음으로 인해 어린 나이의 프톨레마이오스 5세가 왕으로 즉위하게 된 불안정한 정국을 이용하여 프톨레마이오스 왕조에 속한 여러 지역에서 반란이 일어났었음을 말하는 구절이다. "네 백성 중에서도 포악한 자가 스스로 높아져서 환상을 이루려 할 것이나"는 안티오코스 3세의 애굽 침략에 동조했던 친셀레우코스 왕조파 유대인들의 행동을 말한다. "그들이 도리어 걸려 넘어지리라."는 프톨레마이오스 왕조의 스코파스에 의해 그들의 침공이 무위로 돌아갔음을 뜻한다.

15~16절은 안티오코스 3세가 기원전 198년 프톨레마이오스 왕조의 군대를 물리치고 팔레스타인 점령에 성공한 사실을 증언하고 있다. "영화로운 땅"은 바로 팔레스타인 땅을 의미한다. 안티오코스 3세에 의해 포위당한 "견고한 성읍"은 페니키아의 해변도시 시돈이며, 애굽의 스코파스 장군은 이곳에서 항쟁을 벌이다가 안티오코스 3세에게 항복하고 만다. "그가 택한 군대"란 시돈에 갇힌 스코파스 군대를 구하기 위해 애굽에서 온 프톨레마이오스 왕국의 지원부대를 말한다.

17절은 팔레스타인을 점령한 안티오코스 3세가 그의 딸을 이용하여 프톨레마이오스 5세와 정략결혼을 맺고 애굽에 대한 자신의 영향력을 증대시키려 했으나 실패로 돌아간 내용을 전하고 있다. 애굽에서 주도된 정략 결혼이 이번에는 시리아에 의해 시행된 것이다. "그가 결심하고 전국의 힘을 다하여 이르렀다가 그와 화친할 것이요."는 팔레스타인을 점령한 안티오코스 3세가 모든 군사력을 총동원하여 방향을 애굽으로 돌렸다가 원래의 원정 계획을 변경하고 애굽과 평화조약을 체결한 것을 말한다.(기원전 197년) "여자의 딸"이란 클레오파트라를 지칭하고 있는데, 여기서 사용된 이 재미있는 표현은 '최고의 여인'을 의미하는 영예스러운 칭호라기보다는 안티오코스 3세가 데리고 있던 여러 부인들 중의 한 딸을 의미하는 것으로 보

아야 한다. 안티오코스 3세는 여러 부인들에게서 얻은 그녀의 딸들을 철저히 정치적 수단으로 이용한 것이다. "그의 나라를 망하게 하려 할 것이나"는 안티오코스 3세가 클레오파트라를 애굽의 황후로 넘겨준 목적을 담고 있다. 안티오코스 3세는 자기 딸을 이용하여 애굽을 차지하려 했다는 것이다.

18. 그 후에 그가 그의 얼굴을 바닷가로 돌려 많이 점령할 것이나 한 장군이
    나타나 그의 정복을 그치게 하고 그 수치를 그에게로 돌릴 것이므로.
19. 그가 드디어 그 얼굴을 돌려 자기 땅 산성들로 향할 것이나 거쳐 넘어
    지고 다시는 보이지 아니하리라

18절~19절 대략 기원전 197~187년까지의 사건을 간략하게 요약하고 있다. "그의 얼굴을 바닷가로 돌려 많이 점령할 것이나"는 안티오코스 3세가 기원전 197년 소아시아의 해안지대를 점령한 사실을 말한다. 그러나 그의 군대는 기원전 190년에 "한 장군", 즉 로마의 집정관 스키피오에게 마그네시아에서 결정적으로 패배당하게 된다. 이 전쟁으로 스키피오는 '아시아티쿠스'라는 별명을 얻게 된다. 이 패배로 인하여 안티오코스 3세는 굴욕적인 조약에 강제적으로 조인하게 되며, 퇴각하여 "자기 땅 산성들로" 되돌아오게 된다. "그의 정복을 그치게 하고 그 수치를 그에게로 돌릴 것이므로"는 로마가 안티오코스 3세의 소아시아 침략을 자신들의 수욕으로 생각하고, 시리아 군대를 패퇴시킴으로써 안티오코스 3세에게 그 수욕이 돌아가게 했다는 것이다. "거쳐 넘어지고 다시는 보이지 아니하리라."는 안티오코스 3세의 비극적 최후에 대해 풍자적으로 말하고 있는 구절이다. 그는 로마에 바칠 전쟁 배상금을 충당하기 위해 엘람의 한 광야에 있는 벨 신전을 약탈하다가 죽임을 당하고 만다.

20. 그 왕위를 이을 자가 압제자를 그 나라의 아름다운 곳으로 두루 다니게
    할 것이나 그는 분노함이나 싸움이 없이 몇 날이 못 되어 망할 것이요

20절 기원전 187년에 살해당한 안티오코스 3세의 뒤를 이어 왕이 된 그

의 아들 셀레우코스 4세 필로페이터(기원전 187~175년)는 선왕이 남겨 놓은 전쟁 배상금을 갚기 위해 애쓰다가 "몇 날이 못 되어" 통치를 마감한다. 그의 재위 기간은 12년간이었다. "그 왕위를 이을 자"란 직역하면 '압제자'를 의미하는데, 세금을 걷기 위해 임명된 재정 담당 관리인 헬리오도루스를 말한다. 그는 "그 나라의 아름다운 곳", 즉 셀레우코스 왕국 중 돈을 모을 수 있는 어떤 곳이든 두루 다니며 강제로 세금을 징수하였다. 헬리오도루스는 예루살렘 성전의 보물을 빼앗아 가는 일을 실패하게 되는데, 셀레우코스 4세는 결국 자신이 임명한 이 세금 징수관에 의해 독살당하고 만다. "분노함이나 싸움이 없이"는 그가 어떤 폭력적 항거나 전쟁을 통해 죽은 것이 아님을 말하고 있다. 14년간 인질로 잡혀 있던 안티오코스 4세는 셀레우코스가 죽임을 당한 이후 로마에서 돌아와 왕위에 오르게 된다. 셀레우코스 4세의 죽음과 안티오코스 4세의 왕위 등극은 예루살렘에 헬레니즘이 밀려 들어오게 되는 결정적인 계기가 되었다.

안티오코스 3세의 뒤를 이어 계승한 시리아의 셀레우코스 4세 필로파토르에 대한 예언이다. 그는 부친의 패전으로 인한 전쟁 배상금을 물기 위해 재무장관인 헬리오도루스로 하여금 전국을 순회케 하였으며 예루살렘 성전의 보물까지 빼앗아 오게 했다. 그러나 그는 그의 직속 부하인 헬리오도루스에게 피살됨으로써 그의 짧은 생애는 끝나고 말았다.

21. 또 그의 왕위를 이을 자는 한 비천한 사람이라 나라의 영광을 그에게 주지 아니할 것이나 그가 평안한 때를 타서 속임수로 그 나라를 얻을 것이며
22. 넘치는 물 같은 군대가 그에게 넘침으로 말미암아 패할 것이요 동맹한 왕도 그렇게 될 것이며
23. 그와 약조한 후에 그는 거짓을 행하여 올라올 것이요 소수의 백성을 가지고 세력을 얻을 것이며
24. 그가 평안한 때에 그 지방의 가장 기름진 곳에 들어와서 그의 조상들과 조상들의 조상이 행하지 못하던 것을 행할 것이요 그는 노략하고 탈취한 재물을 무리에게 흩어 주며 계략을 세워 얼마 동안 산성들을 칠 것

인데 때가 이르기까지 그리하리라

21절~24절 본문은 형 셀레우코스 4세의 뒤를 이어 왕위에 오른 안티오코스 4세(기원전 175~164년)의 통치와 그 통치 기간 동안 유대인들에게 행한 그의 박해를 다루고 있다.

21절의 "비천한 사람"은 의심의 여지없이 7:8과 8:9에서 '작은 뿔'로 묘사된 안티오코스 4세를 일컫는 말이다. 안티오코스 4세를 경멸하고 있는 표현이다. "나라의 영광을 그에게 주지 아니할 것이나 그가 평안한 때를 타서 속임수로 그 나라를 얻을 것이며"는 안티오코스 4세를 적법한 왕위 계승자로 보지 않고 찬탈자로 규정하려는 저자의 비판적 의도를 잘 나타내 주고 있다. 이렇게 그는 정당치 못한 방법으로 왕위에 올랐다. 그는 궤휼로 그것을 장악했다. 그는 애굽 군대일지 모를 침입하는 적을 돌려놓을 수 있었기 때문에 왕으로 인정되었다. 그는 또 동맹한 왕이라 불린 사제 오니아스 3세를 폐위했다.

23~24절에서 안티오쿠스 에피파네스는 자신의 조카인 이집트 왕 톨레미 6세 필로메토르(BC 180~146년)와 평화 조약을 체결한 뒤 스스로 그 조약을 깨뜨리고 몰래 조그만 도시들을 하나씩 점령해 나갔다. 뿐만 아니라 그는 평화 조약을 믿고 무방비 상태에 있던 애굽의 가장 기름진 곳에 갑자기 들이닥쳐 많은 노략물을 탈취해 백성들의 환심을 사기 위한 방편으로 그 재물을 자기 백성들에게 나누어 주기도 했다. 겉으로는 평화 정책을 표방하나 실제로는 세력 확장을 위해 침략 정책을 추진하는 에피파네스의 위선적인 모습은 하나님을 부인하는 세상 통치자들의 정형화된 모습으로 인간 속에 잠재해 있는 근원적인 이중 인격성과 권모 술수를 그대로 드러낸다.

25. 그가 그의 힘을 떨치며 용기를 다하여 큰 군대를 거느리고 남방 왕을 칠 것이요 남방 왕도 심히 크고 강한 군대를 거느리고 맞아 싸울 것이나 능히 당하지 못하리니 이는 그들이 계략을 세워 그를 침이니라.
26. 그의 음식을 먹는 자들이 그를 멸하리니 그의 군대가 흩어질 것이요 많은 사람이 엎드려져 죽으리라

25절~26절 안티오쿠스 에피파네스의 제2차 애굽 원정에 대한 예언이 기록되어 있다. 안티오쿠스 4세가 군대를 이끌고 이집트를 침공하자 애굽 왕 톨레미 6세는 대군을 이끌고 대항하다 톨레미 측근의 모사들이 에피파 네스에게 매수 당해 애굽을 배반함으로써 애굽은 시리아에게 패하고 톨레 미 6세는 포로로 사로잡혔다.

27. 이 두 왕이 마음에 서로 해하고자 하여 한 밥상에 앉았을 때에 거짓말을 할 것이라 일이 형통하지 못하리니 이는 아직 때가 이르지 아니하였으므로 그 일이 이루어지지 아니할 것임이니라

27절 프톨레마이오스 6세와 안티오코스 4세 사이의 악의가 가득 찬 서로 다른 속마음을 고발하고 있다. 안티오코스 4세는 프톨레마이오스 6세의 동생인 프톨레마이오스 7세가 왕위에 오르자 감금하고 있던 프톨레마이오스 6세와 강제적인 평화조약을 맺고 애굽을 정복하려고 시도한다. 프톨레마이오스 6세와 안티오코스 4세는 "한 밥상"에 마주앉아 숙의하고 조약을 체결하지만 서로의 목적은 달랐다. 프톨레마이오스 6세는 복수의 칼날을 갈고 있었고, 안티오코스 4세는 애굽 정복의 야망을 감추고 있었다. "이 두 왕의 거짓된" 평화조약은 후에 프톨레마이오스 6세와 프톨레마이오스 7세가 연합하여 힘을 합치게 되면서, 그리고 로마의 가이우스 포필리우스 라에나스 장군의 개입으로 깨지게 된다. "일이 형통하지 못하리니"는 바로 안티오코스 4세의 계획이 실패로 돌아갔음을 알린다. "아직 때가 이르지 아니하였으므로 그 일이 이루어지지 아니할 것임이니라."는 계속해서 반복되고 있는 저자의 신학적 진술이다.

28. 북방 왕은 많은 재물을 가지고 본국으로 돌아가리니 그는 마음으로 거룩한 언약을 거스르며 자기 마음대로 행하고 본토로 돌아갈 것이며

28절 1차 애굽 원정을 마치고 돌아가던 안티오코스 4세가 예루살렘을 침공하여 유대인들과 예루살렘 성전에 악행을 행한 사건을 보도한다. 그는

"많은 재물"을 성전에서 강탈하였고, 성안에 부대를 주둔시켰다. "거룩한 언약을 거스르며 자기 마음대로 행하고"는 안티오코스 4세가 그가 임명한 대제사장 야손을 내쫓고 사독 계열에 서 있지 않은 메넬라우스를 지명한 사건을 말한다. 그는 왕에게 야손보다 더 많은 조공을 바치겠다고 약속함으로써 경쟁자 야손을 물리쳤다.

29. 작정된 기한에 그가 다시 나와서 남방에 이를 것이나 이번이 그 전번만 못하리니.
30. 이는 깃딤의 배들이 이르러 그를 칠 것임이라 그가 낙심하고 돌아가면서 맺은 거룩한 언약에 분노하였고 자기 땅에 돌아가서는 맺은 거룩한 언약을 배반하는 자들을 살필 것이며

29절~30절 2년 후(BC 168년) 안티오코스는 애굽으로 다시 진격했다. 애굽에 이르자 서방 연안국의 배로 애굽에 와있던 로마군의 반격을 받았다. 로마 원로원 포필리우스 라에나스는 안티오코스에게 애굽과 약조를 맺지 말라는 편지를 보냈다. 안티오코스가 생각할 시간을 달라고 하자 사자는 안티오코스 주위에 원을 그리고 그가 그곳에서 나오기 전에 대답해 줄 것을 요구하였다. 안티오코스는 로마의 요구에 승복하였다. 그것에 저항하면 로마에 선전포고하는 격이었다. 안티오코스 에피파네스로서는 부끄러운 패배였으나 그는 자기 나라로 돌아갈 수밖에 없었다.

31. 군대는 그의 편에 서서 성소 곧 견고한 곳을 더럽히며 매일 드리는 제사를 폐하며 멸망하게 하는 가증한 것을 세울 것이며.
32. 그가 또 언약을 배반하고 악행하는 자를 속임수로 타락시킬 것이나 오직 자기의 하나님을 아는 백성은 강하여 용맹을 떨치리라

31절~32절 두 번이나 안티오코스는 유대인과 예루살렘 성과 성전에 자기의 분풀이를 하였다. 그는 거룩한 언약을 제한하였고, 거룩한 언약을 배반하고 돌아서는 유대인들을 중히 여겼다. 그는 성소를 더럽히고 매일 드리

는 제사를 폐하였다. 안티오코스는 그의 장군 아폴로니우스에게 22,000명의 군사를 주어서 평화를 위한 목적으로 예루살렘에 보냈다. 그러나 그들은 예루살렘을 안식일에 공격하고 많은 사람을 죽이고 부녀자와 어린이를 노예로 잡아갔고 도시를 약탈하고 방화했다. "언약을 배반하고 악행하는 자"는 30절에 있는 ""와 같이 헬라주의파 유대인들을 말하고 있는데, 당시에 유대인 사이에 심각한 내분이 있었음을 암시한다. 유대인들은 사두개파, 바리새파, 하시딤, 헤롯파, 그 밖의 여러 다른 계파들로 나누어져 있었다. "오직 자기의 하나님을 아는 백성"이란 하나님을 배반하지 않은 율법에 충실한 유대인들이다.

33. 백성 중에 지혜로운 자들이 많은 사람을 가르칠 것이나 그들이 칼날과 불꽃과 사로잡힘과 약탈을 당하여 여러 날 동안 몰락하리라 .
34. 그들이 몰락할 때에 도움을 조금 얻을 것이나 많은 사람들이 속임수로 그들과 결합할 것이며

　33절~34절 안티오코스 4세의 헬라화 조처에 대한 유대인들의 저항 운동이 있었음을 전한다. 33절의 "그들이 칼날과 불꽃과 사로잡힘과 약탈을 당하여 여러 날 동안 몰락하리라."란 많은 유대인들이 헬라화 운동에 항거했지만 심한 박해 때문에 큰 성과를 거두지 못했음을 암시한다. 34절의 ""란 하시딤의 세력이 약화될 무렵 마카베오 일파에 의해 반 헬라적 항거 운동이 다시 조금 활기를 띠게 되었음을 말한다. 다니엘서의 저자는 무력을 동반한 저항 운동에 대해 전혀 동정적인 입장을 취하고 있지 않다. 그리고 "많은 사람들이 속임수로 그들과 결합할 것이며"는 마카베오 운동에 동참한 많은 사람들의 동기가 순수하지 못했음을 비난하고 있는 구절이다.

35. 또 그들 중 지혜로운 자 몇 사람이 몰락하여 무리 중에서 연단을 받아 정결하게 되며 희게 되어 마지막 때까지 이르게 하리니 이는 아직 정한 기한이 남았음이라

35절 "그들 중 지혜로운 자 몇 사람이 몰락하여 무리 중에서 연단을 받아 정결하게 되며 희게 되어"란 경건한 자들의 순교가 오히려 남아 있는 많은 사람들에게 박해를 견디게 하는 힘이 되었다는 것이다. "이는 아직 정한 기한이 남았음이라."는 박해를 받으며 외치는 저자의 믿음의 절규다. 고난의 기간은 하나님에 의해 정해져 있다는 믿음의 고백인 것이다.

36. 그 왕은 자기 마음대로 행하며 스스로 높여 모든 신보다 크다 하며 비상한 말로 신들의 신을 대적하며 형통하기를 분노하심이 그칠 때까지 하리니 이는 그 작정된 일을 반드시 이룰 것임이라.
37. 그가 모든 것보다 스스로 크다 하고 그의 조상들의 신들과 여자들이 흠모하는 것을 돌아보지 아니하며 어떤 신도 돌아보지 아니하고

36절 경건한 유대인들에게 도저히 용납될 수 없었던 안티오코스 4세의 두 가지 정치-종교적 행동들을 고발하고 있다. 첫째는 안티오코스 4세가 행한 자신에 대한 신격화 작업이다. 안티오코스 4세는 그의 제국 내에서 숭배되는 모든 신들 중에서 스스로를 최고의 위치에 올려놓도록 하였다. 그리고 그는 자신을 '데오스 에피파네스', 즉 '현현된 하나님'이라는 별칭으로 불리도록 강요하였다. "스스로 높여 모든 신보다 크다."라는 구절은 바로 이러한 안티오코스 4세의 자기 신격화 조처를 비판하고 있는 것이다.

둘째는 유대인들과 좀 더 직접적으로 관련된 사건이다. 안티오코스 4세는 "신들의 신", 즉 이스라엘의 여호와 하나님을 모독한 사건이다. "분노하심이 그칠 때까지"는 다니엘서 저자의 생각을 잘 나타내 주고 있는 표현이다. "그 작정된 일을 반드시 이룰 것임이라."는 방해받지 않고 성공적으로 진행되는 것 같은 안티오코스 4세의 조처들은 분명히 하나님이 허락하신 진노의 시대 속에서 성취되고 있는 일시적 현상일 뿐이라는 신앙적 확신을 담고 있는 구절이다.

37절에서 안티오코스 4세의 종교적 교만을 좀 더 구체적으로 설명한다. 그는 셀레우코스 왕조 내에서 전통적으로 숭배되던 모든 "조상들의 신들과 여자들이 흠모하는"신, 즉 탐무즈를 더 이상 돌아보지 않았다. 스스로를 신

적인 위치에 올려놓았기 때문에 다른 신들에 대한 숭배 행위에 참여할 필요성을 느끼지 못했다는 것이다.

38. 그 대신에 강한 신을 공경할 것이요 또 그의 조상들이 알지 못하던 신에게 금 은 보석과 보물을 드려 공경할 것이며.
39. 그는 이방신을 힘입어 크게 견고한 산성들을 점령할 것이요 무릇 그를 안다 하는 자에게는 영광을 더하여 여러 백성을 다스리게도 하며 그에게서 뇌물을 받고 땅을 나눠 주기도 하리라

38절~39절 "세력의 신"은 "그의 조상들이 알지 못하던 신"으로서 안티오코스 4세가 안디옥에 세운 웅장한 성전의 주피터 혹은 전쟁의 신마르스를 가리킨다고 할 수 있다. 그리스가 많은 나라들을 지배하던 특징 중의 하나는 전통적인 여러 신들에 대해 경건한 태도를 갖는 것이었다. '세력의 신'을 의인화된 표현으로 생각한다면, 안티오코스 4세가 '전쟁'을 신으로 숭배하고 "금 은 보석과 보물"등을 탈취하는 데 열중했다는 말이된다.

39절의 "."의 의미는 문맥상 불분명한데, 아마도 안티오코스 4세가 예루살렘을 비롯한 유다의 많은 요새지에다 이방 신을 섬기는 주둔군을 배치시켰다는 마카베오 하 1:33, 3:36, 45의 보도와 깊이 관련되고 있는 것 같다. "이방신을 힘입어 크게 견고한 산성들을 점령할 것이요"란 피정복국가의 사람들 중에서 안티오코스 4세의 정책에 동의하고 협조하는 자를 말한다.

40. 마지막 때에 남방 왕이 그와 힘을 겨룰 것이나 북방 왕이 병거와 마병과 많은 배로 회오리바람처럼 그에게로 마주 와서 그 여러 나라에 침공하여 물이 넘침 같이 지나갈 것이요.
41. 그가 또 영화로운 땅에 들어갈 것이요 많은 나라를 패망하게 할 것이나 오직 에돔과 모압과 암몬 자손의 지도자들은 그의 손에서 벗어나리라.
42. 그가 여러 나라들에 그의 손을 펴리니 애굽 땅도 면하지 못할 것이니.
43. 그가 권세로 애굽의 금 은과 모든 보물을 차지할 것이요 리비아 사람과 구스 사람이 그의 시종이 되리라.

44. 그러나 동북에서부터 소문이 이르러 그를 번민하게 하므로 그가 분노
하여 나가서 많은 무리를 다 죽이며 멸망시키고자 할 것이요.
45. 그가 장막 궁전을 바다와 영화롭고 거룩한 산 사이에 세울 것이나 그
의 종말이 이르리니 도와 줄 자가 없으리라

40절~45절 사후예언식의 진술이 끝나고 40절부터는 진짜 '예언'이 시
작된다. 저자는 자기가 서 있는 시대에까지 흘러온 오랜 역사가 하나님의 계
획대로 진행된 것임을 '예언'의 옷을 입혀서 밝혀 내었다. 지금까지의 역사가
하나님의 섭리 가운데 진행되었던 것처럼 이제 앞으로 다가오는 역사도 하나
님의 의지대로 흘러갈 것임을 알리는 것이 저자의 새로운 신학적 의도다.

우리는 40~45절의 내용이 실제 일어났던 역사적 사건들과 일치되지 않
고 있음을 발견하게 된다. 안티오코스 4세의 죽음과 그에 따른 종말의 도래
를 선포했던 저자의 예언은 실현되지 않았다. 저자는 "마지막 때에 북방
왕"안티오코스 4세가 다시 한번 "병거와 마병과 많은 배로 회오리바람처
럼" 애굽을 침공해(40절) 그곳의 "금 은과 모든 보물"(43절)을 손에 넣을 것
이라고 예언하지만, 이에 대한 역사적 증거는 발견되지 않고 있다. 저자는
안티오코스 4세가 "바다와 영화롭고 거룩한 산 사이에서" 최후를 맞이할
것으로 말하고 있다. 그런데 그는 기원전 164년 12월에 페르시아의 엑바티
나에서 원인 모를 병에 걸려 비참하게 죽은 것으로 전해지고 있다. 다니엘
서의 저자는 아직 안티오코스 4세의 죽음을 알고 있지 못하다. 하지만 그는
하나님의 공의로우심이 그 악행자를 곧 역사의 현장에서 사라지게 하실 것
이라는 사실을 강하게 확신하고 있다. 저자는 41절에서 안티오코스 4세가
"영화로운 땅" 팔레스타인에 또 다시 침공하여 많은 사람들을 죽이게 될 것
이라고 말했다. 그리고 "에돔과 모압과 암몬 자손의 지도자들"은 죽음을 모
면하게 될 것이라고 확신한다.

11. 종말의 때(12:1~13)

다니엘 12장

1. 그 때에 네 민족을 호위하는 큰 군주 미가엘이 일어날 것이요 또 환난이 있으리니 이는 개국 이래로 그 때까지 없던 환난일 것이며 그 때에 네 백성 중 책에 기록된 모든 자가 구원을 받을 것이라

1절 안티오코스 4세의 죽음과 함께 9:24이하에서 계산된 '70이레'는 모두 지나갔다. 그러나 환난이 완전히 끝난 것은 아니다. 12:1은 "개국 이래로 그 때까지 없던" 더 큰 환난이 시작될 것이라고 말하고 있는데, 2절 이하에서 벌어질 마지막 재난의 보편적이고 우주적인 상황을 전제하고 있다. 이 커다란 고난의 때에 이스라엘의 수호천사 미가엘이 하나님을 대신하여 일어나 이스라엘을 구원하게 될 것인데, "책에 기록된 모든 자"는 이 환난을 당하지 않을 것이다. 인류의 마지막 대환난과 도래할 하나님의 나라는 공존할 것이다.

2. 땅의 티끌 가운데에서 자는 자 중에서 많은 사람이 깨어나 영생을 받는 자도 있겠고 수치를 당하여서 영원히 부끄러움을 당할 자도 있을 것이며

2절 죽은 자의 부활 소망에 관한 매우 중요한 내용이 언급되어 있다. "땅의 티끌 가운데에서 자는 자"중에 모두가 부활하는 것이 아니라 "많은" 사람들이 일어날 것임이 강조되고 있다. 하지만 땅에서 일어난 자들 중에서 일부만 "영생을 받는 자"이고, 나머지는 영원한 "수치를 당하여서 영원히 부끄러움을 당할 자"다. 부활은 두 집단의 운명을 확정하는 마지막 사건이다.

3. 지혜 있는 자는 궁창의 빛과 같이 빛날 것이요 많은 사람을 옳은 데로 돌아오게 한 자는 별과 같이 영원토록 빛나리라

3절 부활 사건이 일어날 때 특별한 상급을 받는 자들을 소개하고 있다. 이것은 부활 사건이 이스라엘 모든 백성을 포함하는 보편적인 사건이 아님을 암시한다. 본문에서 부활은 제한된 범주의 사람들에게만 해당된다. 하나님의 뜻과 계획을 파악하였던 "지혜 있는 자"와 "많은 사람을 옳은 데로 돌아오게 한 자"만이 부활 사건에 참여할 것이다. 핍박과 순교로 인한 의로운 자의 죽음은 형벌에 의한 죽음이나 하나님으로부터의 분리가 아니라는 것이다. 하나님의 심판이 있은 후 저 세상에서 "궁창의 빛과 같이", 그리고 하늘의 "별과 같이 영원토록 빛낼 수" 있는 자는 하나님의 계획과 뜻을 이해하고 교훈과 믿음을 통해서 많은 사람을 하나님의 길로 인도하는 자다.

4. 다니엘아 마지막 때까지 이 말을 간수하고 이 글을 봉함하라 많은 사람이 빨리 왕래하며 지식이 더하리라

4절 연설을 마친 천사는 다니엘에게 "마지막 때까지 이 말을 간수하고 이 글을 봉함하라." 고 명령한다. 간직하고 봉하는 행위는 비밀을 유지시키기 위한 방법을 말하는 것이 아니라, 이제는 더 이상 변경될 수 없는 공식적인 승인을 받았다는 의미다. "많은 사람이 빨리 왕래하며 지식이 더하리라."의 의미는 불분명하다. 문맥상 마지막 때의 상황을 묘사해 주는 구절로 보이는데, 아모스에 발견되는 유사한 문장을 근거로 하나님의 계시의 의미를 찾기 위해 부지런히 움직이는 사람들의 수가 증가되어 가는 모습을 나타내는 표현이라고 말할 수 있다.

5. 나 다니엘이 본즉 다른 두 사람이 있어 하나는 강 이쪽 언덕에 섰고 하나는 강 저쪽 언덕에 섰더니.

6. 그 중에 하나가 세마포 옷을 입은 자 곧 강물 위쪽에 있는 자에게 이르되 이 놀라운 일의 끝이 어느 때까지냐 하더라.

7. 내가 들은즉 그 세마포 옷을 입고 강물 위쪽에 있는 자가 자기의 좌우 손을 들어 하늘을 향하여 영원히 살아 계시는 이를 가리켜 맹세하여 이르되 반드시 한 때 두 때 반 때를 지나서 성도의 권세가 다 깨지기까지이니

그렇게 되면 이 모든 일이 다 끝나리라 하더라

5절~7절 이 부분은 다니엘서의 결말 부분으로 두 번째 걸친 '질문-대답'의 형식으로 되어 있다. 첫 번째는 두 천사들간의 대화이고(5~7절), 두 번째는 다니엘과 천사 사이의 대화다(8~13절). 전자는 큰 환난의 끝에 대한 문제이고, 후자는 환난의 마지막 때에 구원을 얻기까지 인내의 세월이 얼마나 되는가의 문제를 다루고 있다.

10:4에서처럼 다니엘은 강가에서 또 한번의 환상을 보게 된다. 두 천사가 "강 이쪽 언덕에 섰고 하나는 강 저쪽 언덕"에 각각 서 있는 환상이었다. 한 천사가 지금까지 다니엘에게 연설했던 천사, 즉 "세마포 옷을 입은 자 곧 강물 위쪽에 있는" 천사에게 "놀라운 일의 끝"에 대해 질문한다. 대답하는 천사는 "좌우 손을 들어 하늘을 향하여 영원히 살아 계시는" 하나님을 가리키며 도래할 끝에 대해 대답한다. 천사가 하늘을 향해 손을 든 행위는 엄숙한 맹세의 외적 표현으로서 계시의 확실성을 강조하기 위함이다. 그때는 "한 때 두 때 반 때"를 지나 "성도의 권세가 다 깨어질 때"까지다. 즉 기다림의 때가 지연되고 있는 것이다. 최후 구원을 위한 인내의 시간이 좀 더 필요하다는 것이 강조되고 있는 셈이다. 그래서 200년 후 사람들은 다니엘이 셀레오코스 왕조에 대해서 예언한 것이 아니라, 세계 제국 로마에 대해 예언한 것이며 로마의 종말을 계산한 것이라고 말할 수 있었던 것이다.

8. 내가 듣고도 깨닫지 못한지라 내가 이르되 내 주여 이 모든 일의 결국이 어떠하겠나이까 하니.
9. 그가 이르되 다니엘아 갈지어다 이 말은 마지막 때까지 간수하고 봉함할 것임이니라.
10. 많은 사람이 연단을 받아 스스로 정결하게 하며 희게 할 것이나 악한 사람은 악을 행하리니 악한 자는 아무것도 깨닫지 못하되 오직 지혜 있는 자는 깨달으리라

8절~10절 다니엘은 천사가 말한 대답을 이해하지 못해 "모든 일의 결

국"에 대한 질문을 하게 된다. 그는 7절의 끝 부분에 있는 말이 무엇을 의미하는지를 알고 싶어했다. 그러나 천사는 다니엘의 질문에 대답하기를 거절한다. 다니엘이 아직 모든 것을 이해할 수 없기 때문이라는 것이다. "마지막 때"에 가서야 비로소 종말 이전에 있는 대환난의 진짜 기간이 알려지게 될 것이다. 그 기간 동안에 "많은 사람이 연단을 받을 것이며, 지혜 있는 자"는 그들에게 환난의 진짜 기간을 알려 줄 것이다. 하지만 "악한 사람은 악을 행할 것이며", 다가오고 있는 끝을 알지 못할 것이다. 그러므로 종말의 때는 연단받은 신앙인들과 행악자들 사이를 완전히 갈라놓는 시간이 될 것이다.

이 기간에 많은 유대인들은 구주를 믿고 그 결과 영적으로 정결케 되며 희게 될 것이다. 그러나 악한 사람은 적 그리스도, 세상의 통치자를 섬기고 따르며 악을 행할 것이다. 다니엘에게 계시한 것은 그들에겐 모를 일이지만 지혜 있는 자는 깨닫게 될 것이다.

11. 매일 드리는 제사를 폐하며 멸망하게 할 가증한 것을 세울 때부터 천이백구십 일을 지낼 것이요

11절 매일 드리는 제사를 폐하며 멸망하게 할 가증한 것을 세울 때부터 1,290일이 계산될 것이라고 천사가 말했다. 70번째 이레의 후반부는 한 때, 두 때, 반 때이다. 그것은 42개월 또는 1,260일이다. 여기서 30일의 차이는 어떻게 설명해야 하는가? 30일은 환난이 끝난 후 이스라엘과 나라들의 심판을 위하여 포함된 시간이라고 말하는 이도 있다. 또 다른 가능성은 1,270일은 왕이 '멸망의 가증한 것'을 세울 때 곧 70번째 이레의 중간 이전에 30일이 더하여진다고 하는 것이다. 이 가증한 것은 전에 기록된 대로 그 자신의 형상이 될 것이며 이 종교의 상징이 될 것이다.

12. 기다려서 천삼백삼십오 일까지 이르는 그 사람은 복이 있으리라

12절 "기다려서 천삼백삼십오 일까지 이르는 그 사람은 복이 있으리라" 이것은 1,290일에 45일을 더한 것이다. 대환난 이후 45일은 이스라엘이 기다려 온 축복이 실현되는 날이다. 이것은 천년왕국의 축복을 가리킨다. 또는 하늘에서 45일 먼저 나타나시는 그리스도께서 감람 산에서 지상에 강림하실 기간을 가리킬 것이다. 그리스도의 강림은 믿는 자에겐 축복과 영광스런 소망이기 때문이다. 적 그리스도에 의한 핍박이 끝나고 의의 나라, 즉 새 하늘과 새 땅이 건설되며 하나님의 복의 시대가 임하기까지의 기간을 의미한다(마 24:13; 계 21:1).

13. 너는 가서 마지막을 기다리라 이는 네가 평안히 쉬다가 끝날에는 네 몫을 누릴 것임이라

13절 다니엘서는 계시를 받은 다니엘을 향한 평안과 위로의 말씀으로 끝이 난다. "너는 가서 마지막을 기다리라 이는 네가 평안히 쉬다가 끝날에는 네 몫을 누릴 것임이라." 다니엘은 대파국과 종말의 시련 속에서 믿음을 지키고 후에는 부활에 참여하게 될 선택받은 증인이 될 것이라는 약속을 받는다. 왜냐하면 다니엘은 많은 사람들을 의의 길로 인도한 지혜 있는 자이기 때문이다. 이 마지막 문장을 통해 독자들은 다니엘이 전한 계시의 진실성을 확인하게 될 것이며, 이 세상에서 하나님을 향한 믿음을 버리지 아니하고 '그분'을 신뢰하려는 용기를 얻게 될 것이다. 고난 중에서도 충성한 다니엘에게 주어진 위로와 복의 말씀으로 마지막 때에 성도들이 하나님의 심판대 앞에서 영생과 함께 많은 상급을 받게 될 것임을 시사해 준다.

참고문헌

1. 국내서적

강병도/전봉준,『톰슨III 성경주석』. 서울: 기독지혜사, 2021.

배정훈,『다니엘』서울: 한국장로교출판사, 2016

이희학.『다니엘』. 서울: 대한기독교서회, 2019.

김이곤,『구약 성서의 고난 신학』. 서울: 한국신학연구소, 1989.

김지찬.『요단강에서 바벨론 물가까지』. 서울: 생명의 말씀사, 2014.

민경배.『한국기독교회사』. 서울: 대한기독교출판사, 1982.

박수암,『마태복음』. 서울: 대한기독교서회, 2004.

박신배.『평화학』. 서울: 프라미스키퍼스, 2011.

박철우.『성서주석 에스겔』. 서울: 대한기독교서회, 2015.

박희석.『안식일과 주일』. 경기: 크리스챤다이제스트, 2002.

배희숙.『성서주석 역대하』. 서울: 대한기독교서회, 2015.

송길섭.『한국 신학사상사』 서울: 대한기독교출판사, 1988.

신현우 외 5인.『희년, 한국사회, 하나님 나라』. 서울: 홍성사, 2012.

유동식.『한국신학의 광맥』. 서울: 다산글방, 2000.

윤운현.『성경과 기본신학』. 경기: 생명의 말씀사, 2010.

이승열.『잊혀진 희년의 회복』. 서울: 예솔, 2014.

이형원.『성서주석 열왕기상』. 서울: 대한기독교서회, 2015.

이후천.『민족 해방의 윤리를 위하여』. 서울: 나단, 1989.

2. 번역서적

Pentecost, Dwight, Chashom, Robert, 『다니엘·호세아·요엘』. 문명조 역
　　　서울: 두란노서원, 2016.

De Vries, Simon John. 『열왕기상』. 김병하 역. 서울: 솔로몬, 2014.

Dillard, Raymond B. 『역대하』. 정일오 역. 서울: 솔로몬, 2010.

Douma, J, 『개혁주의 윤리학』. 신원하 역. 서울: 기독교문서선교회, 2012.

Dyer, Charles H. 『예레미야 예레미야애가』. 장종식/김정님 역. 서울:
　　　두란노, 2016.

Eichrodt, Walther. 『구약성서신학 1』. 박문재 역. 서울: 크리스천다이제
　　　스트, 2003.

France, R. T. 『마태복음』. 권해생/이강택 역. 서울: 기독교문서선교회, 2013.

Foster, Richard J. 『영적 성장을 위한 제자훈련』. 권달천 역. 서울: 보이
　　　스사, 1993.

Gnilka, J. 「마태복음 Ⅰ」. 서울: 한국신학연구소, 1992.

Goldsworthy, G. 『복음과 하나님의 계획』. 김영철 역. 서울: 한국성서유
　　　니온선교회, 2004.

Grentz, Stanley J. The moral Quest: Foundations of Christian
　　　Ethics, 『기독교 윤리학의 토대와 흐름』. 신원하 역 서울: IVP, 2001.

II. 요엘 주석

심판과 하나님의 영광

Ⅰ. 서 론

1. 요엘서의 시대적 배경

요엘은 아달랴의 6년에 걸친 왕위 찬탈 뒤에 여호야다에 의해 왕이 된 요아스 왕의 통치 초기에 사역하였다. 당시 어린 왕을 보필하였던 제사장 여호야다는 여호와의 주권을 인정하는 새로운 언약을 세웠으며, 바알 신전을 파괴했다. 요엘은 일상적으로 유다와 예루살렘을 언급하고 있지만 이스라엘과 사마리아는 전혀 언급하고 있지 않기 때문에, 요엘은 자신의 신탁들을 앗수르 군대가 사마리아를 멸망시키고 북쪽 지파의 영토들을 완전히 합병한 뒤인 주전 722년 이후에 선포했을 것이라고 일반적으로 추측되고 있다. 요엘서의 연대기는 전형적으로 포로기 이후인 제2성전기라고 본다. 그러므로 요엘서의 내용과 관점은 포로기 이후라기보다는 포로기 이전이라고 생각할 이유가 있다.

재난과 구원의 두 가지에 대한 일반적 특성을 판단하는 것이 가능하기 때문에, 침략 혹은 요엘 당대에 대한 정확한 연대를 결정할 수는 없다 하더라도, 이 책의 영향력은 줄어들지 않고 그대로 남아 있게 된다.

이처럼 긍정적인 종교적 분위기 속에서 요엘은 백성들에게 외적인 변화만이 아니라 내적인 변화만이 아니라 내적인 회개가 필요함을 역설하고 있다. 아울러 '여호와의 날'의 도래를 제시하면서, 하나님의 총체적인 구속 계획을 대망하도록 역설하고 있다.

2. 요엘서에 관하여

요엘서는 네 개의 단락들로 나누어진다. 그 중에 처음 두 개의 단락은 대적이 예루살렘과 유다를 침공하는 것과 그에 따른 여건들을 기술하고 있다.

그 뒤에 희망을 말하는 두 개의 단락이 나온다. 희망을 말하는 첫 번째 단락은 번영과 안정 그리고 하나님의 영을 쏟아 부어 줌에 대해 강조하고, 두 번째 단락은 모든 호전적인 세력들을 물리침과 그에 대한 심판 그리고 예루살렘과 유다의 회복에 대해 강조하고 있다.

우리가 요엘서 전체의 진술을 주목해 보면, 요엘 2:17과 2:18 사이의 전체적인 책의 결정적인 차이를 볼 것이다. 즉 탄식의 소리(2:17)에서 청허의 말씀(2:18)으로 옮겨가는 과정에서 그런 두드러진 차이를 알게 될 것이다.

3. 요엘서의 언어와 양식들

본서는 명료성, 논리성, 표현의 탁월성 등이 돋보인다.

요엘서의 언어적인 특징은 우선 내용 전체를 담고 있는 주요 양식의 골격을 살펴봄으로써 파악할 수 있다. 요엘서가 전하는 양식들이 무엇인가를 묻는다면, 하나의 커다란 탄식예전의 기본양식이 파악될 것이다. 이런 기본양식적인 탄식예전은 주의할 만한 것과 전달할 만한 가치가 있는 것을 1장과 2장에서 모두 보관하고 있다. 그러나 탄식제례 수행의 거리는 묵과할 수 없으며, 그것은 우선 1:4와 2:18에서 언급된다. 메뚜기 재앙의 현상과 이런 재앙의 땅을 긍휼히 여기시는 하나님의 자비에 대한 서술이 먼저 나타난다. 이런 메뚜기 재앙서술은 이제까지 없었던 이상한 것, 즉 무서운 현재의 파국을 서술하는 것이라고 말할 수 있다. 그리고 다른 한편, 이스라엘을 향한 여호와의 동정과 뜨거운 열정은 최대한 생생하게 예술적으로 작성된 예전 부분으로 전개된다.

요엘서에 나타난 주요 양식들의 양식사적인 분석과 이런 주요 양식들의 독자적인 발전형태는 요엘서의 통일성을 뒷받침해 줄 뿐만 아니라, 동시에 여기에는 예술적인 문학의 형태가 문제되고 있음을 명시하고 있다.

요엘은 제사장단에 가깝고 예전적인 양식들을 취했다. 그럼에도 불구하고 요엘서는 전체적으로 제사장의 업무와는 아주 다른 책이다. 여기서 우리는 요엘이 예언서를 읽고 자신이 예언말씀을 기록하는 한에서, 아주 엄격한 의미로 '문서예언자'임을 알 수 있다.

4. 요엘의 임무와 사명

요엘이 말하려는 것은 무엇인가? 그의 주요 일반 주제는 여호와의 날에 대한 것이다. 구약에서 어느 예언자도 요엘만큼 상세하고도 체계적으로 여호와의 날에 대한 주제를 다루지 못했다. 여호와의 날은 눈앞에 닥친, 하나님께서 행동하시는 기간이다. 여호와 하나님이 이스라엘과 이방 세계 사이에서 결단을 촉구하는 그런 순간의 날이다.

요엘이 4세기 초반 전에 이렇게 상세하고도 절박하게 여호와의 날을 다루고 있다면, 그는 그의 동시대인들, 특히 예루살렘의 지도층 가운데서 잊혀진 주제를 새롭게 지대한 열정을 가지고 논쟁거리로 끄집어냈다고 볼 수 있다. 하나님이 현재적으로 들어주시고 이루어주시는 가운데 뿌리를 두어 새롭게 자리 잡은 예언말씀은 장차 나타나실 하나님의 행위를 보여 준다. 하나님은 이스라엘 한가운데서 예루살렘과 전세계를 공평하게 대해 주신다. 우리는 요엘 선지자가 예언자의 종말론에서부터 묵시록 문턱에서 옮겨 온 것을 보게 된다.

5. 요엘서의 메시지

모든 정경적 선지자들과 마찬가지로 요엘은 자신이 전하는 메시지의 기본이 되는 요점들을 위해 다음과 같은 오경의 모세 언약에 의존하고 있다. 언약의 저주들은 나라 전체의 불순종의 결과로 오고야 마는 것이다. 그러나 그 징벌의 시간이 지난 뒤에 하나님은 자신의 백성들을 회복시키실 것이며, 그 백성들이 아직 경험해 보지 못했던 방식으로 그들을 축복하실 것이다. 또한 다른 많은 선지자들과 마찬가지로 요엘도 모세 시대에 이미 제정된 언약적 체제 규약에 의존하고 있는 것을 보여 준다. 따라서 요엘의 메시지는 완전히 새로운 것이거나 독특한 것은 아니었다. 오히려 그 메시지는 역사에 대한 한 관점의 변형이었으며, 정통 이스라엘 백성들에게 오랜 세월을 거쳐 알려진 역사의 주요 사건들을 묘사하는 한 방법이었다.

II. 요엘 본문 주석

1. 여호와의 날의 징후로서의 메뚜기 떼(1:1~20)

요엘 1장

1. 브두엘의 아들 요엘에게 임한 여호와의 말씀이라

1절 서론에서 지적하였듯이, 요엘에 대하여 알 수 있는 일은 그가 브두엘의 아들이었다는 사실뿐이다. 그 예언자의 메시지는 하나님의 말씀이지만, 1장 1절에서 그의 예언이 유다나 이스라엘의 어느 왕 때에 있었다고는 알려주지 않고 있다.

예언서들의 표제를 위한 여러 가지 형식들 중에서 이 표제는 짧고 단순한 형태다. 이것은 저자의 신분을 요나 자신과 그의 아버지 이름에 국한시키고 있는 요나 1:1과 매우 근접하게 비교되는 형태다.

2. 늙은 자들아 너희는 이것을 들을지어다 땅의 모든 주민들아 너희는 귀를 기울일지어다 너희의 날에나 너희 조상들의 날에 이런 일이 있었느냐

2절 선지자는 늙은 자들과 땅의 모든 주민들에게 그들에게 닥친 재앙의 특이함과 의미를 생각하도록 호소한다. 이런 촉구와 함께 예언자는 공동체의 장로들과 일반 백성들에게 메뚜기 재앙과 가뭄이 지금까지 보지도 못하고 듣지도 못한 엄청난 사건임을 경보한다. 만약에 요엘이 노인들만을 대상으로 말했더라면 그 백성들 가운데는 자기들은 모르고 있었다는 식으로 회피하려 하는 사람이 있을지도 모른다. 특별히 요엘은 젊은이들이 하나님께서 회개하도록 부르시는데도 계속 강퍅하여 하나님을 조롱하는 일이 없도록 하는 뜻에서 이런 표현을 사용하고 있다.

3. 너희는 이 일을 너희 자녀에게 말하고 너희 자녀는 자기 자녀에게 말하고 그 자녀는 후세에 말할 것이니라

3절 요엘이 이런 메뚜기 재앙의 기억을 자녀들과 자녀들의 자녀들에게까지 전달해야 할 의무를 갖게 한다면, 그는 이런 전대미문의 재난이야말로 미래의 자손세대에게까지도 미칠 만큼 중대한 것으로 보고 있다는 것이다. 요엘의 동시대인이나 열조들도 이런 메뚜기 재앙을 결코 겪어보지 못했다. 그것은 미래의 세대에 아주 굉장한 일이었다고 전해질 것이다.

4. 팥중이가 남긴 것을 메뚜기가 먹고 메뚜기가 남긴 것을 느치가 먹고 느치가 남긴 것을 황충이 먹었도다

4절 이 일은 전 국토를 황폐시킨 굉장한 사건이었다. 한 메뚜기 떼가 먹고 남은 것에 대한 3번의 언급은 극히 황폐한 모습을 강조시킨다. 먹을 수 있는 모든 것을 먹어치우는 다양한 메뚜기 떼에 침략이 비유되고 있다. 메뚜기 떼의 모든 단계가 한 번에 동시에 함께 작용할 수 없기 때문이다.

5. 취하는 자들아 너희는 깨어 울지어다 포도주를 마시는 자들아 너희는 울지어다 이는 단 포도주가 너희 입에서 끊어졌음이니

5절 여기서 반응을 촉구하는 부름, 즉 4절에서 우선 결론이 내려진 비극에 대한 묘사가 시작된다. 요엘이 공격하고 있는 것은 바로 이런 종류의 태만감이다. 침략은 예루살렘의 일상생활을 붕괴하도록 만들어서, 사람들은 일상적으로 일들을 감당할 수 없게 된다. 취하는 자들은 포도원이 파괴되어 포도주가 없기 때문에 울라고 한다.

6. 다른 한 민족이 내 땅에 올라왔음이로다 그들은 강하고 수가 많으며 그 이빨은 사자의 이빨 같고 그 어금니는 암사자의 어금니 같도다

6절 여기서 '메뚜기 떼'는 실제적으로 사자와 같이 삼키는 한 민족으로 불리고 있다. 메뚜기 떼의 내습이 은유적인 기법으로 표현된다. 아룻베 메뚜기 떼는 여호와의 땅을 내습하는 적국의 백성으로 비유된다. 또한 사납고 매서운 이빨로 모든 것을 망쳐 놓는 사자로도 비유된다. 수가 많으며 강한 군대 같은 메뚜기 떼가 선지자의 땅을 침략했다. 먹어치우는 능력은 힘쎈 이빨(어금니) 같이 거의 아무 것이나 물어뜯는 사자 같았다.

7. 그들이 내 포도나무를 멸하며 내 무화과나무를 긁어 말갛게 벗겨서 버리니 그 모든 가지가 하얗게 되었도다

7절 포도나무와 무화가나무가 망쳐지고, 곤충들의 침해로 가지의 잎이 떨어지고 껍질이 벗겨지며, 앙상한 가지만 하얗게 남게 된다. 요엘이 파악한 하나님은 재앙을 보내는 분이지만 다른 한편 어떻게 해서든지 긍휼을 나타내시고 슬픈 탄식을 촉구하신다. 포도나무와 무화가 나무는 대개 하나님의 복을 상징하였다. 그러므로 그 나무의 껍질까지 벗기워졌다는 것은 유다의 현실이 얼마나 심각한지를 보여준다.

8. 너희는 처녀가 어렸을 때에 약혼한 남자로 말미암아 굵은 베로 동이고 애곡함 같이 할지어다

8절 본 절에서는 결혼관계를 제시하면서 하나님이 유다 백성과 맺은 언약 관계를 시사한다. 이로써 현실적인 메뚜기 재앙과 이후에 찾아올 여호와의 날의 심각성이 얼마나 처절한지를 보여준다. 이스라엘 땅에 임한 재앙으로 말미암은 백성들의 슬픔이 얼마나 처절하고 심각한 것인지를 증거하고 있는 부분이다.

9. 소제와 전제가 여호와의 성전에서 끊어졌고 여호와께 수종드는 제사장은 슬퍼하도다

10. 밭이 황무하고 토지가 마르니 곡식이 떨어지며 새 포도주가 말랐고 기름이 다하였도다

9~10절 다시 제단에 관한 묘사가 나온다. 이런 제단에 제물을 올릴 수 없는 재앙을 서술하고 있다. 성전에서 매일 드리는 소제와 헌주가 문제가 된다. 이 경우의 주요 원인은 정규예배에서 재앙의 부정적 결과 때문이다. 곡물의 황폐는 여호와께 수종드는 제사장을 슬프게 하였다. 밀과 기름으로 드리는 소제와 포도주로 드리는 전제가 말랐기 때문이다. 제사장들이 슬퍼한 근본 이유는 매일 아침 저녁으로 드리던 소제와 전제를 드리지 못하여 그들의 생계가 위협을 받았을 뿐 아니라 제사장으로서의 직분을 더 이상 감당할 수 없었기 때문이다.

11. 농부들아 너희는 부끄러워할지어다 포도원을 가꾸는 자들아 곡할지어다 이는 밀과 보리 때문이라 밭의 소산이 다 없어졌음이로다
12. 포도나무가 시들었고 무화과나무가 말랐으며 석류나무와 대추나무와 사과나무와 밭의 모든 나무가 다 시들었으니 이러므로 사람의 즐거움이 말랐도다

11~12절 농부와 포도원을 가꾸는 자들은 그들의 노동의 결실이 황폐케 되었으므로 울어야 했다. 이들은 곡식과 5가지 과실(포도, 무화과, 석류, 대추, 사과)을 재배했다. 그들은 추수의 즐거움이 없었다.

5가지 종류의 과일 나무들 뒤에 "모든 나무"를 언급함으로써, 요엘은 광범위하게 이루어진 곡물 밭의 황폐함을 효과적으로 전하고 있다. 그런 뒤에 기쁨을 열매로, 사람들을 그 "나무"로 은유적으로 나타냄으로써 요엘은 놀랍고 개인적인 방법으로 재앙을 불러들이고 있다.

농부들과 포도원 일꾼들에게 향한다. 모든 들판의 곡식과 과실들이 가뭄으로 인해 말라 버렸으니 재난을 직접적으로 느낄 수밖에 없다. 요엘은 그들에게 아주 진지한 의식을 느끼게끔 한다. 그들의 생활의 내용과 기쁨은 수치가 되었다. 여기서 가뭄을 곤경의 원인으로 전제된 것으로 보인다.

13. 제사장들아 너희는 굵은 베로 동이고 슬피 울지어다 제단에 수종드는 자들아 너희는 울지어다 내 하나님께 수종드는 자들아 너희는 와서 굵은 베 옷을 입고 밤이 새도록 누울지어다 이는 소제와 전제를 너희 하나님의 성전에 드리지 못함이로다

13절 제사장들은 불편한 슬픔의 베옷을 입도록 그리고 슬픔의 행렬에 참여하도록 특별히 부름을 받고 있다.

이스라엘 백성들에게 회개할 것을 촉구하고 있는 부분이다. 그런데 이 일에는 누구보다도 먼저 하나님의 종들이 앞장서야 했으니 요엘은 본절에서 제사장들의 회개를 최우선적으로 촉구하고 있는 것이다.

14. 너희는 금식일을 정하고 성회를 소집하여 장로들과 이 땅의 모든 주민들을 너희 하나님 여호와의 성전으로 모으고 여호와께 부르짖을지어다

14절 동시에 제사장들은 참회의 날을 개최할 것을 명령받으며, 전 교인들이 기도하고 금식하기 위해서 성전에 모이도록 독촉을 받는다. 이스라엘은 금식하고 여호와께 부르짖어야 했다. 요엘은 온 백성이 그 죄책에 빠져 있어 아무도 예외일 수 없다는 점을 보여주고 있다. 그러기에 그는 장로들뿐 아니라 모두에게 나올 것을 당부하고 있다.

15. 슬프다 그 날이여 여호와의 날이 가까웠나니 곧 멸망 같이 전능자에게로부터 이르리로다

15절 여기서 요엘은 앞에서 말했듯이 지금까지 그들이 체험한 것보다 더 무서운 것이 앞으로 올 것이라는 점을 경고하고 있다. 지금까지는 그들의 무감각을 보여주었지만 여기서는 그들이 아직 모든 벌을 다 받은 것이 아니라 그들이 제때에 하나님께 돌아서지 않을 경우에는 더 무시무시한 일이 벌어질 것이라는 점을 밝혀 주고 있다. 그리고 요엘은 마치 여호와의 날이 눈앞에 다가섰다는 식으로 절규하고 있다. 그리고 이날이 여호와의 날로 불려

지는 것은 그날에 하나님께서 자기 손을 들으시고 심판을 행사하실 것이기 때문이다.

16. 먹을 것이 우리 눈 앞에 끊어지지 아니하였느냐 기쁨과 즐거움이 우리 하나님의 성전에서 끊어지지 아니하였느냐
17. 씨가 흙덩이 아래에서 썩어졌고 창고가 비었고 곳간이 무너졌으니 이 는 곡식이 시들었음이로다

16~17절 여기서 요엘은 여호와의 날이 전능자로부터 멸망같이 오는 명백한 증거를 제시하고 있다. 이는 메뚜기 재앙에다가 극심한 기근까지 겹쳐 그들에게 있어서 최소한의 희망마저 상실되고만 상태를 묘사한 것이다. 이 백성들은 그들의 식물과 그로 인한 기쁨이 끊어졌다는 것을 역시 깨닫고 있었다. 그것은 곡식이 시들었기 때문이다. 농부들이 초목을 찾아 땅을 팔 때, 곡괭이에는 발아되지 않은 씨앗이 발견된다.

요엘은 기근의 심판이 이미 우리를 덮쳤으므로, 예배에서 이전에 우리가 누렸던 즐거움 또한 사라졌다는 것을 우리 모두가 볼 수 있지 않느냐고 말하고 있다. 추수한 곡식들이 침략자들에 의해 탈취되었기 때문에 곡식 창고들에 아무런 관심을 두고 있지 않다. 결과적으로 그들은 수선할 의욕이 없는 것은 말할 것도 없으며 붕괴되고 있는 것이다.

18. 가축이 울부짖고 소떼가 소란하니 이는 꼴이 없음이라 양 떼도 피곤하 도다

18절 곡식이 없자 곳간과 창고가 쓸모없게 되었다. 가축은 기근으로 고생하고 있다. 목초지의 황폐화로 인해 짐승들이 죽어가고 있는 장면이 묘사되어 있다. 짐승에 대한 이러한 언급은 히브리 사상을 반영한 것인데, 인간들의 범죄가 온갖 피조물들에게까지 악영향을 미친다는 것은 사도 바울이 지니고 있던 사상이기도 하다.

19. 여호와여 내가 주께 부르짖으오니 불이 목장의 풀을 살랐고 불꽃이 들
   의 모든 나무를 살랐음이니이다

   19절 모든 사람들이 슬픔 가운데 여호와께 호소하라고 한 뒤에 선지자
자신도 그 대열에 가담하고 있다. 호소는 여호와께 직접적으로 이루어져야
만 한다. 대적이라는 유사한 매체를 통해 그 땅이 겪고 있는 황폐함의 궁극
적인 원천은 바로 여호와이기 때문이다.
   이로써 땅 위에 존재하는 모든 생명체가 죽음의 위협에 직면해 있음을 효
과적으로 나타낸다.

20. 들짐승도 주를 향하여 헐떡거리오니 시내가 다 말랐고 들의 풀이 불에
   탔음이니이다

   20절 이처럼 심각한 기근의 재앙으로 말미암아 인간은 물론 땅과 식물,
그것을 삶의 기반으로 살아가는 모든 들짐승들이 오로지 하나님의 은혜만
을 기대할 수밖에 없다는 것이다.
   즉 이성적인 능력이 없는 들짐승이 이성을 바탕으로 계시된 종교를 이해
할 수는 없지만 자연적 본능에 의해 하나님께 부르짖는다는 의미이다.

2. 시온에서 울려퍼지는 경고(2:1~17)

요엘 2장

1. 시온에서 나팔을 불며 나의 거룩한 산에서 경고의 소리를 질러 이 땅 주
   민들로 다 떨게 할지니 이는 여호와의 날이 이르게 됨이니라 이제 임박
   하였으니

   1절 침략자의 임박함을 강조하는 나팔 소리로 시작된다. 여기서는 여호

와의 날의 임박함 때문이다. 경고에 대한 외침이 예루살렘에서 시작된다.

이스라엘은 여호와의 날이 오면 하늘의 군대가 와서 이스라엘 민족을 보호하고 도와주며 옹호해줄 것이라고 생각하였으나, 요엘은 도리어 이 날을 참혹한 심판의 날로 선포한다.

2. 곧 어둡고 캄캄한 날이요 짙은 구름이 덮인 날이라 새벽 빛이 산 꼭대기에 덮인 것과 같으니 이는 많고 강한 백성이 이르렀음이라 이와 같은 것이 옛날에도 없었고 이후에도 대대에 없으리로다

2절 요엘 1장에 메뚜기 재앙에 이은 캄캄함은 출애굽기 10장을 상기시킨다. 어두움과 구름은 승리한 용사인 여호와와 연관되어 있는데 심판과 멸망을 상징한다. 이러한 메뚜기 재앙의 현상은 장차 도래할 하나님의 심판이 무섭고도 신속하게 임하리라는 사실을 보여준다.

3. 불이 그들의 앞을 사르며 불꽃이 그들의 뒤를 태우니 그들의 예전의 땅은 에덴동산 같았으나 그들의 나중의 땅은 황폐한 들 같으니 그것을 피한 자가 없도다

3절 메뚜기 떼의 습격으로 시온 땅에서 자라나던 식물이 마치 불에 타버리듯이 순식간에 황폐화되었음을 의미하는 구절이다.

메뚜기 떼와 가뭄이 불처럼 휩쓸고 가는 바람에 소위 젖과 꿀이 흐르는 가나안 땅은 황폐해졌다. 또한 장차 있게 될 적들의 침입으로 말미암아 유다 땅이 황폐화된다는 사실을 보여준다.

4. 그의 모양은 말 같고 그 달리는 것은 기병 같으며

4절 대적의 압도적인 힘과 민첩함을 말하는 것으로서 말들과 기병들은 고대의 가장 두려운 것을 은유적으로 말해 주는 것이었다.

이는 마치 진격하는 군대와도 같은 메뚜기의 모습을 묘사하는데, 그 머리

는 말과 같고 뛰는 것은 기병과 같다는 것이다. 요엘이 굳이 메뚜기의 이 같은 점을 언급하는 까닭은, 갑자기 임하는 재앙을 이스라엘 백성의 힘으로는 도저히 방어할 수 없음을 강조하려는 것이다.

5. 그들이 산 꼭대기에서 뛰는 소리는 병거 소리와도 같고 불꽃이 검불을 사르는 소리와도 같으며 강한 군사가 줄을 벌이고 싸우는 것 같으니

5절 전차 바퀴소리 자체는 메뚜기 떼의 날개소리를 굉장히 확대한 점증을 명료하게 한다. 어떠한 것도 침략자가 빠르게 접근하는 것을 막을 수 없다. 그들은 산꼭대기를 넘는 것 같다.

이처럼 메뚜기떼를 군대의 모습으로 비유하는 의도는, 메뚜기 떼의 참혹한 공격을 잘 훈련된 군대의 무자비함과 대조시키기 위함이다.

6. 그 앞에서 백성들이 질리고, 무리의 낯빛이 하얘졌도다

6절 본 절은 멀리서 다가오는 극히 사나운 대적의 군대를 바라보는 사람들이 보이는 행위로 강조점이 전환되고 있다. 결코 메뚜기 떼 자체를 표현한 것이 아님을 가리킨다. 어찌할 줄 모르는 공포 속에서 나라 전체가 보이는, 괴로워하며 얼굴이 하얘지는 반응은 여호와가 이끄시는 정복 군대의 무리를 바라보는 두려움을 전해 준다.

7. 그들이 용사 같이 달리며 무사 같이 성을 기어 오르며 각기 자기의 길로 나아가되 그 줄을 이탈하지 아니하며
8. 피차에 부딪치지 아니하고 각기 자기의 길로 나아가며 무기를 돌파하고 나아가나 상하지 아니하며

7~8절 다시 한번 군대의 쉴 새 없는 공격을 강조하고 있다. 그것은 메뚜기와 실제의 군대에 적용되었다. 그것들은 질서 있게 나아가며, 무기를 돌파하고, 성과 집에 오른다.

9. 성중에 뛰어 들어가며 성 위에 달리며 집에 기어 오르며 도둑 같이 창으로 들어가니

9절 대적은 결국 성읍에 이르고 들어간다. 방어하려고 하는 모든 노력들이 무위로 돌아갔으며, 백성들은 모든 집에 들어가서 모든 물건을 쳐부수는 침략자들에 의해 압도당한다. 정복은 완전히 끝났다. 애굽인들을 위한 그 심판의 재앙에서 메뚜기 떼는 애굽인들의 집에 "가득했다"(출 10:6). 그러나 군사적인 차원에서 본다면, 집들을 포위하고 파괴하는 것은 한 성읍에 대한 정복을 완전히 마쳤다는 것을 말해 주는 것이다. 전쟁과 그 황폐화를 말하는 저주들은 성취되었다.

10. 그 앞에서 땅이 진동하며 하늘이 떨며 해와 달이 캄캄하며 별들이 빛을 거두도다

10절 메뚜기의 공격이 갑자기 천재지변으로 표현된다. 요엘이 이 같은 과장법을 사용한 것은 그 대상이 지극히 어리석은 사람들인 까닭에 심각한 마음의 동요를 일으키게 하려는 의도라고 할 수 있다.

11. 여호와께서 그의 군대 앞에서 소리를 지르시고 그의 진영은 심히 크고 그의 명령을 행하는 자는 강하니 여호와의 날이 크고 심히 두렵도다 당할 자가 누구이랴

11절 군대의 접근은 우주적 혼란을 가져왔다. 전 세계는 땅에서 하늘까지 여호와의 군대 장관의 우레 같은 소리 앞에서 떤다. 이 우주적인 반응은 용사로서의 여호와의 현현을 시적으로 묘사하는 것이다. 하늘의 어두움은 여호와의 날의 또 다른 특징이다. 선지자는 누구도 이 크고 두려운 날을 견디지 못할 것이라는 의미로 수사적인 질문으로 끝맺는다.

12. 여호와의 말씀에 너희는 이제라도 금식하고 울며 애통하고 마음을 다

하여 내게로 돌아오라 하셨나니

12절 여호와 자신은 백성들에게 순수한 열정으로 회개하도록 촉구했다. 그것은 금식하고 울며 애통함이 뒤따라야 한다. 회개는 여호와가 심판에 앞서 요청하시는 것이다. 이로써 이스라엘에게 회개의 기회가 남아있으며, 돌이키기만 한다면 회생의 가능성이 있다는 사실을 강력히 시사한다.

13. 너희는 옷을 찢지 말고 마음을 찢고 너희 하나님 여호와께로 돌아올지어다 그는 은혜로우시며 자비로우시며 노하기를 더디하시며 인애가 크시사 뜻을 돌이켜 재앙을 내리지 아니하시나니

13절 그들의 하나님이신 여호와와 그의 은혜로우심에 대한 인식은 그의 백성들이 회개하도록 동기를 주었다. 유대인들에게 옷을 찢는 행위는 내면적인 큰 슬픔을 겉으로 표현하는 공식적인 방법이었지만, 진정한 슬픔을 표현하기보다는 형식적인 것에 그쳤다. 그러므로 요엘은 의례적인 행사로서의 회개가 아니라 마음의 진정한 변화를 요구하고 있는 것이다.

14. 주께서 혹시 마음과 뜻을 돌이키시고 그 뒤에 복을 내리사 너희 하나님 여호와께 소제와 전제를 드리게 하지 아니하실는지 누가 알겠느냐

14절 요엘은 누구를 향해 이런 표현을 하고 있는 것일까? 그는 예루살렘의 선택에 대해서 자신의 안전을 확신하고 자만하는 부류를 향해 말하는 것이라고 볼 수 있다.

본 절은 회개로 인한 결과를 제시한다. 땅의 모든 소출이 가뭄과 메뚜기 재앙으로 끊겨졌지만, 하나님이 복을 내리시면 땅이 다시 회복되고, 하나님께 온전한 제사를 드릴 수 있으리라는 기대를 담고 있다. '누가 알겠느냐'는 말은 여호와의 주권을 증거한다. 이스라엘이 회개했다 해도 그들은 하나님의 사랑을 자신들이 마음대로 조종할 수 있다고 생각할 수는 없었다. 그들은 하나님이 재앙을 돌이키시고 그들의 농업을 회복하시어 복을 끼치실지

모를 희망만 가질 수 있었다. 농업의 축복은 그들에게 내릴 저주의 전환을 의미하며, 소제와 전제를 다시 드릴 수 있게 되는 것이다.

15. 너희는 시온에서 나팔을 불어 거룩한 금식일을 정하고 성회를 소집하라

15절 시온에서 나팔을 불라는 말이 반복되어 나온다. 파수꾼의 나팔 소리는 또 다른 양의 나팔소리를 자극시켰다. 이때는 거룩한 금식일과 성회로 모이라는 부름이다. 양의 뿔을 부는 것은 종교적인 집회에서도 사용되었다.

16. 백성을 모아 그 모임을 거룩하게 하고 장로들을 모으며 어린이와 젖 먹는 자를 모으며 신랑을 그 방에서 나오게 하며 신부도 그 신방에서 나오게 하고

16절 모든 예배 공동체(회)는 노인(장로)들로부터 젊은이(젖먹는 자)까지 모여야 했다. 새로 결혼한 자까지도 제외되지 않았다. 여기서 거룩케 한다는 것은 앞에서와는 달리 정결 의식을 염두에 둔 표현으로 보인다.

17. 여호와를 섬기는 제사장들은 낭실과 제단 사이에서 울며 이르기를 여호와여 주의 백성을 불쌍히 여기소서 주의 기업을 욕되게 하여 나라들로 그들을 관할하지 못하게 하옵소서 어찌하여 이방인으로 그들의 하나님이 어디 있느냐 말하게 하겠나이까 할지어다

17절 마지막 교시는 하나님 앞에 서서 교인들에게 대변하는 제사장들을 향하는 말씀이다. 그곳에서 그들은 참회의 탄식을 올린다. 요엘 선지자는 여기서 백성들을 위한 대도를 드리도록 제사장들에게 권면하고 있다.
본 구절은 제사장들의 주 임무가 백성들의 유익을 위해서 뿐만 아니라 이방인들의 조롱거리가 되지 않도록 하는 것임을 염두에 둔다. 이로써 하나님의 명예가 실추되는 일을 막기 위해 제사장들은 하나님의 풍요로운 은혜를 구하라는 것이다.

3. 회복과 성령을 부어주심 (2:18~32)

요엘 2장

18. 그 때에 여호와께서 자기의 땅을 극진히 사랑하시어 그의 백성을 불쌍히 여기실 것이라

18절 여기서 여호와로부터 이루어지는 미래의 회복에 대한 약속이 시작된다. 여호와의 땅은 가뭄과 황폐함으로부터 자유롭게 될 것이다. 여호와의 백성들은 자신들을 치는 침략자들로부터 자유로워질 것이다. 이런 순수한 회개에 대해, 여호와께서는 자기의 땅을 극진히 사랑하시어 그의 백성을 불쌍히 여기셨다. 여호와는 그의 소유에 대해 파괴적인 어떠한 것도 몰아내시려는 열심히 있으시다. 그러므로 제사장들이 중보적인 기도를 충실하게 한다면, 장차 이스라엘의 땅과 백성들을 향한 하나님의 열심히 드러나게 될 것을 예견하고 있다.

19. 여호와께서 그들에게 응답하여 이르시기를 내가 너희에게 곡식과 새 포도주와 기름을 주리니 너희가 이로 말미암아 흡족하리라 내가 다시는 너희가 나라들 가운데에서 욕을 당하지 않게 할 것이며

19절 메뚜기에 의해 버려진 땅의 소산이 회복될 것이라는 선언으로 여호와의 약속이 시작된다. 그는 그의 백성들이 다시는 나라들 가운데에서 욕을 당하지 않게 될 것이라고 말씀하셨다. 이는 제사장들의 기도에 대한 직접적인 응답이자 하나님의 두 번째 약속으로 하나님의 백성이 더 이상 이방 민족들에게 수치를 당하지 않도록 하시겠다는 것이다.

20. 내가 북쪽 군대를 너희에게서 멀리 떠나게 하여 메마르고 적막한 땅으로 쫓아내리니 그 앞의 부대는 동해로, 그 뒤의 부대는 서해로 들어갈 것이라 상한 냄새가 일어나고 악취가 오르리니 이는 큰 일을 행하였음

이니라 하시리라

20절 즉, 상징적으로는 북쪽으로부터 바람에 날려오는 메뚜기떼를 가리키지만, 실제로는 이스라엘 북쪽에 거하는 이방 민족을 의미한다 하겠다. 하나님은 백성들이 회개만 한다면 아무리 강력한 북방의 군대라도 주변의 광야나 바다로 쫓아버릴 것이라고 약속하신다. 요엘은 메뚜기 재앙의 자연사건에서 예언자의 재앙의 종말론이 무너지지 않도록 하는 담보물을 보고 있다.

21. 땅이여 두려워하지 말고 기뻐하며 즐거워할지어다 여호와께서 큰 일을 행하셨음이로다

21절 경작지, 가축, 그리고 시온의 아들들이 두려움이 없이 환호를 외치도록 명령을 받는다. 백성이 진정으로 회개하기만 한다면, 하나님은 그들을 회복시키고, 보호하시며 안식을 주시리라는 약속을 주신다. 뿐만 아니라 본절에서처럼 위로의 메시지로 이어진다. 땅의 황망한 상태가 회복될 것을 보여준다.

22. 들짐승들아 두려워하지 말지어다 들의 풀이 싹이 나며 나무가 열매를 맺으며 무화과나무와 포도나무가 다 힘을 내는도다

22절 하나님의 위로는 기근으로 인해 아사 상태에 빠졌던 들짐승들에게 향한다. 들짐승들은 연한 풀을 풍성히 얻게 될 것이다. 더욱이 '무화과나무'와 '포도나무'는 여호와와 이스라엘의 관계를 상징하는 것으로 그 나무들이 힘을 얻는다는 것은 그만큼 하나님과 이스라엘의 관계가 더욱 돈독해질 것을 보여준다.

23. 시온의 자녀들아 너희는 너희 하나님 여호와로 말미암아 기뻐하며 즐거워할지어다 그가 너희를 위하여 비를 내리시되 이른 비를 너희에게 적당하게 주시리니 이른 비와 늦은 비가 예전과 같을 것이라

23절 이는 모든 진실한 이스라엘 백성을 가리키는 것으로 하나님의 통치가 이스라엘 백성에게 구현될 것을 보여준다.

24. 마당에는 밀이 가득하고 독에는 새 포도주와 기름이 넘치리로다

24절 본 절은 적당한 시기에 내리는 적당한 비로 인해 얻게 될 결과를 언급한다. 회복의 축복을 전형적으로 나타내는, 과장적인 어법으로 쓰인 농경적 풍요를 말하는 두 가지 예가 주어지고 있다.

25. 내가 전에 너희에게 보낸 큰 군대 곧 메뚜기와 느치와 황충과 팥중이가 먹은 햇수대로 너희에게 갚아 주리니

25절 하나님은 메뚜기 재앙을 통해 이스라엘 백성들로 하여금 회개하게 하였다. 결국 그 이전의 상태로 회복시킬 것을 보여준다. 마찬가지로 "갑절"의 회복은 여호와가 자신의 백성들에게 주실 완전한 보상을 묘사하는 한 가지 수단이다.

26. 너희는 먹되 풍족히 먹고 너희에게 놀라운 일을 행하신 너희 하나님 여호와의 이름을 찬송할 것이라 내 백성이 영원히 수치를 당하지 아니하리로다

26절 먹을 것을 충분히 취한 것은 하나님을 찬양하는 결과를 낳게 될 것이다. 즉 하나님의 백성이 부끄러움을 당치 않을 뿐만 아니라 영원히 영광스럽게 된다는 것이다.

27. 그런즉 내가 이스라엘 가운데에 있어 너희 하나님 여호와가 되고 다른 이가 없는 줄을 너희가 알 것이라 내 백성이 영원히 수치를 당하지 아니하리로다

27절 하나님의 백성 가운데 함께하신다는 사실을 알게 하는 것은 우상들이 감히 흉내낼 수 없는 것으로 하나님의 백성만이 누릴 수 있는 복이다.

28. 그 후에 내가 내 영을 만민에게 부어 주리니 너희 자녀들이 장래 일을 말할것이며 너희 늙은이는 꿈을 꾸며 너희 젊은이는 이상을 볼 것이며

28절 오순절 성령강림에 대한 약속이다. 본 구절은 하나님의 신이 만민에게 부어주고 모든 백성이 성령의 전이 되어 직접 교통하게 되리라는 사실을 밝힌다. 그러나 본 절에서 강조하는 것은 모두가 하나님의 부름을 받아 하나님과 두려움 없이 교제하면서 미래로 향하는 삶에 대한 것이다.

구약 시대에는 특정한 사명을 위해 특정한 사람에게만 성령이 부분적이고도 조건적으로 임했으나 신약 시대에는 하나님을 믿는 자이면 누구에게나 하나님의 선물로 성령이 임할 것임을 선포하는 말씀이다.

29. 그 때에 내가 또 내 영을 남종과 여종에게 부어 줄 것이며

29절 하나님의 자녀가 되는 데에는 계급이나 신분의 차별이 있을 수 없다. 그러므로 누구든지 성령으로 말미암아 중생하기만 하면 구원받는다. 남종과 여종에 대한 약속은 빠뜨려서는 안 되는 사회 개혁적인 동기를 희망하는 것이다. 이로써 성령을 받는 사람들의 범위를 하나님의 백성으로 제한시킨다.

30. 내가 이적을 하늘과 땅에 베풀리니 곧 피와 불과 연기 기둥이라

30절 본 절에서는 앞에서 열거된 성령의 부어주심과는 달리 심판의 징조가 나타난다. 이런 두려운 날은 이방세계 위에 임할 것이요, 예루살렘은 동시에 구원을 얻을 것이다.

31. 여호와의 크고 두려운 날이 이르기 전에 해가 어두워지고 달이 핏빛 같이 변하려니와

31절 본 절에서도 여호와의 날에 나타날 자연적인 현상을 의미하는 것으로 보인다. 이런 일들은 여호와의 무서운 날이 오기에 앞서 나타난다.

32. 누구든지 여호와의 이름을 부르는 자는 구원을 얻으리니 이는 나 여호와의 말대로 시온 산과 예루살렘에서 피할 자가 있을 것임이요 남은 자 중에 나 여호와의 부름을 받을 자가 있을 것임이니라

32절 여호와의 이름을 부른다는 것은 그분께 다가가서 간절히 부르는 것뿐만 아니라 믿음으로 부르는 것을 의미한다. 또한 이는 여호와를 찾는 것을 말하며, 이런 진실한 믿음을 가진 사람은 누구라도 구원이 보장되리라는 것을 보여준다. 이는 하나님을 올바로 인식하고 또한 그분을 믿고 입으로 시인하는 자를 말한다. 이러한 자들은 종말론적 환난 중에서도 성령 안에서 배도치 않고 끝까지 인내함으로써 구원을 얻는다.

4. 하나님 백성의 적을 향한 심판과 마지막 때의 축복(3:1~21)

요엘 3장

1. 보라 그 날 곧 내가 유다와 예루살렘 가운데에서 사로잡힌 자를 돌아오게 할 그 때에

1절 2장에서는 믿는 자들이 장차 얻게 될 구원의 은혜를 언급한 반면, 본장은 심판으로부터 시작된다. 그 심판의 대상인 이스라엘의 대적은 이스라엘을 징계하기 위한 도구로 사용되다가, 최종적으로는 이스라엘의 대적자로 규정되어 하나님의 온전한 심판을 피할 수 없게 되었다는 사실을 밝힌다. 때를 강조하여 이스라엘 회복이 매우 임박해 있음을 보여준다.

여호와의 날에 유다와 그 적들은 치밀하게 드러날 것이다. 여호와는 모세의 약속대로 유다와 예루살렘의 사로잡힌 자를 돌아오게 할 것이다. 동시에 하나님은 열방을 심판하시러 모으실 것이다. 이방 나라들이 하나님의 심판을 받는 근본 이유는 그들이 하나님의 백성을 괴롭히고 모욕하며, 수치스럽게 만들었기 때문이다.

2. 내가 만국을 모아 데리고 여호사밧 골짜기에 내려가서 내 백성 곧 내 기업인 이스라엘을 위하여 거기에서 그들을 심문하리니 이는 그들이 이스라엘을 나라들 가운데에 흩어 버리고 나의 땅을 나누었음이며

2절 하나님이 고발하는 내용은 열방이 유다를 흩어 버렸다는 사실이다. 유다인의 흩어짐은 외국에 흩어진 포로공동체인데, 역사적으로 보면 앗수르 왕, 바벨론의 느부갓네살이 이스라엘인과 유다인들을 흩었다.

3. 또 제비 뽑아 내 백성을 끌어 가서 소년을 기생과 바꾸며 소녀를 술과 바꾸어 마셨음이니라

3절 이 같은 일은 예루살렘 멸망 후에 실제로 이루어졌는데, 이방인들이 유다 포로를 제비뽑아 나누어 갖고 술을 마시고 정욕을 채우기 위해 어린이들까지 접대부로 이용한 행위는 실로 하나님의 진노를 사고도 남는 죄악이었다. 인간이 무가치한 존재로 팔아 넘겨지고, 노예로 넘겨진 젊은이는 밤의 창녀와 같이 취급되었으며, 소녀는 주연석상의 하루저녁 값으로 팔렸다. 그러나 신명기 21:14에 의하면 전쟁포로의 매매는 금지되고 있다. 무방비 상태의 인간을 상품으로 팔고 품위를 떨어뜨리는 행동은 하나님이 보시기에 탄핵의 이유가 된다.

4. 두로와 시돈과 블레셋 사방아 너희가 나와 무슨 상관이 있느냐 너희가 내게 보복하겠느냐 만일 내게 보복하면 너희가 보복하는 것을 내가 신속히 너희 머리에 돌리리니

4절 이 도시의 사람들은 틈만 나면 이스라엘을 침략하고 학대하였다. 이에 대해 하나님께서는 이스라엘 백성이 당하는 고통을 당신의 고통과 동일시하시면서 그 원수들에게 보복할 것을 선포하셨다.

5. 곧 너희가 내 은과 금을 빼앗고 나의 진기한 보물을 너희 신전으로 가져 갔으며

5절 본 절에서는 그들의 불법적인 잔학행위가 언급된다. 금과 은을 약탈하고 보물을 끌어다가 자기들의 성전이나 궁전에 쌓아놓은 것이다. 이런 약탈 행위는 페니키아인과 블레셋인들의 행위로는 알려져 있지 않다. 유다와 예루살렘인들이 사유재산을 빼앗긴 것은 곧 하나님의 소유를 빼앗긴 것이다.

6. 또 유다 자손과 예루살렘 자손들을 헬라 족속에게 팔아서 그들의 영토에서 멀리 떠나게 하였음이니라

6절 유다인과 예루살렘인을 헬라인에게 팔아넘기는 것은 이중적으로 수치스러운 일이다. 이런 행위는 하나님 백성을 교역상품으로뿐만 아니라, 그들을 고향 지역에서 멀리 옮겨 도달할 수 없는 헬라의 섬들과 해안세계로 떼어놓는 것이다.

7. 보라 내가 그들을 너희가 팔아 이르게 한 곳에서 일으켜 나오게 하고 너희가 행한 것을 너희 머리에 돌려서
8. 너희 자녀를 유다 자손의 손에 팔리니 그들은 다시 먼 나라 스바 사람에게 팔리라 여호와께서 말씀하셨느니라

7~8절 이런 나라들에 대한 하나님의 심판은 완전히 적절하다. 여호와는 흩으셨던 백성을 모으고 그 나라들을 노예로 만드실 것이다. 그들은 베니게와 블레셋인의 아들, 딸을 스바인과 무역으로 유명한 아랍인에게 팔 것이다. 종말론적으로 보면 블레셋과 베니게는 이스라엘의 모든 적을 의미한다.

그때에 하나님의 백성은 적 위에 높이 올려질 것이다. 그럼에도 불구하고 여호와는 먼 곳에서 일어나도록 유다인과 하나님의 백성을 도울 것이다. 하나님은 수치당한 자를 복수하는 자로 이용하신다. 유다인들은 여호와가 징벌하기 위해 쓰임 받는 도구가 된다. 다시 말하자면 여호와는 징벌의 주체자이지 징벌행동자는 아니다. 그리고 악한 행동으로 인해 고통당한 자는 징벌의 중개자가 된다.

9. 너희는 모든 민족에게 이렇게 널리 선포할지어다 너희는 전쟁을 준비하고 용사를 격려하고 병사로 다 가까이 나아와서 올라오게 할지어다

9절 그들은 무명의 집단으로 여호와의 명령을 열방세계에 알리라는 명을 받는다. 이방인들이 전쟁을 준비하는 것은 단지 현상적인 것에 그치지 않고 하나님을 대적하는 모습을 연상시킨다. 여기서 하나님이 직접 전투에 참여하는 성전 사상의 실체를 엿볼 수 있다.

10. 너희는 보습을 쳐서 칼을 만들지어다 낫을 쳐서 창을 만들지어다 약한 자도 이르기를 나는 강하다 할지어다

10절 예언사상이 전쟁을 끝내고 평화를 선포하기 때문에 하나님 도성을 향해 농기구를 무기로 만들어 공격하라는 명령은 진지하지 못할 뿐만 아니라, 이미 패배를 알고 하는 전쟁이기 때문에 조롱적인 의도가 역력하다. 즉, 이방 민족들은 그들의 성향을 따라 모든 생업을 포기하고 전쟁을 준비한다고 하더라도 하나님이 함께하시는 이스라엘을 당해낼 수 없다는 것이다.

11. 사면의 민족들아 너희는 속히 와서 모일지어다 여호와여 주의 용사들로 그리로 내려오게 하옵소서

11절 이방 나라들은 전쟁을 준비하고, 모두 모이고, 모두 깨어나서 평온한 직업을 그만두고, 여호사밧 골짜기로 오라는 명령을 받는다. 거기서 여호와께서 앉아 계셔서, 모여든 이방인들을 심판하실 것이다. 만일 이방인들이 하나님의 날을 위하여 모든 용사들을 깨운다면, 하나님께서도 자신의 용사들을 그리로 내려 보내실 것이다.

12. 민족들은 일어나서 여호사밧 골짜기로 올라올지어다 내가 거기에 앉아서 사면의 민족들을 다 심판하리로다

12절 여호와는 전투인이 아니라, 심판자다. 여호와는 여호사밧 골짜기에서 모든 열방의 심판자로서 세계 심판을 집행한다. 어쨌든 여호와는 세계왕의 기능을 수행한다. 이런 통치자는 심판자로서 앉아 있다.

13. 너희는 낫을 쓰라 곡식이 익었도다 와서 밟을지어다 포도주 틀이 가득히 차고 포도주 독이 넘치니 그들의 악이 큼이로다

13절 포도주 짜는 자들의 포도송이를 짓밟는 행위와 포도송이를 자르는 것은 징벌을 표시한다. 이런 포도주들은 열방백성들의 징벌이 무르익는 것을 의미한다. 포도주 짜는 자로서 여호와의 옷은 열방백성을 향한 전투인의 옷처럼 붉은 피로 물들 수 있다. 본 절은 이스라엘의 전형적인 추수의 광경을 나타내는 것으로 성경에서는 자주 결정적인 심판을 상징하곤 한다.

14. 사람이 많음이여, 심판의 골짜기에 사람이 많음이여, 심판의 골짜기에 여호와의 날이 가까움이로다

14절 그 심판이 불경건한 자들을 향해 매우 단호하고도 날카로울 것이다. 결국 매우 많은 사람들이 심판의 자리에 서게 될 것이 자명하다.

15. 해와 달이 캄캄하며 별들이 그 빛을 거두도다 16. 여호와께서 시온에서 부르짖고 예루살렘에서 목소리를 내시리니 하늘과 땅이 진동하리로다

그러나 여호와께서 그의 백성의 피난처, 이스라엘 자손의 산성이 되시리로다

15~16절 이제 열방세계에는 혼돈이 일어난다. 하늘의 어두움은 여호와의 날이 임박하고 있다는 징조이다. 여호와는 예루살렘에서 그의 성소로부터 현현하실 것이다.

17. 그런즉 너희가 나는 내 성산 시온에 사는 너희 하나님 여호와인 줄 알 것이라 예루살렘이 거룩하리니 다시는 이방 사람이 그 가운데로 통행하지 못하리로다

17절 이 두려운 일 후에 이스라엘은 여호와가 그들 가운데 살고 계신 것을 알게 될 것이다. 여호와의 성소가 있는 예루살렘은 이방인에 의해 다시는 더럽혀지지 않고 거룩하게 될 것이다.

18. 그 날에 산들이 단 포도주를 떨어뜨릴 것이며 작은 산들이 젖을 흘릴 것이며 유다 모든 시내가 물을 흘릴 것이며 여호와의 성전에서 샘이 흘러 나와서 싯딤 골짜기에 대리라

18절 그 때에 그 땅은 그의 백성들이 농사의 축복을 누리는 실제적인 낙원이 될 것이다. 골짜기는 더 이상 마르지 아니 할 것이다. 포도와 젖의 풍성함과 물은 메뚜기 재앙의 효과와는 정반대를 나타낸다. 여호와의 성전에서 샘이 흘러나올 것이다. 이 샘은 여호와가 땅의 축복의 근원이심을 생각나게 할 것이다. 싯딤 골짜기는 황야를 지나 사해로 향하는 기드론 골짜기의 일부인 듯하다.

19. 그러나 애굽은 황무지가 되겠고 에돔은 황무한 들이 되리니 이는 그들이 유다 자손에게 포악을 행하여 무죄한 피를 그 땅에서 흘렸음이니라
20. 유다는 영원히 있겠고 예루살렘은 대대로 있으리라

19~20절 하나님이 유다에 주신 축복과는 대조적으로, 적의 땅은 불모지가 될 것이다. 이렇게 심각한 심판의 이유는 유다 자손을 잘못 다룬 죄 때문이다. 이스라엘의 적은 강포와 무죄한 피를 흘리게 한 죄를 지었다. 유다와 예루살렘은 영원히 있을 것이다. 유다와 예루살렘은 상징적인 표현으로 장차 그리스도로 인해 도래할 하나님 나라와 그 백성을 의미한다.

21. 내가 전에는 그들의 피흘림 당한 것을 갚아 주지 아니하였거니와 이제는 갚아주리니 이는 여호와께서 시온에 거하심이니라

21절 무엇보다 하나님은 구속자가 되셔서 백성들을 죄의 상태로부터 구하시고 구속으로 인한 복을 누리게 하시리라는 약속이다. 그리고 마지막 날에 모든 원수들이 진멸되고 모든 나라가 여호와께 속하게 되는 영원한 하나님의 나라, 하늘의 예루살렘에서 충만하게 구현될 것이다.

참고문헌

1. 국내서적

강병도. 『호크마 종합주석20 호세아-말라기』. 서울: 기독지혜사, 2008.

방석종. 『호세아/요엘』. 서울: 대한기독교서회, 2007.

전봉준, 『라이프성경』. 서울: 기독지혜사, 1999.

방석종. 『호세아/요엘』. 서울: 대한기독교서회, 2007.

김이곤, 『구약 성서의 고난 신학』. 서울: 한국신학연구소, 1989.

유동식. 『한국신학의 광맥』. 서울: 다산글방, 2000.

윤운현. 『성경과 기본신학』. 경기: 생명의 말씀사, 2010.

이승열. 『잊혀진 희년의 회복』. 서울: 예솔, 2014.

이형원. 『성서주석 열왕기상』. 서울: 대한기독교서회, 2015.

강병도. 『호크마 종합주석20 호세아-말라기』. 서울: 기독지혜사, 2008.

김태훈. 『사자의 부르짖음-예언자 아모스의 선포와 삶』. 서울: 한국성서학
　　　연구소, 2010.

박철우. 『아모스/오바댜』. 서울: 대한기독교서회, 2015.

최인기. 『아모스』. 서울: 한국장로교출판사, 2016.

김지찬. 『요단강에서 바벨론 물가까지』. 서울: 생명의 말씀사, 2014.

민경배. 『한국기독교회사』. 서울: 대한기독교출판사, 1982.

박수암, 『마태복음』. 서울: 대한기독교서회, 2004.

박철우. 『성서주석 에스겔』. 서울: 대한기독교서회, 2015.

박희석. 『안식일과 주일』. 경기: 크리스챤다이제스트, 2002.

배희숙. 『성서주석 역대하』. 서울: 대한기독교서회, 2015.

송길섭. 『한국 신학사상사』 서울: 대한기독교출판사, 1988.

신현우 외 5인. 『희년, 한국사회, 하나님 나라』. 서울: 홍성사, 2012.

유동식. 『한국신학의 광맥』. 서울: 다산글방, 2000.

윤운현. 『성경과 기본신학』. 경기: 생명의 말씀사, 2010.

이승열.『잊혀진 희년의 회복』. 서울: 예솔, 2014.

이형원.『성서주석 열왕기상』. 서울: 대한기독교서회, 2015.

이후천.『민족 해방의 윤리를 위하여』. 서울: 나단, 1989.

2. 번역서적

Calvin, John.『칼빈성경주석: 요엘 아모스 오바댜 제27권』. 김영진 역, 서
　　울: 성서교재간행사, 1980.

Stuart, Douglas. K.『호세아~요나』. 김병하 역. 서울: 솔로몬, 2016.

Pentecost, J. Dwight, Chrisholm, Jr. Robert B.『다니엘 · 호세아 · 요
　　엘』. 문명조 역. 서울: 두란노서원, 2016.

Eichrodt, Walther.『구약성서신학 1』. 박문재 역. 서울: 크리스천다이제
　　스트, 2003.

Grentz, Stanley J.　The moral Quest: Foundations of Christian
　　Ethics,『기독교 윤리학의 토대와 흐름』. 신원하 역 서울: IVP,
　　2001.

LaSor, William Sanford. 외 2인.『구약개관』. 박철현 역. 서울: 크리스챤
　　다이제스트, 1997.

Calvin, John.『칼빈성경주석: 요엘 아모스 오바댜 제27권』. 김영진 역, 서
　　울: 성서교재간행사, 1980.

Guenther, Allen R.『호세아 · 아모스』. 임요한/최태선 역. 충남: 대장간, 2018.

Stuart, Douglas. K.『호세아~요나』. 김병하 역. 서울: 솔로몬, 2016.

Sunukjian, Donald R, 외 4인,『아모스·오바댜요나미가나훔』. 김영헌
　　역. 서울: 두란노서원, 2016.

De Vries, Simon John.『열왕기상』. 김병하 역. 서울: 솔로몬, 2014.

Dillard, Raymond B.『역대하』. 정일오 역. 서울: 솔로몬, 2010.

Douma, J,『개혁주의 윤리학』. 신원하 역. 서울: 기독교문서선교회, 2012.

Dyer, Charles H. 『예레미야 예레미야애가』. 장종식/김정님 역. 서울: 두
　　란노, 2016.

Eichrodt, Walther. 『구약성서신학 1』. 박문재 역. 서울: 크리스천다이제 스트, 2003.

France, R. T. 『마태복음』. 권해생/이강택 역. 서울: 기독교문서선교회, 2013.

Foster, Richard J. 『영적 성장을 위한 제자훈련』. 권달천 역. 서울: 보이 스사, 1993.

Gnilka, J. 「마태복음 I」. 서울: 한국신학연구소, 1992.

Goldsworthy, G. 『복음과 하나님의 계획』. 김영철 역. 서울: 한국성서유 니온선교회, 2004.

Grentz, Stanley J. The moral Quest: Foundations of Christian Ethics, 『기독교 윤리학의 토대와 흐름』. 신원하 역 서울: IVP, 2001.

3. 학술 자료

장동철. "성경에 나타난 약자 돌봄 및 규범에 대한 성경적 규명." 박사학위 논문: 국제문화대학교 신학대학원, 2018.

Ⅲ. 아모스 주석

하나님의 공의로운 심판과 자비로운 회복

I. 서 론

1. 아모스서의 시대적 배경

아모스서 기록 연대는 대략 BC 760년경으로 지진이 있었음이 확인되었다. 따라서 아모스의 활동시기는 대략 BC 760년을 전후로 한 시기가 될 것이다. 아모스는 하나님의 계시에 대한 확신과 투철한 사명감에 입각하여 당시 북이스라엘의 타락을 신랄하게 파헤치고 회개를 촉구하였던 것이다. 이러한 메시지는 황금 만능주의 사상에 함몰되어 세속화되어가는 현대의 교회들이 반드시 음미해야 할 내용이라고 보여진다.

그는 부자, 정치 지도자, 종교 지도자들이 힘없는 사람들을 착취하고 억압한 것을 비난했다. 그러므로 아모스를 이해한다는 것은 구약성경 예언에 대한 열쇠를 가진 것을 의미한다.

포로기 이전 기원전 8세기에 사회적 약자(מ‎ענדים)의 문제를 강하게 제기했던 선지자는 최초의 문서 선지자 아모스이다. 아모스는 남왕국 유다의 선지자(암 1:1; 7:12~15)로서 북왕국 이스라엘을 향한 하나님의 말씀을 선포하였다. 아모스는 유다 왕 웃시야(주전 792~739년)와 이스라엘 왕 요아스의 아들 여로보암 2세(주전793~753년) 시대 즉 이스라엘의 멸망(주전 722년)보다 약 60~40년 전에 하나님으로부터 말씀을 받아 활동했던 것으로 나타난다(암 1:1).

주전 8세기는 다윗과 솔로몬 이래 가장 번영한 경제와 국방으로도 하맛에서 남부 사막과 해안지방까지 영토를 확장하였다. 그러나 이 시기는 사치와 방종으로 안일과 부정부패가 난무하여 이스라엘의 지도자들이 병들어갔고 사회는 빈부의 격차가 심화되었고 착취는 도를 넘어 가난한 자를 억압하였다. 아모스 선지자는 사회적 부조리를 규탄하고 하나님의 정의를 회복하는 것에 초점을 맞추었다. 율법에서 "소외(疏外)된 자와 약자(מ‎ענדים)들을 보호하는 규례가 있듯이 아모스도 이방인(גרים)과

과부(אַלְמָנָה), 고아(יָתוֹם) 그리고 가난한 자들을 억압하지 말라"(암 2:7~8, 4:1, 5:11, 8:4~6)고 경고했으며, 하나님의 공의(צְדָקָה, 츠다카)를 준수하지 못한 이스라엘 현실을 비판했다(암 5:7, 10~15).

1. 유다 왕 웃시야의 시대 곧 이스라엘 왕 요아스의 아들 여로보암의 시대의 지진 전 이년에 드고아 목자 중 아모스가 이스라엘에 대하여 이상으로 받은 말씀이라 2. 그가 이르되 여호와께서 시온에서부터 부르짖으시며 예루살렘에서부터 소리를 내시리니 목자의 초장이 마르고 갈멜 산 꼭대기가 마르리로다

여로보암 2세 시대는 북왕국 이스라엘의 가장 큰 번영과 안정의 시기였다. 여로보암 2세는 이러한 국제적 상황을 이용하여 요단 동편으로의 영토 확장을 성공적으로 이루어 냈다. 이러한 군사적 성공과 함께, 경제적 부흥도 누렸다. 이와 같은 풍요의 상황은 아모스서에 잘 나타나 있다(암 6:1). 1화 있을진저 시온에서 교만한 자와 사마리아 산에서 마음이 든든한 자 곧 백성들의 머리인 지도자들이여 이스라엘 집이 그들을 따르는도다(암 6:1, 8, 13). 그리고 부익부 빈익빈 현상과, 부자들의 호화로운 생활과 가난한 사람들의 비참한 생활의 대조가 심각하게 나타났던 시대이기도 하다(암 4:1)1사마리아의 산에 있는 바산의 암소들아 이 말을 들으라 너희는 힘 없는 자를 학대하며 가난한 자를 압제하며 가장에게 이르기를 술을 가져다가 우리로 마시게 하라 하는도다(암 4:1; 5:10~12; 6:1~6; 8:4~6)부자들은 여름 별장과 겨울 별장에서 사치와 호화를 누린 데 반하여(암 3:13)13주 여호와 만군의 하나님의 말씀이니라 너희는 듣고 야곱의 족속에게 증언하라 (암 3:13; 4:1~2; 6:1~6, 11)가난한 사람들은 그들의 경제적 착취와 법적 불이익의 대상이었다(암 2:6)6여호와께서 이와 같이 말씀하시되 이스라엘의 서너 가지 죄로 말미암아 내가 그 벌을 돌이키지 아니하리니 이는 그들이 은을 받고 의인을 팔며 신 한 켤레를 받고 가난한 자를 팔며(암 2:6~8; 4:1; 5:10~12; 8:4~6)

백성들은 절기 때가 되면 성소로 모여들어 호화로운 제사를 드렸다(암

4:4)4너희는 벧엘에 가서 범죄하며 길갈에 가서 죄를 더하며 아침마다 너희 희생을, 삼일마다 너희 십일조를 드리며 (암 4:4~5; 5:5~6)그러나 그들은 신앙적 오만과 안일함에 빠져 있었다(암 5:14, 18~20; 6:3,8). 아모스는 이런 상황하에 있는 백성들을 향하여 하나님의 말씀을 선포하였다.

2. 예언자 아모스

예언서의 초점은 예언자 자신에게 있는 것이 아니라 예언자를 통해서 선포된 하나님의 말씀에 있다.

아모스서의 서두 제목에 따르면, 아모스는 드고아 출신이다. 드고아는 예루살렘 남방 약 16km 떨어진 유다 산악지대의 한 성읍이다. 아모스는 유다 사람으로서 전적으로 북왕국 이스라엘에서 예언 말씀을 선포한 사람이다.

특별히 아모스는 요엘과 아주 대족적인 모습을 보여준다. 요엘이 유순하고 인정많은 성격의 소유자인 데 비해 아모스는 엄격하고 냉철하였다. 또한 요엘이 도시의 교양있는 사람답게 매우 섬세하고 세련된 반면, 아모스는 시골에서 농사를 짓고 양을 치던 사람답게 소박하고 힘이 있으며 강경하고 엄격하였다. 그러나 확실한 것은 그가 웃시야 왕과 여로보암왕 밑에서 활동을 시작했다는 사실이며, 또한 중시해야 할 것은 아모스가 이스라엘 왕국의 예언자로 임명되었다는 사실이다. 다시 말해서 아모스는 유다 지파 출신이었음에도 불구하고 하나님께서는 아모스를 이스라엘 왕국에 대하여 예언하도록 세우셨다. 그는 물론 때때로 유다지파에 대하여 선포하지만, 그것은 다만 잠깐일 뿐이고 특별한 경우에 한해서 그렇게 한 것이다. 그는 주로 열 지파를 상대로 외쳤다.

그의 예언자적 사명은 오직 하나님으로부터 온 것이라는 사실을 주장하면서 아모스는 그가 예언자가 되기 전에는 한 사람의 목자였다고 말한다(암 7:14)14아모스가 아마샤에게 대답하여 이르되 나는 선지자가 아니며 선지자의 아들도 아니라 나는 목자요 뽕나무를 재배하는 자로서(암 7:14~15)

그는 농업 전문가로서 많은 여행을 했을 것이고 특히 북왕국 이스라엘에 자주 갔었을 것이다. 그러나 하나님이 왜 그를 국경 너머 북왕국 이스라엘에서 예언을 선포하도록 하셨는지는 분명히 알 수 없다.

특히 여기에서 하나님 말씀의 창조적이고 역동적이며 가공할 능력이 선포되고 있다.

사자의 부르짖음이나 천둥소리와 같은 두려운 목소리로 역사 속에 임하시는 용사 하나님은 역사의 장에서 처절한 심판을 일으키시며, 하나님께서 역사 속에서 심판을 행하시면 그 누구도 이 용사 하나님과 맞서서 이길 자가 없다는 것이 아모스서의 서두 1:2이 전달하려는 메시지이다.

아모스서에 남겨진 그의 말씨를 볼 때 그는 언변에 능했던 유식한 사람이었다. 그리고 그는 역사에 관한 해박한 지식을 가지고 있었던 사람이었다(암 1:3)3여호와께서 이와 같이 말씀하시되 다메섹의 서너 가지 죄로 말미암아 내가 그 벌을 돌이키지 아니하리니 이는 그들이 철 타작기로 타작하듯 길르앗을 압박하였음이라(암 1:3~8; 1:13~2:3; 9:7). 그리고 이스라엘의 사회적 문제들과 종교적 전통에 관한 정확한 이해를 가지고 있었던 사람이었다.

그리고 그는 그를 대적하는 사람들 앞에서 결코 평정을 잃지 않았다. 물론 이것은 그의 소명의식으로부터 나온 것이지만, 이와 같은 담대함은 그 자신의 인격과 개인적 능력에서 나온 자기 확신에 기인한 것이기도 하다.

아모스가 예언을 선포한 곳은 벧엘의 성소였다(암 7:10)10때에 벧엘의 제사장 아마샤가 이스라엘의 왕 여로보암에게 보내어 이르되 이스라엘 족속 중에 아모스가 왕을 모반하나니 그 모든 말을 이 땅이 견딜 수 없나이다(암 7:10~17). 그의 많은 예언은 가을 축제 때 이스라엘의 가장 중요한 종교적 중심지에 모인 청중을 향해 선포한 것들이다(암 2:8)8모든 제단 옆에서 전당 잡은 옷 위에 누우며 그들의 신전에서 벌금으로 얻은 포도주를 마심이니라(암 2:8; 3:14; 4:4; 5:5~6, 21~27). 사마리아 거리에서 사마리아 여인들을 향해 선포한 것들도 있고(암 4:1)1사마리아의 산에 있는 바산의 암소들아 이 말을 들으라 너희는 힘 없는 자를 학대하며 가난한 자를 압제하며 가장에게 이르기를 술을 가져다가 우리로 마시게 하라 하는도다(암 4:1~3). 궁전 앞에서 관리들을 향해 선포한 것들도 있고(암 3:9)9아스돗의 궁궐들과 애굽 땅의 궁궐들에 선포하여 이르기를 너희는 사마리아 산들에 모여 그 성 중에서 얼마나 큰 요란함과 학대함이 있나 보라 하라(암 3:9~

12; 6:1~3), 장터에서 상인들을 향해 선포한 것들도 있다(암 8:4)4가난한 자를 삼키며 땅의 힘없는 자를 망하게 하려는 자들아 이 말을 들으라(암 8:4~8). 아모스에 관해서 구체적으로 알 수 있는 것은 별로 없지만, 그의 생애에 가장 중요한 사건은 그의 소명 체험(암 7:14)14아모스가 아마샤에게 대답하여 이르되 나는 선지자가 아니며 선지자의 아들도 아니라 나는 목자요 뽕나무를 재배하는 자로서(암 7:14)과 그의 환상 체험이었음이 분명하다(암 7:1)1주 여호와께서 내게 보이신 것이 이러하니라 왕이 풀을 벤 후 풀이 다시 움돋기 시작할 때에 주께서 메뚜기를 지으시매(암 7:1~8; 8:1~3). 그의 소명 체험과 환상을 통한 계시 체험이 그를 평범한 일상의 삶에서 불러내어, 이스라엘의 사회와 종교와 정부에 대한 하나님의 질타의 말씀을 선포하게 한 것이다.

3. 신탁의 시대로 본 아모스의 삶

아모스는 우선 다른 사람의 말(하나님의 말씀)을 그의 청중에게 전하는 사자(使者, messenger)의 역할을 하였다. 그는 하나님의 백성 이스라엘을 향해 예언을 하러 가라는 명령을 받은 것이다(암 7:14)14아모스가 아마샤에게 대답하여 이르되 나는 선지자가 아니며 선지자의 아들도 아니라 나는 목자요 뽕나무를 재배하는 자로서(암 7:14). 아모스는 하나님의 대변자로서 가끔 사자 문체(messenger formula)를 사용하여 하나님의 말씀을 전하곤 한다.

또한 요엘이 도시의 교양있는 사람답게 매우 섬세하고 세련된 반면, 아모스는 시골에서 농사를 짓고 양을 치던 사람답게 소박하고 힘이 있으며 강경하고 엄격하였다.

때에 따라 아모스는 청중들로 하여금 그의 말씀에 주의를 기울이게 하기 위하여 선포 문체(proclamation formula, '쉬메우' : 들어라[암 3:1])1이스라엘 자손들아 여호와께서 너희에 대하여 이르시는 이 말씀을 들으라 애굽 땅에서 인도하여 올리신 모든 족속에 대하여 이르시기를[암 3:1; 4:1; 5:1; 8:4]). 그리고 그는 세 차례에 걸쳐서 맹세의 서두를 사용하였다(니슈

바 아도나이 : 주께서 맹세하셨다[암 4:2)2주 여호와께서 자기의 거룩함을 두고 맹세하시되 때가 너희에게 이를지라 사람이 갈고리로 너희를 끌어 가며 낚시로 너희의 남은 자들도 그리하리라[암 4:2; 6:8; 8:7]). 이러한 표현법을 통해 그는 하나님의 대변자이며 하나님의 어전에 참여한 사람임을 나타내며 동시에 그 자신의 창조적 문학성은 하나님의 계시에 종속될 뿐이라는 사실을 나타낸다. 아모스는 이스라엘의 여러 가지 다양한 문학적 요소들을 사용하는 재능을 보여주고 있다.

그는 이스라엘의 재앙을 예고하기 위하여 징송곡을 부르기도 하고(암 5:1)1이스라엘 족속아 내가 너희에게 대하여 애가로 지은 이 말을 들으라(암 5:1~2), 사람들을 죽음으로 이끄는 일련의 행동을 지적하기 위해 저주 문체(woe-sayings)를 사용하기도 하고(암 5:18; 6:1), 이스라엘 백성들의 제사를 공박하기 위해서 제사장들이 주로 사용하는 표현법을 사용하기도 한다(암 4:4)4너희는 벧엘에 가서 범죄하며 길갈에 가서 죄를 더하며 아침마다 너희 희생을, 삼일마다 너희 십일조를 드리며(암 4:4~5; 5:4, 21~24). 아모스는 특히 지혜적 전통에 해당되는 수수께끼나 비교 또는 대중적 잠언에 나타나는 표현들을 사용하는 데 능하다. 그는 드고아라는 작은 시골 성읍 출신이지만 그는 결코 무식한 사람이 아니었다. 구약의 어느 예언자도 아모스의 말씀의 명료함과 다양한 언어 구사를 따라가지 못한다.

4. 아모스 메시지

아모스 메시지의 근본 배경이 되는 것은 하나님과 이스라엘과의 특수한 언약과 선택 관계이다. 그러나 아모스서에서는 이 관계가 주로 이스라엘의 죄에 대한 하나님의 심판의 근거가 된다.

특히 여기에서 하나님 말씀의 창조적이고 역동적이며 가공할 능력이 선포되고 있다.

사자의 부르짖음이나 천둥소리와 같은 두려운 목소리로 역사 속에 임하시는 용사 하나님은 역사의 장에서 처절한 심판을 일으키시며, 하나님께서 역사 속에서 심판을 행하시면 그 누구도 이 용사 하나님과 맞서서 이길 자가 없다는 것이 아모스서의 서두 1:2이 전달하려는 메시지이다.

하나님에 대한 이스라엘의 의무와 이스라엘에 대한 아모스의 질타의 배경이 되는 것이 이스라엘에게 부여된 하나님의 언약적 요구이다(암 2:6)6여호와께서 이와 같이 말씀하시되 이스라엘의 서너 가지 죄로 말미암아 내가 그 벌을 돌이키지 아니하리니 이는 그들이 은을 받고 의인을 팔며 신 한 켤레를 받고 가난한 자를 팔며(암 2:6~8). 4:6~12에서 아모스는 이스라엘이 하나님과의 바른 관계를 유지 하는데 실패 하였고 하나님이 이로 인한 징벌을 내리셨음을 선포한다. 여기에 언급되는 재앙도 이스라엘의 언약 파기 때문에 내려지는 재앙에 해당된다. 아모스는 언약 전통을 사용하되 주로 이스라엘에 대한 위협의 요소로서, 즉 이스라엘에 대한 종말의 선포로서 사용하였다. 아모스는 시내 산 언약을 바탕으로 이스라엘이 망각하고 있는 하나님의 뜻을 선포한다. 이스라엘이 잘못 이해하고 있는 하나님의 역사에 대한 이해를 완전히 뒤바꿔 놓는다.

아모스는 그의 환상, 즉 하나님이 그의 백성에게 종말을 선언하셨다는 사실에 충실하였다. 이스라엘의 한 적이 그들을 칠 것이며(암 6:14)14만군의 하나님 여호와의 말씀이니라 이스라엘 족속아 내가 한 나라를 일으켜 너희를 치리니 그들이 하맛 어귀에서부터 아라바 시내까지 너희를 학대하리라 하셨느니라(암 6:14), 이스라엘의 군대가 대파될 것이며(암 3:11; 5:3), 이스라엘 백성들이 포로로 끌려가게 될 것임을 선포한다[암 4:2])2주 여호와께서 자기의 거룩함을 두고 맹세하시되 때가 너희에게 이를지라 사람이 갈고리로 너희를 끌어가며 낚시로 너희의 남은 자들도 그리하리라(암 4:2~3; 5:5, 27; 6:7; 7:11, 17). 이러한 하나님의 징벌의 원인은 이스라엘의 죄에 기인한다. 이스라엘 백성들의 대표적 죄악은 약자에 대한 억압의 죄이다(암 2:6)6여호와께서 이와 같이 말씀하시되 이스라엘의 서너 가지 죄로 말미암아 내가 그 벌을 돌이키지 아니하리니 이는 그들이 은을 받고 의인을 팔며 신 한 켤레를 받고 가난한 자를 팔며(암 2:6~8; 3:9~10; 4:1; 5:11~12; 6:6; 8:4~6). 아모스는 그의 예언에서 이스라엘 사회 안의 한 그룹, 곧 '약자', '가난한 자', '고난받는 자', '의로운 자'(곧 '무죄한 자')로 불리는 한 그룹에 관해 계속적으로 언급한다. 이 약자들은 재산을 잃고 노예로 팔리며

(암 2:6)6여호와께서 이와 같이 말씀하시되 이스라엘의 서너 가지 죄로 말미암아 내가 그 벌을 돌이키지 아니하리니 이는 그들이 은을 받고 의인을 팔며 신 한 켤레를 받고 가난한 자를 팔며(암 2:6; 8:6), 착취당한다(암 8:5)5너희가 이르기를 월삭이 언제 지나서 우리가 곡식을 팔며 안식일이 언제 지나서 우리가 밀을 내게 할꼬 에바를 작게 하고 세겔을 크게 하여 거짓 저울로 속이며(암 8:5; 5:11). 가난하고 약한 사람들을 보호하고 존중하는 것은 하나님의 백성의 의무임이 언약법의 중요한 요소이다(암 2:6) 6여호와께서 이와 같이 말씀하시되 이스라엘의 서너 가지 죄로 말미암아 내가 그 벌을 돌이키지 아니하리니 이는 그들이 은을 받고 의인을 팔며 신 한 켤레를 받고 가난한 자를 팔며(암 2:6~8; 5:11~12 주석 참조).

이와 같은 인간관계의 파괴, 가난하고 힘없는 사람에 대한 억압과 착취, 힘없는 약자(מעממדל)가 바른 재판을 받는 것을 막는 법정과 사회의 불의를 하나님이 용납하지 않으시며, 하나님은 이것에서의 해방을 원하시는 분이심이 선포되고 있는 것이다. 그래서 하나님은 항상 불이익과 부당한 대우를 받게 될 수 있는 상황하에 놓여 있는 약자(מעממדל)와 가난한 사람들을 보호하며 도와야 한다는 사회적 의무를 강조하신다.

아모스에게 성문 광장의 법정은 이스라엘 사회의 가장 중요한 기구 중의 하나이며 이스라엘의 사회윤리 상태를 가늠하는 척도가 된다(암 5:10)10무리가 성문에서 책망하는 자를 미워하며 정직히 말하는 자를 싫어하는도다(암 5:10, 15; 6:12). 이곳이 약자와 가난한 자들이 억울함을 호소할 수 있는 마지막 처소였던 것이다. 그러나 이곳이 그들에게 쓴 쑥과 같이 되었고(암 5:7)7정의를 쓴 쑥으로 바꾸며 공의를 땅에 던지는 자들아(암 5:7~8), 억압의 도구가 되었다(암 5:12)12너희의 허물이 많고 죄악이 무거움을 내가 아노라 너희는 의인을 학대하며 뇌물을 받고 성문에서 가난한 자를 억울하게 하는 자로다(암 5:12; 2:7). 가난한 사람들을 핍박하는 이 토지 소유(所有)자들은 그들의 좋은 집들과 포도원을 빼앗기게 될 것이다.

하나님은 얼마나 많은 사람들이 계약법을 범하는지를 알고 계셨다. 그들을 통치하시는 주님께서는 계약의 법에 불복종하는 데 대해서 약속하신 벌을 내리실 것이다.(페사[ywפ]: 계약의 법을 어기는 것; 암 1:3)3여호와께서 이와 같이 말씀하시되 다메섹의 서너 가지 죄로 말미암아 내가 그 벌을 돌이키지 아니하리니 이는 그들이 철 타작기로 타작하듯 길르앗을 압박하였음이라

이렇듯 가난하고 힘없는 사람들의 고난과는 달리, 이스라엘의 지배층에 속하는 사람들은 오만과 사치의 삶을 영위하고 있었다(암 3:15)15겨울 궁과 여름 궁을 치리니 상아 궁들이 파괴되며 큰 궁들이 무너지리라 여호와의 말씀이니라(암 3:15; 5:11; 6:4~6). 아모스에게 있어서 풍요로운 삶 자체가 죄가 되는 것은 아니다. 그가 부를 질타하는 이유는, 그 부가 가난한 자에 대한 억압의 결과이며 법정에서 행해지는 부정의 결과이기 때문이다(암 3:10)10자기 궁궐에서 포학과 겁탈을 쌓는 자들이 바른 일 행할 줄을 모르느니라 여호와의 말씀이니라(암 3:10; 5:11).그래서 하나님은 그들의 회개를 원하셨고 선을 행하여 하나님을 바로 섬기기를 원하셨던 것이다. 그러나 그들은 돌아서지 않았고 이제 그들에게 징벌이 결정되게 된 것이다.

그러나 하나님은 궁극적으로는 이스라엘이 새로운 이스라엘로 거듭나기를 원하신다. 이러한 징벌이 있은 후에 하나님은 이스라엘을 회복시켜 특별한 위치에 올려놓을 것을 선포하신다(암 9:11)11그러므로 주 여호와께서 이와 같이 말씀하시되 이 땅 사면에 대적이 있어 네 힘을 쇠하게 하며 네 궁궐을 약탈하리라(암 9:11~15). 이 구원에 대한 약속 선포도 레위기와 신명기에 선포되어 있는 시내산 언약을 반영하는 것이다.

공법과 정의의 실천은 하나님의 언약의 한 실천적 요구이며, 특히 이곳에서의 정의는 가난한 사람들이 마지막으로 호소할 수 있는 유일한 사회제도이며 동시에 이곳에서의 정의는 사회윤리의 시금석(試金石)이 되기 때문에 더욱 심각한 죄가 되는 것이다.

5. 아모스서의 형성 과정

암1:3에 3여호와께서 이와 같이 말씀하시되 다메섹의 서너 가지 죄로 말미암아 내가 그 벌을 돌이키지 아니하리니 이는 그들이 철 타작기로 타작하듯 길르앗을 압박하였음이라 암1:3~6:14은 '하나님의 말씀'에 해당되는 것

으로서 암1:1의 제목('아모스의 말씀')아래 적절히 잘 포함되는 부분이다.

그 다음 예언자 자신이 1인칭이 되어 말하는 네 개의 환상 보고가 있다 암 7:1 에 1주 여호와께서 내게 보이신 것이 이러하니라 왕이 풀을 벤 후 풀이 다시 움돋기 시작할 때에 주께서 메뚜기를 지으시매(암 7:1~3, 4~6, 7~9; 8:1~3). 여기에는 세 번째 환상과 네 번째 환상 사이에 아모스가 3인 칭으로 나타나는 '아모스에 관한 기사'가 첨가되어 있다 암 7:1에 1주 여호 와께서 내게 보이신 것이 이러하니라 왕이 풀을 벤 후 풀이 다시 움돋기 시 작할 때에 주께서 메뚜기를 지으시매 '하나님의 말씀'은 암 7:10 10때에 벧 엘의 제사장 아마샤가 이스라엘의 왕 여로보암에게 보내어 이르되 이스라 엘 족속 중에 아모스가 왕을 모반하나니 그 모든 말을 이 땅이 견딜 수 없나 이다(암 7:10~17). 암8:4 4가난한 자를 삼키며 땅의 힘없는 자를 망하게 하려는 자들아 이 말을 들으라암(8:4~14)에 다시 나오고, 이어서 암9:1 1 내가 보니 주께서 제단 곁에 서서 이르시되 기둥 머리를 쳐서 문지방이 움 직이게 하며 그것으로 부서져서 무리의 머리에 떨어지게 하라 내가 그 남은 자를 칼로 죽이리니 그 중에서 한 (암9:1~6)에서 다섯 번째 환상에 관한 기 사가 아모스를 1인칭으로 하여 나오고, 암9:7 7여호와의 말씀이니라 이스 라엘 자손들아 너희는 내게 구스 족속 같지 아니하냐 내가 이스라엘을 애굽 땅에서, 블레셋 사람을 갑돌에서, 아람 사람을 기르에서 올라오게 하지 아 니하였느냐(암9:7~15)에서 마감하는 마지막 말씀이 나온다.

아모스서에서 심판의 말씀들이 먼저 나오고, 구원의 말씀이 책의 끝에 나 온 것은 이러한 사실을 설명해 준다.

그리고 찬양시 단원들에 해당되는 것들은 아모스의 말씀 속에 다른 본문 들과 밀접히 연결되어 아모스의 메시지를 강요하고 있다. 비록 이 찬양시 단편들이 하나의 유형으로 구별될 수는 있지만, 이것들은 기능적 차원에서 이 책 안에서 따로 떼놓을 수 없는 것들이다.

아모스의 모든 선포는 아모스의 영감받은 말씀들을 보존하고 전승하기 위하여 그의 동료나 제자들에 의해서 수집되어 지금의 아모스서가 되었다 고 볼 수 있다.

II. 아모스 본문 주석

1. 여호와가 심판의 황량함을 보내시다(1:1~2)

1:1~2는 아모스서의 서두로서, 1절은 아모스의 출신배경과 활동시기를 알리고 있으며, 2절은 내용상 1:3~9:15 전체의 서론적 선포에 해당된다.

1. 유다 왕 웃시야의 시대 곧 이스라엘 왕 요아스의 아들 여로보암의 시대의 지진전 이년에 드고아 목자 중 아모스가 이스라엘에 대하여 이상으로 받은 말씀이라

1절 이 표제에서 아모스의 말씀들은 웃시야 통치 기간에 일어났던 널리 알려진 지진 사건이 일어나기 약 1~2년전 어간에 주어진 것이라고 말하고 있다. 아모스는 하나님으로부터 받은 것을 말하며, 사람이 볼 수 없는 것을 하나님이 보여 주시므로 선포한다.

2. 그가 이르되 여호와께서 시온에서부터 부르짖으시며 예루살렘에서부터 소리를 내시리니 목자의 초장이 마르고 갈멜 산 꼭대기가 마르리로다

2절 이 시는 여호와의 합당한 지상 거주지는 예루살렘이라고 말한다. 암시적으로 이 시는 언약이 어겨졌고, 여호와는 그 징벌 규약을 강화하셔야만 한다는 것을 선언하고 있다. 포식자 사자와 같이, 여호와의 목소리는 비를 내는 천둥이 아니라 황폐함을 낳는 천둥이다.

여호와는 공격자이다. 이스라엘은 여호와를 부드러운 친구로 생각했으나 그분은 이스라엘에게 갑자기 젊은 사자처럼 덮친다. 주님의 메시지는 사자의 부르짖음과 같이 온다.

2. 여러 나라와 이스라엘의 죄악들에 대한 심판(1:3~2:16)

아모스 1장

3. 여호와께서 이와 같이 말씀하시되 다메섹의 서너 가지 죄로 말미암아 내가 그벌을 돌이키지 아니하리니 이는 그들이 철 타작기로 타작하듯 길르앗을 압박하였음이라

3절 아모스는 하나님이 아람-다메섹을 그 여러 가지 죄악들, 문자적으로는 '서너 가지 죄'로 인해 징벌하실 것이라고 선언하고 있다. 각 나라에 심판이 임하는 이유는 그들이 계약을 어긴 것, 즉 그들의 '죄' 때문이다. 아모스 선지자가 이방 나라들이 이 '영원한 언약'을 범했다고 꾸짖었던 것이다.

4. 내가 하사엘의 집에 불을 보내리니 벤하닷의 궁궐들을 사르리라

4절 불에 의한 심판은 아모스서에서 두드러진 주제를 형성하고 있다. 이것은 불에 의한 심판이 이스라엘의 경우에 합당한 것이 아니기 때문이 아니라, 불은 이 신탁들에서 전쟁을 통한 하나님의 파멸을 나타내는 일종의 제유적인 표현이기 때문이다. 어떤 성채도 여호와의 공격을 견뎌낼 수는 없다.

5. 내가 다메섹의 빗장을 꺾으며 아웬 골짜기에서 그 주민들을 끊으며 벧에덴에서 규잡은 자를 끊으리니 아람 백성이 사로잡혀 기르에 이르리라 여호와께서 말씀하셨느니라

5절 아람 사람들에게 내리는 징벌이 전쟁을 통해 도래하리라는 것은 다메섹의 문빗장을 꺾으며, 그 지도자들을 끊어 버리고, 사로잡혀 가게 될 것이라는 내용으로 더욱더 증거되고 있다. 나라의 지도층이 강제 이송되고 사로잡혀 간다는 것은 여기서 완전한 정복을 암시해 주며, 이로 인한 왕조의 종말을 말해 준다.

6. 여호와께서 이와 같이 말씀하시되 가사의 서너 가지 죄로 말미암아 내가 그 벌을 돌이키지 아니하리니 이는 그들이 모든 사로잡은 자를 끌어 에돔에 넘겼음이라
7. 내가 가사 성에 불을 보내리니 그 궁궐들을 사르리라
8. 내가 또 아스돗 에서 그 주민들과 아스글론 에서 규를 잡은 자를 끊고 또 손을 돌이켜 에그론을 치리니 블레셋의 남아 있는 자가 멸망하리라 주 여호와께서 말씀하셨느니라

6~8절 블레셋에 대한 신탁은 이 신탁 바로 전의 것과 동일한 형식을 취하고 있다. 블레셋 성읍들은 전쟁으로 파멸될 것이며, 그들의 지도층은 죽임을 당할 것이고, 그들의 인구는 멸절될 것이다. 블레셋 도시들에게 내려진 판결은 위의 다른 도시들과 같은 형식을 따른다. 도시들이 파괴되고 권력의 핵심인 궁궐들은 불타고, 지도자들은 죽임을 당하며, 주민들은 멸망당한다.

9. 여호와께서 이와 같이 말씀하시되 두로의 서너 가지 죄로 말미암아 내가 그 벌을 돌이키지 아니하리니 이는 그들이 그 형제의 계약을 기억하지 아니하고 모든 사로잡은 자를 에돔에 넘겼음이라 10. 내가 두로 성에 불을 보내리니 그 궁궐들을 사르리라

9~10절 장소가 이스라엘 북서쪽 페니키아 해안에 있는, 강력하게 방어하고 있는 해안의 도시 국가 두로로 다시 전환된다. 두로 역시 불에 의한 여호와의 징벌을 받게 될 것이다. 즉 아마도 비록 구체적으로 언급되어 있지는 않을지라도, 이런 거래에는 이스라엘의 어떤 성읍과 지역에서 사로잡은 사람들이 포함되어 있었을 것이다. 다른 범죄 행위는 그들이 사로잡은 자들을 노예 무역의 중개업자인 에돔에 팔아 넘겼다는 것이다. 반역의 대가는 행정의 중심부인 궁궐이 불에 의해 파괴되는 것이다.

11. 여호와께서 이와 같이 말씀하시되 에돔의 서너 가지 죄로 말미암아 내

가 그 벌을 돌이키지 아니하리니 이는 그가 칼로 그의 형제를 쫓아가며 긍휼을 버리며 항상 맹렬히 화를 내며 분을 끝없이 품었음이라.

12. 내가 데만에 불을 보내리니 보스라의 궁궐들을 사르리라

11~12절 아모스는 이제 관심을 극 남동쪽에 있는 에돔과 그 두 개의 주요 성읍들로 돌림으로써 유다와 이스라엘을 에워싸고 있는 자신의 나침반 지점들의 대칭적 범위를 완성하고 있다. 이삭의 아들들로부터 내려온 두 나라의 궁극적인 적대성을 미리 말하면서, 창세기 25:23은 또한 에돔이 이스라엘에 종속될 것을 예언한다.

두 도시 모두 다메섹에서 아카바 만에 이르는 '왕의 대로' 상에 위치한다. 그들의 반역죄는 세 가지이다. 칼로 형제를 쫓아간 것, 긍휼을 버린 것, 노가 항상 맹렬하며 분을 끝없이 품은 것이다. 에돔은 이스라엘의 형제였지만, 그들은 늘 원수처럼 이스라엘을 대했다. 대가는 앞의 경우에서처럼 불의 심판이다.

13. 여호와께서 이와 같이 말씀하시되 암몬자손의 서너 가지 죄로 말미암아 내가 그 벌을 돌이키지 아니하리니 이는 그들이 자기 지경을 넓히고자 하여 길르앗의 아이 밴 여인의 배를 갈랐음이니라.

14. 내가 랍바 성에 불을 놓아 그 궁궐들을 사르되 전쟁의 날에 외침과 회오리바람의 날에 폭풍으로 할 것이며.

15. 그들의 왕은 그 지도자들과 함께 사로잡혀 가리라 여호와께서 말씀하셨느니라

13~15절 암몬 자손들은 요단 동쪽 척박한 땅을 차지하고 있었다. 그 땅은 사막에 접해 있었으며, 길르앗 동남쪽에 경계를 둔 땅이었다.

그들의 반역죄는 지경을 넓히고자 잔인하게도 길르앗의 아이 밴 여인의 배를 가른 것이다. 이는 인종청소를 감행했다는 것을 뜻한다. 그에 대한 벌은 전쟁을 통한 파괴와 불이다. "전쟁의 날"과 "회오리바람의 날"은 "여호와의 날"에 대한 다른 표현이기도 하다. 그들의 왕과 지도자들은 사로잡혀

가게 된다. 주님은 암몬의 랍바에서 파멸의 불을 붙일 것이다.

아모스 2장

1. 여호와께서 이와 같이 말씀하시되 모압의 서너 가지 죄로 말미암아 내가 그 벌을 돌이키지 아니하리니 이는 그가 에돔 왕의 뼈를 불살라 재를 만들었음이라
2. 내가 모압에 불을 보내리니 그리욧 궁궐들을 사르리라 모압이 요란함과 외침과 나팔 소리 중에서 죽을 것이라.
3. 내가 그 중에서 재판장을 멸하며 지도자들을 그와 함께 죽이리라 여호와께서 말씀하시니라

1~3절 모압은 암몬의 형제 민족이었으며, 사해의 동쪽 즉 아르논 강과 브룩 제레드 사이에 주로 위치해 있었다. 누군가의 뼈를 불태우는 것, 즉 몸이 남아 있는 것을 가루로 만드는 것은 적어도 상징적으로는 그 사람이 부활에 참여하는 기회를 막으려는 시도였다. 따라서 그 혹은 그녀가 영원히 죽기를 바라는 행위였다.

모압의 뻔뻔스러운 행위는 하나님의 감독과 심판을 받게 된다. 하나님은 더 이상 심판을 자제하기를 거부한다. 하나님의 분노의 대행자는 삼킬 듯한 분노로 모압을 굴복시킬 것이다.

4. 여호와께서 이와 같이 말씀하시되 유다의 서너 가지 죄로 말미암아 내가 그 벌을 돌이키지 아니하리니 이는 그들이 여호와의 율법을 멸시하며 그 율례를 지키지 아니하고 그의 조상들이 따라가던 거짓것에 미혹되었음이라.
5. 내가 유다에 불을 보내리니 예루살렘의 궁궐들을 사르리라

4~5절 남동쪽 나라들에 대한 고발을 완전히 마친 뒤에, 아모스의 복합적인 신탁은 지형학적으로 중심을 향하여 전환된다. 유다 사람들이 이스라엘 사람들을 과거에 그런 행위들로 인해 비난했기 때문이다. 유다는 자신의 언

약 주님을 부인한다. 다른 신들거짓을 따를 때, 유다의 삶의 전체 방식은 왜곡됐다. 우상 숭배와 참된 하나님에 대한 예배를 혼동하여, 이어지는 세대에도 뿌리 깊이 반복되는 삶이 되었다. 결과적으로 유다는 진리를 인식할 수 없게 됐다.

6. 여호와께서 이와 같이 말씀하시되 이스라엘의 서너 가지 죄로 말미암아 내가 그 벌을 돌이키지 아니하리니 이는 그들이 은을 받고 의인을 팔며 신 한 켤레를 받고 가난한 자를 팔며

6절 여호와가 아모스를 통해 비난하고 계시는 것은 호의적인 노예제가 아니라, 합법적인 인상을 주는 노예 증서와 같은 것들이다. 그런 노예 증서를 만들 때 부패한 법정들은 파렴치한 부자들에게 노예 노동이 가능하도록 해주면서 그들을 도와주었다.

7. 힘없는 자의 머리를 티끌 먼지 속에 발로 밟고 연약한 자의 길을 굽게 하며 아버지와 아들이 한 젊은 여인에게 다녀서 내 거룩한 이름을 더럽히며

7절 이 구절은 하나님의 율법을 더럽히고 하나님의 백성으로서 해서는 안 될 일들을 하여 결국은 하나님의 거룩한 이름을 더럽히는 사람들과 사회를 비난하는 것이다.

8. 모든 제단 옆에서 전당 잡은 옷 위에 누우며 그들의 신전에서 벌금으로 얻은 포도주를 마심이니라

8절 당시 이스라엘 지배층들이 종교 생활을 영위했다는 사실은 '제단' 또는 '신전'이란 말에서 확인되나, 그들의 종교 생활이 타락함으로 인하여 오히려 하나님께 욕을 돌리는 결과를 초래했다.

가난한 사람들을 착취했던 자들은 종교적인 일을 감당하는 자들이었다. 신탁은 예배의 장소에서 착취하여 얻은 물건들을 위선적으로 즐기는 것을 묘사함으로써 이런 내용을 기술적으로 전해 주고 있다. 하나님의 때에 하나님은 잔인성으로 물든 악인들의 죄악을 반드시 갚으신다.

9. 내가 아모리 사람을 그들 앞에서 멸하였나니 그 키는 백향목 높이와 같고 강하기는 상수리나무 같으나 내가 그 위의 열매와 그 아래의 뿌리를 진멸하였느니라

9절 하나님은 친히 그들을 뿌리째 뽑으시고, '그 위의 열매와 아래의 뿌리까지' 완전히 멸절시켜 버리셨다.

10. 내가 너희를 애굽 땅에서 이끌어 내어 사십 년 동안 광야에서 인도하고 아모리 사람의 땅을 너희가 차지하게 하였고

10절 여호와는 그들을 위해 그렇게나 많은 일들을 해주셨는데, 이어지는 구절들이 명확하게 보여 주듯이 그들은 그에 대해 감사하지 않았다. 본 절에서는 아모스의 청중들에게 잊혀지지 않은 것이 분명한 요소인 언약서언어법을 생각나게 해주고 있다.
애굽에서 불러내시고 광야 사십 년 동안 이스라엘을 보존하신 것은 이스라엘을 향하신 하나님의 선하심과 인자하심의 증거였다.

11. 또 너희 아들 중에서 선지자를, 너희 청년 중에서 나실인을 일으켰나니 이스라엘 자손들아 과연 그렇지 아니하냐 이는 여호와의 말씀이니라.
12. 그러나 너희가 나실 사람으로 포도주를 마시게 하며 또 선지자에게 명령하여 예언하지 말라 하였느니라

11~12절 나실 사람들은 하나님의 백성들 가운데서 구별된 하나님의 사자들이었고, 하나님의 뜻을 수행하는 데 열심이었던 자들이었다. 그들은 구별의 표시로 머리를 깎지 않을 것과 자기 부인의 표시로 포도주를 입에 대지 않을 것과 순결의 표시로 죽은 것을 피할 것을 서원했다. 그러나 하나님

이 친히 이런 사람들을 지명하여 부르고 구별하셨을지라도, 이스라엘이 그에 대해 보이는 행위는 그들을 무시하고 거부하는 것이었다.

13. 보라 곡식 단을 가득히 실은 수레가 흙을 누름 같이 내가 너희를 누르리니

13절 주님께서 그 심각한 심판 가운데 직접 관여하실 것을 선언하셨다. 주님은 마치 곡식 다발들로 가득 채워진 수레의 바퀴가 그 위로 지나갈 때 모든 것들을 부서뜨리는 것처럼 이스라엘인들을 맹렬하게 부서뜨리려 하신다. 이스라엘의 총체적인 군사적 패배를 가리킨다.

14. 빨리 달음박질하는 자도 도망할 수 없으며 강한 자도 자기 힘을 낼 수 없으며 용사도 자기 목숨을 구할 수 없으며

14절 무거운 짐수레의 운명과 같이 발 빠른 사람도, 힘센 사람도, 용기 있는 사람도 아무 것도 할 수 없는 상황을 맞게 된다.

15. 활을 가진 자도 설 수 없으며 발이 빠른 자도 피할 수 없으며 말 타는 자도 자기 목숨을 구할 수 없고

15절 두 가지의 군사적인 유형의 무력함과 한 가지의 성읍민 유형의 무력함이 묘사되어 있다. 병거를 타는 자들은 공격하는 대신에 타고 도망을 치지만, 그런 시도는 실패하게 될 것이다. 전사들이 아닌 달아나는 자들은 그 자신들의 민첩하게 달아나는 것을 통해 아무런 유익도 얻지 못할 것이다.

16. 용사 가운데 그 마음이 굳센 자도 그 날에는 벌거벗고 도망하리라 여호와의 말씀이니라

16절 이 구절은 용사 중 굳센 자가 무기와 갑옷을 버리고 전쟁으로부터 도망하게 될 것이라는 것을 의미한다.

하나님이 그들에게 재앙을 내리시어 그들을 꼼짝 못하게 하시니, 그들이 아무도 도망하지 못하고 징벌을 받게 될 것임이 선포되고 있는 것이다.

3. 언약적 책임(3:1~2)

1. 이스라엘 자손들아 여호와께서 너희에 대하여 이르시는 이 말씀을 들으라 애굽 땅에서 인도하여 올리신 모든 족속에 대하여 이르시기를

1절 '들으라'라는 명령은 하나님이 선택하신 언약 백성 이스라엘을 향한 명령이다.

2. 내가 땅의 모든 족속 가운데 너희만을 알았나니 그러므로 내가 너희 모든 죄악을 너희에게 보응하리라 하셨나니

2절 하나님은 오직 이스라엘만을 알았노라고 선포한다. 하나님이 오직 이스라엘만을 알았기 때문에, 즉 하나님이 오직 이스라엘만을 언약의 상대로 인정하였기 때문에, 하나님은 이스라엘의 모든 죄로 인하여 그들을 징벌할 것이라는 것이다. 선택의 의도를 망각하고 언약을 파기하며 하나님을 떠나 죄악에 빠진 이스라엘은 이제 하나님의 징벌을 면할 수 없게 되었다는 것이다.

4. 피할 수 없는 하나님의 부르심(3:3~8)

3. 두 사람이 뜻이 같지 않은데 어찌 동행하겠으며

3절 여행은 일상적으로 흔히 있는 일이다. 두 사람이 유다의 산악지대를 함께 걸어가고 있다. 그러나 낯선 사람들은 서로 떨어져서 여행을 한다. 만약 사람들이 서로 동의하지 않았다면, 그들은 서로 함께 여행할 것같이 보이지 않을 것이다.

4. 사자가 움킨 것이 없는데 어찌 수풀에서 부르짖겠으며 젊은 사자가 잡은 것이 없는데 어찌 굴에서 소리를 내겠느냐

4절 아모스는 목축 종사자였기 때문에 굶주린 사자에 대해 잘 알고 있었다. 사자는 매우 조용하게 사냥을 하고 먹이를 잡았을 때만 포효를 한다.

5. 덫을 땅에 놓지 않았는데 새가 어찌 거기 치이겠으며 잡힌 것이 없는데 덫이 어찌 땅에서 튀겠느냐

5절 본 절에 있는 이 두 가지 질문의 요점은 이해하기가 쉽다. 새를 잡는 덫은 그 어떤 다른 것이 아니라, 바로 새에 의해 치어 뛴다는 것이다.

6. 성읍에서 나팔이 울리는데 백성이 어찌 두려워하지 아니하겠으며 여호와의 행하심이 없는데 재앙이 어찌 성읍에 임하겠느냐

6절 이번에는 도시민들이 겪곤하는 경험을 가지고 도시민인 청중들의 반응을 이끌어 낸다. 파수꾼이 나팔을 불면 그것을 듣는 사람들은 전쟁이 일어났다는 것을 알고 피할 준비를 할 것이며 두려워 떨 것이다.

7. 주 여호와께서는 자기의 비밀을 그 종 선지자들에게 보이지 아니하시고는
   결코 행하심이 없으시리라

　　7절 여호와께서는 하시고자 하는 일을 그 종 예언자들에게 미리 보여주
신다고 하는 명제에 대해서도 암묵적인 동의를 받는다. 이 선언은 여호와가
그런 일을 하시려고 할 때, 자신의 선지자들에게 알려주신다는 것을 분명히
말해 준다.

8. 사자가 부르짖은즉 누가 두려워하지 아니하겠느냐 주 여호와께서 말씀
   하신즉 누가 예언하지 아니하겠느냐

　　8절 아모스의 심판 선포는 하나님의 말씀을 대언하는 것이요, 지금 하나
님은 먹이를 앞에 둔 사자처럼 울부짖고 있다. 아모스는 사자의 울부짖음을
대신하고 있고, 청중들은 이 사자의 먹이라는 결론이 내려진다.
　　만약 백성들이 아모스가 말한 것에 의해 불쾌해진다면, 아모스는 그에 대
해 비난을 받아서는 안 되는 것이었다. 아모스는 그것을 거듭 반복해서 말
했다. 아모스가 전하는 어려운 말은 그 자신의 말이 아니라, 바로 그를 통해
전하는 여호와의 말씀이다.

5. 부유한 자들의 멸절(3:9~4:3)

아모스 3장

9. 아스돗의 궁궐들과 애굽 땅의 궁궐들에 선포하여 이르기를 너희는 사마리
   아 산들에 모여 그 성 중에서 얼마나 큰 요란함과 학대함이 있나 보라 하라

　　9절 아모스는 하나님의 명령에 따라 아스돗과 애굽의 지도자들을 초대하
여 사마리아의 상황을 보라고 요청한다. 하나님은 하나님을 모르거나 그의

율법을 지키지 않는 열방의 지도층을 초대하여 불러들일 사자(使者)와 같은 자들에게 자신의 말씀을 주고 계신다. 하나님 자신의 백성들 안에서 이루어지고 있는 공포의 패역한 통치를 증언하기 위해서다.

10. 자기 궁궐에서 포학과 겁탈을 쌓는 자들이 바른 일 행할 줄을 모르느니라 여호와의 말씀이니라

10절 사마리아의 사치스러운 생활을 낳은 것에 대한 책임을 져야 할 지도자들은 자신들의 압제의 통치에 너무 익숙해져 있어서 "옳은" 것이 무엇인지를 모르고 있었다.
사실은 그것을 모른 것이 아니라 무시해서 무관한 자가 된 것이다.

11. 그러므로 주 여호와께서 이와 같이 말씀하시되 이 땅 사면에 대적이 있어 네 힘을 쇠하게 하며 네 궁궐을 약탈하리라

11절 이스라엘이 이처럼 언약법과 의무를 파기하였기 때문에 그 언약법에 따라 하나님은 그들에게 징벌을 내리신다. 이러한 징벌을 통해서 하나님의 길, 하나님의 언약에 대한 순종의 소중함, 이것만이 생명의 길임을 깨닫게 하려 한다.

12. 여호와께서 이와 같이 말씀하시되 목자가 사자 입에서 양의 두 다리나 귀 조각을 건져냄과 같이 사마리아에서 침상 모서리에나 걸상의 방석에 앉은 이스라엘 자손도 건져냄을 입으리라

12절 본 절은 죽음과 파멸의 저주와 또한 아마도 많은 사람이 죽어서 숫자가 줄어드는 것을 말하는 저주와 황폐화를 말하는 것을 묘사하고 있다.

13. 주 여호와 만군의 하나님의 말씀이니라 너희는 듣고 야곱의 족속에게 증언하라

13절 이 구절에서 사마리아 대신 "야곱의 족속"이라고 언급한 것은 이스라엘의 정체성을 말해주는 표현이다. 그런데 특별한 은혜를 입은 "야곱의 족속"이 재판정으로 끌려 나온다. 이스라엘이 소환되는 이유는 그들의 "모든 죄들"이란 단어로 요약된다. 오랫동안 지속되어온 언약 위반, 즉 여호와께 행한 고의적이며 대대적인 반역 행위 때문에 하나님의 심판을 받는다.

14. 내가 이스라엘의 모든 죄를 보응하는 날에 벧엘의 제단들을 벌하여 그 제단의 뿔들을 꺾어 땅에 떨어뜨리고

14절 이스라엘은 수많은 세월 동안 나라의 전역에서 언약적 잘못을 저지른 횟수를 의미하는 "죄들"을 두루두루 저질렀다. 그러나 이스라엘의 주된 죄는 벧엘에 의해 대표적으로 나타내지고 있다. 벧엘에 단들이 있다는 것은 모든 것을 말해 준다. 이스라엘은 어떤 불법적인 장소에서 모세 언약을 범하면서 우상 숭배를 통해 예배를 드린 것이다. 이 죄로 인한 징벌은 그 예전을 파멸하는 것이 될 것이다.

15. 겨울 궁과 여름 궁을 치리니 상아 궁들이 파괴되며 큰 궁들이 무너지리라 여호와의 말씀이니라

15절 하나님이 인정하는 성공은 큰 집이나 붉은 빛 장식으로 꾸미는 것이 아니다. 하나님이 인정하는 성공은 하나님의 마음을 아는 것, 곧 가난한 자에 대한 연민과 사랑, 공평과 의리, 절제하는 삶이다.

벧엘의 단들은 그 단들로 오는 사람들, 특별히 사마리아에서 찾아오는 사람들을 위해 사용되었다. 만약 우상 숭배의 집이 파멸되어야만 한다면, 그 숭배자들의 집 역시 그렇게 되어야만 한다.

아모스 4장

1. 사마리아의 산에 있는 바산의 암소들아 이 말을 들으라 너희는 힘 없는
   자를 학대하며 가난한 자를 압제하며 가장에게 이르기를 술을 가져다가
   우리로 마시게하라 하는도다

   1절 아모스 예언자는 '들으라'로 시작하면서 풍자적인 말투로 이스라엘
   의 상류층의 여인들을 향하여 '바산의 암소들'이라고 불렀다. 왜냐하면, 그
   여인들은 이 지역의 유명한 가축 떼처럼, 기름지고 잘 먹여졌기 때문이다.

2. 주 여호와께서 자기의 거룩함을 두고 맹세하시되 때가 너희에게 이를지
   라 사람이 갈고리로 너희를 끌어 가며 낚시로 너희의 남은 자들도 그리
   하리라

   2절 하나님의 '거룩성'은 세상 사람을 두려워 떨게 하며 외경케 하는 역
   동적 권능이며 신적 힘이다. 이러한 하나님의 전 존재를 걸고 그들의 징벌
   을 맹세하시며, 그 징벌의 확실성을 선포하신다.
   때가 너희에게 임할지라는 하나님의 심판의 날을 나타내는 표현이다. 이
   것은 '여호와의 날'과 같은 의미를 갖고 있다.

3. 너희가 성 무너진 데를 통하여 각기 앞으로 바로 나가서 하르몬에 던져
   지리라 여호와의 말씀이니라

   3절 아모스는 이제 다른 말로 장래 이스라엘 왕국에 어떤 재난이 닥칠지에
   대하여 선포하고 있다. 그는 여전히 부자와 우두머리들에게 말하고 있다.
   한때 교만했던 사마리아 여자들의 죽은 몸은 마치 고기 덩어리와 같이 들
   려질 것이고, 가장 가까이에 뚫린 성벽의 틈새로 밖을 향해서 던져질 것이
   다. 여자들의 시체는 멀리 버려졌거나 아니면 쓰레기장에 버려졌음이 분명
   하다.

6. 이스라엘의 죄악과 징벌(4:4~13)

아모스 4장

4. 너희는 벧엘에 가서 범죄하며 길갈에 가서 죄를 더하며 아침마다 너희 희생을, 삼일마다 너희 십일조를 드리며

4절 그 당시의 전형적인 순례 여정은 적어도 3일이 걸렸을 것이다. 희생 제물들 즉 동물들을 잡는 것은 도착한 이후 첫째 날 아침에 이루어졌고, 십일조는 세 번째 날에 드려졌다. 아모스는 "매일"과 "매삼일"에 이루어지는 관행들을 과장적으로 표현하고 있다. 그런 열심으로 드리는 예배조차 여호와에게는 가증스러운 것이었다.

그들이 드리는 십일조의 일부는 훔친 땅에서 소출된 것들이었다. 그들이 드리는 짐승들은 부정하게 빼앗은 초장에서 풀을 먹고 자라 살이 찐 짐승들이었다. 그들의 경배는 위선적으로 하나님과의 계약을 파기하고 얻게 된 열매들로 드리는 것으로써 하나님의 뜻에 어긋나는 것이었다.

5. 누룩 넣은 것을 불살라 수은제로 드리며 낙헌제를 소리내어 선포하려무나 이스라엘 자손들아 이것이 너희가 기뻐하는 바니라 주 여호와의 말씀이니라

5절 이스라엘 백성들은 정말 집중하여 희생 제사를 드렸다. 그러나 그것은 사실상 그들의 죄를 더욱더 강렬하게 집중하는 것이었다. 그들은 언약적 관계가 요구하는 대로 여호와 혹은 이웃들을 정말로 사랑하지 않았다. 그들이 사랑한 것은 과정과 드림으로 얻어지는 것이 있는 희생 제사 제도였고, 그로 인한 다른 사회적이며 종교적인 실패들을 용서받는 것이었다.

아모스는 예배는 있으나 하나님의 영광은 없고, 자신의 영광과 자기자랑만 챙기는 예배자들을 고발한다. 아모스는 그들의 예배 행위 모두가 하나님이 기뻐하는 것이 아니라 "너희가 기뻐하는 바"라고 정확하게 지적한다.

6. 또 내가 너희 모든 성읍에서 너희 이를 깨끗하게 하며 너희의 각 처소에서 양식이 떨어지게 하였으나 너희가 내게로 돌아오지 아니하였느니라 여호와의 말씀이니라

6절 첫 번째 재앙은 '모든 성읍'에 임한 기근이다. "이가 깨끗하다"는 말은 이에 아무것도 묻어있지 않은 상태, 혹은 씹을 것이 없는 상태를 말한다. 하나님이 식량을 떨어지게까지 하신 것은 굶어 죽으라는 것이 아니라 돌아와서 여호와를 구하라는 것이다. 하나님은 이스라엘에게 주셨지만 성공적으로 열매를 거두지 못했던 경고들을 아모스를 통해 장황하게 말씀하고 계신다.

7. 또 추수하기 석 달 전에 내가 너희에게 비를 멈추게 하여 어떤 성읍에는 내리고 어떤 성읍에는 내리지 않게 하였더니 땅 한 부분은 비를 얻고 한 부분은 비를 얻지 못하여 말랐으매.
8. 두 세 성읍 사람이 어떤 성읍으로 비틀거리며 물을 마시러 가서 만족하게 마시지 못하였으나 너희가 내게로 돌아오지 아니하였느니라 여호와의 말씀이니라

7~8절 두 번째 재앙은 '일부 성읍들'에 임한 것이다. 비가 일부 지역에만 내렸으므로 일부 지역에서만 곡식이 잘 되었고, 물을 풍부하게 마실 수 있었다. 비가 내리지 않는 지역의 사람들은 농사도 실패하고 마실 물이 없었다. 비가 오지 않아 물을 마실 수 없어 죽어 가는 사람들의 모습을 그린다. 비가 오는 지역에 가서도 물을 필요한 만큼 얻을 수 없었다. 그러나 이스라엘은 그래도 여호와께로 돌아가지 않았다.

9. 내가 곡식을 마르게 하는 재앙과 깜부기 재앙으로 너희를 쳤으며 팥중이로 너희의 많은 동산과 포도원과 무화과나무와 감람나무를 다 먹게 하였으나 너희가 내게로 돌아오지 아니하였느니라 여호와의 말씀이니라

9절 세 번째 재앙은 자연 재해로 인한 흉년이다. "마르게 하는 재앙"은 식물을 말려 죽이는 재앙으로, 흔히 사막에서 불어오는 건조하고 뜨거운 동풍에 의해서 일어난다.

10. 내가 너희 중에 전염병 보내기를 애굽에서 한 것처럼 하였으며 칼로 너희 청년들을 죽였으며 너희 말들을 노략하게 하며 너희 진영의 악취로 코를 찌르게 하였으나 너희가 내게로 돌아오지 아니하였느니라 여호와의 말씀이니라

10절 네 번째 재앙은 "전염병"이다. 아모스는 청년들이 살해되고 말이 노획되고 군진에 악취가 그득하게 되는 전쟁에서의 패배 상황을 전염병과 연결시킨다. 아마 전염병을 전쟁의 패배에 비유했거나, 전염병과 전쟁을 병치시켰거나, 아니면 전쟁 패배에 이어 진중에 퍼진 전염병을 말하는 것이다. 이스라엘은 그런 무시무시한 사건들을 긴박하고 참담한 경고로 받아들였어야만 했다. 그러나 이스라엘 백성들은 전혀 주의를 기울이지 않았다.

11. 내가 너희 중의 성읍 무너뜨리기를 하나님인 내가 소돔과 고모라를 무너뜨림 같이 하였으므로 너희가 불붙는 가운데서 빼낸 나무 조각 같이 되었으나 너희가 내게로 돌아오지 아니하였느니라 여호와의 말씀이니라

11절 다섯 번째 재앙은 성읍들의 완전한 파괴다.
고대의 이스라엘 백성들에게 알려진 가장 극단적인 역사적 파멸은 평지의 정읍들이 완전히 말살된 것이었다. 이것은 배교적인 이스라엘에 대한 여호와의 심판이 무엇과 같은지를 나타내 주는 일종의 은유로서 신명기 28:23에 있는 모세의 저주에 묘사되어 있는 내용이다.

12. 그러므로 이스라엘아 내가 이와 같이 네게 행하리라 내가 이것을 네게 행하리니 이스라엘아 네 하나님 만나기를 준비하라

12절 아모스는 자신의 설교에서 놀라운 사실을 우리에게 가르쳐준다. 하나님은 기근으로, 가뭄으로, 재앙으로, 염병으로, 강대국의 침공으로 이스라엘을 깨닫게 하려 하시지만 그럼에도 이스라엘은 결코 돌아오지 않는다. 그러자 하나님은 돌아오지 않는 이스라엘을 만나러 친히 나서신다. 둘러서 고치려 하였으나 이제 심판의 매를 드시는 것이다.

13. 보라 산들을 지으며 바람을 창조하며 자기 뜻을 사람에게 보이며 아침을 어둡게 하며 땅의 높은 데를 밟는 이는 그의 이름이 만군의 하나님 여호와시니라

13절 여호와는 정말로 두려워해야만 할 분이다. 여호와는 이스라엘을 포함해서 모든 대적들을 파멸시킬 권능을 가지고 계신다. 단지 여호와가 신들 가운데서 큰 영향력을 가지고 계시기 때문이 아니라, 여호와는 유일한 창조자시며 보존자이시기 때문이다.

7. 무너진 이스라엘을 위한 애가(5:1~17)

아모스 5장

1. 이스라엘 족속아 내가 너희에게 대하여 애가로 지은 이 말을 들으라

1절 말하는 자는 아모스 혹은 여호와이다. 아모스는 백성들로 하여금 그들의 죽음 때문에 애통해 하는 그의 애가를 듣도록 권고하고 있다. '애가'는 장례식의 노래, 즉 죽은 자를 위해 부르는 애곡의 노래이다. 여기서 여인은 아직 죽지 않은 채 빈사 상태로 죽어 가고 있다. 그러나 아무도 그 여인을 거들떠보지 않는다. 그 애가는 여호와의 말씀이 아니라 예언자 자신의 말로 노래되거나 이야기되고 있다. 이 애가는 아모스 자신의 슬픈 노래이다. 그러나 예언자는 하나님의 정념에 합치하여 이 정념을 대신 전하는 사람으로서 여기에서의 말씀은 하나님의 메시지에 해당된다. 실제 아모스는 이스라엘에 대한 강한 질타의 말씀을 선포한 예언자임에도 불구하고 하나님께 두 번씩이나 이스라엘의 구원을 간청하기도 한다(암 7:1~6).

2. 처녀 이스라엘이 엎드러졌음이여 다시 일어나지 못하리로다 자기 땅에 던지움이여 일으킬 자 없으리로다

2절 애가를 나타내는 어휘와 주제로 넘쳐나고 있다. 이스라엘은 자신의 땅에서 치명적으로 쓰러지는 것으로 그려진다. 정복을 당하면서 장렬하게 죽임을 당하는 것이 아니라 침략자에 의해 수치를 당하며 죽는 것이다. 여기에서 이스라엘은 처녀로 비유된다. 땅에 던져지고 엎드려진 민족 이스라엘은 이제 적군의 공격으로 폭행당하고 젊음이 꽃피기도 전에 짓밟힌 처녀로 묘사된다.

이제 이스라엘은 다시 일어날 수 없는 상태가 되었다. 아무도 그를 돕지 않는다. 여호와 하나님은 절망 가운데 있는 사람들, 도움을 필요로 하는 사람을 도와주시는 분이시다. 그러나 이제 하나님은 그를 도와주지 않으신다. 따라서 이제 이 상황은 그들에게 절망의 상황이며, 하나님의 은총으로 선택된 이스라엘 민족과 그들에게 주어진 바로 그 축복의 땅은 그들에게 죽음과 재앙의 땅이 되었다.

3. 주 여호와께서 이와 같이 말씀하시되 이스라엘 중에서 천 명이 행군해 나가던 성읍에는 백 명만 남고 백 명이 행군해 나가던 성읍에는 열 명만 남으리라 하셨느니라

3절 이 3절에서는 전쟁을 통한 이스라엘의 파멸이 서술된다. 전쟁이 일어나면, 각 성읍에서는 군인들이 징용되어 왕의 군대를 형성하여 나가서 싸우게 된다. 그러나 여기에서는 그들이 전쟁에서 패배하여 1/10 정도만 생존하고 나머지는 다 죽게 된다는 것이다. 그러므로 1~3절에서 10명 중에 1명만 살아남는다는 장례식 애가는 그 자체가 '희망의 무의미함'을 강조하고 있지만, 그럼에도 불구하고 '여호와를 찾으면 살리라'는 아모스의 가장 중요한 메시지에만 희망을 걸게 하려는 의도를 1~3절 자체가 가지고 있음을 주목해야 한다.

4. 여호와께서 이스라엘 족속에게 이와 같이 말씀하시기를 너희는 나를 찾으라 그리하면 살리라

4절 이 말씀은 제사장들의 설교와 가르침의 핵심이며 예언자들의 강령이기도 하다. 이스라엘이 장차 쇠퇴하겠지만, 소수나마 남게 되리라는 사실을 복합적으로 제시하면서, 이스라엘 민족이 마땅히 추구해야 할 바를 권고하신다.

5. 벧엘을 찾지 말며 길갈로 들어가지 말며 브엘세바로도 나아가지 말라 길갈은 반드시 사로잡히겠고 벧엘은 비참하게 될 것임이라 하셨나니

5절 벧엘이 재앙과 징벌의 대상이 된다는 사실을 나타내고 있으므로 '고난', '슬픔', 또는 '폐허'로 이해하는 것이 타당하다. 이제 벧엘은 더 이상 축복의 자리가 아니라, 고난과 비탄의 자리, 폐허의 자리가 될 것이라는 것이다.

6. 너희는 여호와를 찾으라 그리하면 살리라 그렇지 않으면 그가 불 같이 요셉의 집에 임하여 멸하시리니 벧엘에서 그 불들을 끌 자가 없으리라

6절 하나님이 찾으라고 명령하시는 것은 백성들이 의식적인 예배만 드릴 것이 아니라 선을 행하고 악을 미워함으로 하나님께로 돌아설 것을 의미하는 것이다. 이스라엘에게 아직 구원의 기회가 있었다. 그러나 이스라엘은 그 말씀마저도 순종하지 않았고, 그들의 재앙은 이제 필연적인 것이 되었다. 이 권고의 말씀 자체가 하나님은 근원적으로 사랑의 하나님이심을 나타내 준다. 회개에 대한 유일한 대안은 분명하고 꺼지지 않을 주님의 진노에 직면하는 것이다. 마지막 희망은 순전히 하나님의 은혜와 하나님의 용서를 확대하는 데 달려있다.

7. 정의를 쓴 쑥으로 바꾸며 공의를 땅에 던지는 자들아

7절 이스라엘 백성들은 이 '공법'과 '정의'를 짓밟았다. 하나님과의 관계가 우선 바로 되어 있지 않기 때문에 나타나는 당연한 결과였다. 그래서 아모스는 그들을 "공법을 인진으로 변하며 정의를 땅에 던지는 자들"이라고 부른다. 이스라엘에 정의(מִשְׁפָּט, 미슈파트)와 공의(צְדָקָה, 츠다카)를 파괴하는 자들이 등장한다. 문맥상 10~12절에서 악을 행하는 자들이 7절에서는 "정의(מִשְׁפָּט, 미슈파트)를 쓴 쑥으로 바꾸는 자, 공의(צְדָקָה, 츠다카)를 땅에 던지는 자"로 표현되었다. 예레미야는 정의와 의는 가난하고 억압받는 자를 위해서 일하는 것을 표현한다(렘 22:16~17). 곧 정의와 의는 가난하고 힘없는 자를 위하여 사용되어야 하지만 쓴 쑥으로 변하고 땅에 버려졌다.

쓴 쑥(לַעֲנָה, 라아나)은 매우 쓴 것을 표현하기 위해 비유적으로만 사용되는데(신 29:18; 잠 5:4; 렘 9:15; 23:15; 애 3:15; 19; 암 5:7; 6:12) 쑥의 맛 때문에 쓰라림과 슬픔, 죄, 독을 표현하고, 예레미야는 이 쑥을 백성에게 고통을 주는 도구로 표현한다(렘 23:15). 곧 공의(צְדָקָה, 츠다카)가 쓴 쑥으로 바뀌었다는 것은 약자(עֲמָמִים)를 돌보고 보호해야 할 법이 도리어 약자(עֲמָמִים)들에게는 슬픔과 독으로 바뀐 것을 의미한다.

8. 묘성과 삼성을 만드시며 사망의 그늘을 아침으로 바꾸시고 낮을 어두운 밤으로 바꾸시며 바닷물을 불러 지면에 쏟으시는 이를 찾으라 그의 이름은 여호와시니라
9. 그가 강한 자에게 갑자기 패망이 이르게 하신즉 그 패망이 산성에 미치느니라

8~9절 창조주로서의 여호와를 찬양하는 영광송이다. 아모스는 인간들의 이러한 그릇됨을 고발하고 있다. 우주의 만물을 움직이시는 하나님이시며 인간의 온갖 불의를 뒤엎어 버리시는 분도 하나님이심을 묘사하고 있다. 드

고아의 밤하늘을 아름답게 수놓은 묘성과 삼성을 보며, 새 아침의 상쾌함에 깨어나고, 밤의 휴식에 감사하며 살던 아모스는 선한 것들을 악으로 바꾸어 놓은 권력자들에게 여호와 하나님이 권세자이시며, 일들을 바꾸시는 분임을 선포한다. 따라서 그분만이 섬김과 믿음의 대상일 수밖에 없는 것이다. 그러나 이스라엘은 그 하나님께 불순종하였고 그를 떠나 우상을 섬겼던 것이다. 그들에게 구원의 기회도 있었다. 그러나 그들은 주께 돌아오지 않았고 이제 그들에 대한 하나님의 징벌은 목전에 와 있게 된 것이다.

10. 무리가 성문에서 책망하는 자를 미워하며 정직히 말하는 자를 싫어하는도다

10절 여기에 언급되어 있는 성문에서는 이스라엘의 도시나 성읍의 지방 법정이 열리는 자리를 가리킨다.

11. 너희가 힘없는 자를 밟고 그에게서 밀의 부당한 세를 거두었은즉 너희가 비록 다듬은 돌로 집을 건축하였으나 거기 거주하지 못할 것이요 아름다운 포도원을 가꾸었으나 그 포도주를 마시지 못하리라

11절 이스라엘의 죄악에 대해 선을 미워하고 정의가 구현되지 않는 행위로 힘없는 자를 짓밟는 것, 부당한 세금을 거두는 것, 의인을 학대($\kappa\alpha\kappa o\sigma\tau o\mu\epsilon\omega$)하는 것, 뇌물을 받는 것, 성문에서 가난한 자를 억울하게 하는 것이라고 말하며 사회에 만연한 부정과 불의를 책망하고 있다. 이들이 가난하고 힘없는 사람들을 불의하게 착취하고 박해하는 것을 비호하는 역할을 하였던 것이다. 권력자들은 그들이 가난한 자를 살펴보고 도와주어야 함에도 불구하고, 오히려 가난한 자를 위에서(בוּשׁ לַﬠ, 알 달) 짓밟았으며, 과중하고 부당한 밀의 세를 부과하여 착취하였다.

그들의 마음은 재물과 땅에 대한 탐욕으로 가득 차 있었다. 그들에게 하나님의 말씀도 신앙적 양심도 없었다.

공법과 정의의 실천은 하나님의 언약의 한 실천적 요구이며, 특히 이곳에서의 정의는 가난한 사람들이 마지막으로 호소할 수 있는 유일한 사회제도이며 동시에 이곳에서의 정의는 사회윤리의 시금석(試金石)이 되기 때문에 더욱 심각한 죄가 되는 것이다.

12. 너희의 허물이 많고 죄악이 무거움을 내가 아노라 너희는 의인을 학대하며 뇌물을 받고 성문에서 가난한 자를 억울하게 하는 자로다

12절 이스라엘이 허물과 죄악이 많고 중함을 지적하는데, 이 표현이 의미하는 바는 하나님의 명령에 불순종하여 하나님과의 바른 관계를 파괴하였다는 것을 의미한다.

"너희"라고 지정되는 계층에는 권력자뿐 아니라 장로들, 혹은 재판관들도 포함된다. 그들 역시 의인, 무죄한 사람을 죄인으로 만들고, 뇌물을 받고는 판결을 왜곡시켰다. 성문에 나와 공의에 호소하는 가난하고 의지할 곳 없는 궁핍한 자를 절망하게 만든 것이다. 권력과 물질을 가진 자는 불의한 자라 할지라도 의인이 되고, 권력도 물질도 신분도 잃어버린 하나님의 백성은 원통함을 풀기는커녕 오히려 죄인이 되어버렸다. 은밀히 공모된 계획도 남몰래 주고받은 뇌물도 하나님은 아신다.

하나님은 약자와 가난한 자의 권리를 보호하시는 분이시다. 이들의 권리가 침해되는 것은 하나님의 뜻을 거역하는 것을 의미하며, 하나님은 이를 용납지 않으신다는 사실을 선포하고 있는 것이다. 그래서 이에 대한 하나님의 징벌이 여기에서 특히 중앙 집중 구조체의 중심에서 강조되어 선포되고 있는 것이다.

13. 그러므로 이런 때에 지혜자가 잠잠하나니 이는 악한 때임이니라

13절 여기에서 이 '지혜자' 곧 '신중한 사람'은 법정에서 의롭고 슬기로운 판결을 내리는 법정 참여자를 가리킨다. 따라서 이 세대가 악함으로, 즉 이 악한 법정은 이러한 '현인'들로 하여금 옳고 바른 판결을 내릴 수 없게 만들고 있다는 죄된 억압의 현실을 말하고 있는 것이다.

14. 너희는 살려면 선을 구하고 악을 구하지 말지어다 만군의 하나님 여호와께서 너희의 말과 같이 너희와 함께 하시리라
15. 너희는 악을 미워하고 선을 사랑하며 성문에서 정의를 세울지어다 만군의 하나님 여호와께서 혹시 요셉의 남은 자를 불쌍히 여기시리라

14~15절 아모스가 강조하기는 그들의 확신이 이제는 하나의 망상으로 되어 버렸다는 것이다. 하나님이 더 이상 그들과 함께 계시지 않았다. 죄악을 범한 나라들은 버림을 받게 되는 것이다. 성문은 이스라엘 재판정의 역할을 했다. 그 재판정에서 가난한 자들의 권리가 남용되었다. 먼저 재판정에서부터 하나님의 정의가 세워지고 유지되어서 하나님의 통치가 실현되어야만 '하나님이 그들과 함께하실 것이다.' 그렇게 하나님의 통치가 모든 사람들에 의해 법정에서부터 선을 추구하는 일에 협력하고, 하나 되고, 이를 예의주시하여 민족적 정의가 실현될 때 '혹시' 요셉의 남은 자를 불쌍히 여기시는 구원이 주님으로부터 임할 것이라고 아모스 예언자는 외치고 있다. 그러나 불행하게도 탐욕은 여호와의 말씀에 귀를 닫게 만들고 물질 지향적, 권세 지향적 삶은 아모스의 말을 헛소리로 듣게 만들었다. 그들에 대한 하나님의 경고가 이어진다.

16. 그러므로 주 만군의 하나님 여호와께서 이와 같이 말씀하시기를 사람이 모든 광장에서 울겠고 모든 거리에서 슬프도다 슬프도다 하겠으며 농부를 불러다가 애곡하게 하며 울음꾼을 불러다가 울게 할 것이며
17. 모든 포도원에서도 울리니 이는 내가 너희 가운데로 지나갈 것임이라 여호와의 말씀이니라

16~17절 멸망이 이제 이스라엘을 기다리고 있다. 아모스는 다시 애곡을 터뜨리며 처참한 죽음에 이를 일로 되돌아감으로써 세 번째 메시지를 마감하고 있다. 선을 행하라는 하나님의 간곡한 당부를 받아들이지 않고 계속 악을 범하는 자들이 겪게 될 비통함이 묘사되어 있다. 하나님의 준엄한 심판은 하나님의 긍휼하심을 망각한 범죄자들에게 참혹함으로 다가온다. 그

들에게 기쁨과 구원이 되어야 할 주님의 임재가 오히려 이제는 그들에게 슬픔과 재앙의 근원이 되어 버렸다. 이는 주님께서 큰 지진과 군대의 침공을 동반하시면서 이스라엘 백성 가운데로 지나가게 될 것이기 때문이다. 한때는 '주님께서 지나가시는 것'이 그들에게 구원으로 임했지만, 이제는 그들에게 죽음의 심판이 되는 이 현실이 심판 그 자체보다 더 슬픈 아픔을 느끼게 해 준다.

8. 여호와의 두려운 날(5:18~27)

아모스 5장

18. 화 있을진저 여호와의 날을 사모하는 자여 너희가 어찌하여 여호와의 날을 사모하느냐 그 날은 어둠이요 빛이 아니라

18절 "여호와의 날"은 이스라엘 신앙의 중심적인 주제 중 하나이다. 아모스는 그 중심 주제를 가지고 청중 앞에서 선포하고 있다. 아모스의 말을 듣는 자들은 그 날을 간절히 고대했다. 그들은 두려움이 그 나라들 위에뿐만 아니라 그들에게도 임할 것임을 깨닫지 못했다. 이스라엘은 하나님이 그들과 함께 계신다고 잘못 믿고 있었으며 하나님이 정복하시는 그 날에 이스라엘의 적들을 모두 물리쳐 버리실 것이라 잘못 생각하고 있었다. 아모스가 선포했던 진리는 이스라엘이 하나님의 적이 될 것이라는 것이다. 끊임없이 계속되는 이스라엘의 죄악이 그들로 하여금 하나님의 적대자가 되게 만들었다. 그러기에 '여호와의 날'은 기쁨의 날이 될 수가 없었던 것이다. 그날은 오히려 하나님의 왕국 안에서 반역한 자들에 대하여 심판을 내리는 무서운 날이 될 것이다.

19. 마치 사람이 사자를 피하다가 곰을 만나거나 혹은 집에 들어가서 손을 벽에 대었다가 뱀에게 물림 같도다

19절 이 '여호와의 날' 곧 '주님이 강림하시는 그날'의 심판을 생생한 비유로 설명하고 있다. 아모스는 여호와의 날이 청중들에게 어떤 날인가를 자신이 늘 하던 식으로 시골 사람의 경험으로 다시 설명한다. 이번에는 사자와 곰과 뱀 이야기다. 어떤 사람이 시골 한적한 곳을 가다가 사자를 만났다. 혼비백산하여 젖 먹던 힘을 다하여 달아났다. 사자를 피했다고 한숨을 돌리는 순간 곰을 만난다. 으르렁거리며 쫓아오는 곰을 피해 다시 죽을힘을 다해 집으로 뛰었다.

아모스의 회중들은 이 이야기를 들으며, 자신들이 늘 들어오던 여호와 날의 구원을 생각하고 있었을까? 여호와가 안전한 집이라고 그들은 생각했을 수 있다. 그러나 집 안에 들어와서 안심하며 벽에 기대어 한숨 돌리는 순간, 뱀이 튀어 올라 그를 물어버린다. 그는 비명과 함께 서서히 죽어간다.

이제 여호와의 날이 어떤 날인지 명백해진다. 어느 곳에 있어도 안전하지 못하다. 절대로 피할 수 없다.

20. 여호와의 날은 빛 없는 어둠이 아니며 빛남 없는 캄캄함이 아니냐

20절 아모스는 그날은 여호와의 흑암, 즉 절망의 날임을 단언한다. 이스라엘 백성 중에는 '여호와의 날'을 하나님께서 이방 열강을 물리치시고 이스라엘로 정치적 맹주의 위치에 오르도록 하시는 날로 오해한 자들이 많았다. 그러나 아모스는 여호와의 날이란 하나님의 심판의 날이며, 그날에는 의인과 악인이 구별되고 하나님의 공의와 영광이 드러날 것임을 깨우쳐 준다. 즉 여호와의 날은 의인에게는 기쁨과 승리가 주어질 영광의 날이나, 죄인에게는 캄캄한 흑암이 휘몰아칠 멸망의 날이라는 것이다. 따라서 아모스는 죄를 회개하지 않고 여호와의 날만을 사모하는 어리석은 자들에게는 화가 있을 것을 경고한다.

21. 내가 너희 절기들을 미워하여 멸시하며 너희 성회들을 기뻐하지 아니하나니
22. 너희가 내게 번제나 소제를 드릴지라도 내가 받지 아니할 것이요 너희의

살진 희생의 화목제도 내가 돌아보지 아니하리라

21~22절 "절기들"과 "성회들"은 매년 열리는 세 순례 절기와 먹고 마시며 예배드리기 위해 모이는 다른 몇 개의 절기를 말한다. 이러한 절기와 성회들은 여호와께서 명하신 것이며, 이스라엘이 자부심을 가지고 열심히 가져온 것이다. 하나님은 그들의 종교적인 축제들을 미워하셨고 또 경멸하셨다. 즉, 성소에서 해마다 축하를 베풀었던 무교절, 수장절, 장막절의 세 절기를 미워하셨던 것이다. 그들이 예배를 드릴 때 바치는 제물들을 하나님은 참으실 수가 없었다. 비록 그들이 끊임없이 번제와 소제를 하나님 앞에 드렸지만 하나님은 그것을 정당한 제물로서 받지 않으셨다.

하나님께서 이스라엘에게 구하는 것은 번제나 화목제가 아니라 오직 정의와 공의이고, 여호와를 찾고 선을 구하는 믿음이다.

23. 네 노랫소리를 내 앞에서 그칠지어다 네 비파 소리도 내가 듣지 아니하리라

23절 하나님은 각 개인에게 그들의 의미 없는 찬양을 그치라고 하셨다. 그 찬양은 듣기에 지겨운 소리들이었고, 그것을 그칠 것을 촉구하고 있다. 하나님은 비파 소리도 듣기 싫어하셨다. 하나님은 코를 막으신 후에, 듣는 일마저 그만 두셨다.

하나님은 악기 연주도 듣지 않는다. 그러므로 지금 하나님을 기쁘게 하는 길은 입을 닫거나, 연주를 중지하거나, 그분 앞에서 사라지는 것이다. 단지 그들의 예배는 하나님 경외가 없는 형식에 불과했다. 하나님을 찬양하는 아름다운 음악이라 해도 진정으로 하나님을 찬양하는 정신이 결여되어 있으면 이는 잡음이나 고함 등과 다름없다. 우리는 여기에서 신령과 진정으로 드리지 않는 것은 하나님께서 기뻐하지 않으심을 깨닫게 된다.

24. 오직 정의를 물 같이, 공의를 마르지 않는 강 같이 흐르게 할지어다

24절 "정의"는 '성문 앞 법정'과 관련된다. 그러므로 법의 올바른 적용과 정직한 판결은 이스라엘의 지도자들이 잊어버리지 말아야 할 덕목이다. 정의가 바로 행사되는 경우에만 사회적 제반 관계가 올바로 유지된다. 정의가 바로 서야만 부패와 억압이 제압되고, 약하고 의로운 사람들이 보호된다. "공의"는 기본적으로 관계의 개념으로서 하나님과의 바른 관계, 계약 백성 간에 가져야 할 올바른 관계를 말한다.

25. 이스라엘 족속아 너희가 사십 년 동안 광야에서 희생과 소제물을 내게 드렸느냐

25절 하나님은 희생제물과 의식들이 그들의 역사를 통해서 하나님 앞에 모욕적인 일이었음을 상기시키면서 다시금 종교적인 위선에 대하여 책망하신다. 애초에 시작부터 그들의 예배는 그릇된 길을 걸어 왔다. 40년 동안 광야 생활을 할 때 황금으로 만든 송아지, 태양, 달, 별, 몰록을 하나님께 제물로 바치거나 혹은 다른 신들에게 바쳤다.

여호와께서 아모스를 통해 말하고자 하는 것은 정의와 공의가 없는 삶은 아무 것도 아니라는 뜻이다.

26. 너희가 너희 왕 식굿과 기윤과 너희 우상들과 너희가 너희를 위하여 만든 신들의 별 형상을 지고 가리라
27. 내가 너희를 다메섹 밖으로 사로잡혀 가게 하리라 그의 이름이 만군의 하나님이라 불리우는 여호와께서 말씀하셨느니라

26~27절 "식굿"과 "기윤"은 바벨론 자료에서 발견되는 별의 신〈사쿠트〉와 〈카이완〉을 달리 표기한 것이다. 거짓 신들을 비하하기 위해 '혐오스러운 것'을 뜻하는 siqqus에 붙어 있는 i와 u 모음을 붙여 식굿과 기윤으로 읽게 되었을 것이다. 아마 친-앗수르 세력이 도입한 우상예배나 혼합예배, 혹은 형식적인 여호와 예배를 말하고 있을 가능성이 있다. 그들은 여호와를 믿는다고 하면서도, 실상은 세속 권력 앗수르의 정치 경제 관습 윤리를 따

라 살고 있었을 것이다. "다메섹 밖으로 사로잡혀 가게 하리라"는 말씀의 요지는 포로로 잡혀간다는 뜻이다. 여호와의 날이 원수에 대한 승리의 날이라고 믿던 이스라엘은 만군의 여호와의 적이 되어 포로로 잡혀 가게 된다. 이 역시 아모스의 말이 아니라, 여호와의 말씀이다.

9. 이스라엘 지도층의 죄악에 대한 질타(6:1~7)

아모스 6장

1. 화 있을진저 시온에서 교만한 자와 사마리아 산에서 마음이 든든한 자 곧 백성들의 머리인 지도자들이여 이스라엘 집이 그들을 따르는도다

1절 교만한 자와 마음이 든든한 자는 '시온'과 '사마리아', 즉 남유다와 북이스라엘의 정치 지도자들을 가리킨다. 이들은 영적으로 큰 죄를 지었지만 그것을 깨달을 수 있는 통찰력을 가지지 못할 만큼 무디어져 있었으므로 회개를 기대하기 어려웠다. 한편 본절은 유다의 멸망도 이스라엘의 패역함이 유다에까지 확장됨으로 발생한 것임을 보여 준다. 이와 같이 패역한 자와 이웃한 자는 예민한 영적 감각을 가지지 못하는 한 죄악의 격류에 휩싸일 수밖에 없다. 아모스 예언자는 그들의 그릇된 믿음과 거짓 평안에 대해서 하나님께서 심판을 준비하고 계신다고 말한다. 그 심판은 '사마리아 산에 대해서 신뢰하고 있는 자들'을 향한다.

2. 너희는 갈레로 건너가 보고 거기에서 큰 하맛으로 가고 또 블레셋 사람의 가드로 내려가라 너희가 이 나라들보다 나으냐 그 영토가 너희 영토보다 넓으냐

2절 하나님은 이런 자고한 자들에게 한때는 스스로 크다고 여겼던 성읍

들로 가서 그들의 몰락으로부터 배우라고 명하셨다. 역사상 번영을 누렸던 갈레와 하맛, 가드보다 더 큰 복을 받았던 이스라엘이 하나님의 은혜를 저 버린 데 대한 탄식이다. 이들 도시는 모두 파괴된 상태였는데 이스라엘도 심판으로 황폐해질 것이 암시되어 있다. 큰 복에는 그것에 대응하는 감사와 의무가 뒤따라야 함에도 불구하고, 그것을 자기 교만의 수단으로 삼는다면 그 복이 거두어질 뿐 아니라 더욱 심각한 진노가 내려진다.

3. 너희는 흉한 날이 멀다 하여 포악한 자리로 가까워지게 하고

3절 질타의 대상이 되는 이스라엘과 유다의 지도자들을 향하여 하나님 말씀이 다시 직접적으로 선포된다. 자신의 힘을 믿고 어리석게 자만에 빠진 이스라엘은 흉한 날이 먼 것으로 생각했다. 그들은 모두 재앙이 닥칠 것이 라는 사실에 대하여 비웃고 있었다. 그러나 그들은 그들의 죄악에 가득 찬 행동으로 인해 순식간에 닥칠 공포에 점점 더 가까이 가고 있었다. 이처럼 미련한 우월감, 즉 결코 그들의 미래를 보장해 주지 못하는 경박한 오만함 때문에 이 지도자들은 그들에게 재앙의 날이 닥칠 가능성에 대해서 생각하 기를 거부했다. 그리고 그들의 폭압적인 통치를 지속시키고 가속시켰다.

4. 상아 상에 누우며 침상에서 기지개 켜며 양 떼에서 어린 양과 우리에서 송아지를 잡아서 먹고

4절 고대 이스라엘 백성들에게 고기를 먹는 것은 매우 귀한 일이었다. 그 러나 그 당시 이스라엘의 부유한 사람들은 양떼에서 골라잡은 어린 양고기 를 먹고 우리에서 송아지를 골라잡아 먹는 사치를 누렸던 것이다. 그러나 아모스가 미식가들을 무조건 비판하는 것은 아니다. 그렇지만 사마리아의 지도자들은 비난받아 마땅하다. 그들은 백성들의 희생을 담보로 세상을 즐 기는 악덕 엘리트들이었기 때문이다. 백성들은 굶주리는데, 자신들의 입맛 에 맞는 최상의 음식이나 찾아다니는 지도자들이 문제이다. 오늘날도 딴 세 상에 사는 지도자들이 가끔 있다. 백성의 삶을 전혀 고려하지 않고 자신의 욕망을 채우는 지도자들 말이다. 그들은 오히려 백성을 양이나 소로 보고 잡아먹고, 얻어먹고, 뺏어 먹는다.

5. 비파 소리에 맞추어 노래를 지절거리며 다윗처럼 자기를 위하여 악기를 제조하며

5절 아모스는 그들의 노래와 음악을 헛소리로밖에 보지 않는다.

이 사람들은 왕족과 같이 살고 있었다. 다윗에 대한 내용은 어떤 사람들이 말하는 것과 같이 후대에 첨가된 것이라고 보기보다는 게으른 삶의 양식을 누리고 있었던 사람들의 높은 삶의 수준을 묘사하는 맛을 더해 주기 위해 주어진 것이다.

6. 대접으로 포도주를 마시며 귀한 기름을 몸에 바르면서 요셉의 환난에 대하여는 근심하지 아니하는 자로다

6절 그들은 어린 양과 우리에서 취한 송아지와 같은 가장 연하고 부드러운 고기를 먹으면서 미식을 즐겼다. 잔으로 술 마시는 것에 만족할 수 없어서 이제는 큰 대접으로 벌컥벌컥 마셔대고 있었다. 그들의 몸에는 가장 좋은 기름만을 발랐다. 그들의 유일한 관심사는 향락이었다. 어떻게 하면 향락을 최대한 누릴까를 생각하며 사치스러운 생활 양식을 찾았다.

7. 그러므로 그들이 이제는 사로잡히는 자 중에 앞서 사로잡히리니 기지개 켜는 자의 떠드는 소리가 그치리라

7절 그러므로 하나님이 이 지도자들, 이 선택된 백성을 외국으로 추방되는 생존자들의 행렬의 맨 앞에 보낼 때, 부와 편안함의 상징이 사라질 것이다. 이런 일반적인 심판의 선언으로 고발 신탁은 이제 이스라엘의 멸망에 대한 최종적인 묘사로 바뀐다. 그들은 그 과정에서 백성들을 희생시켰으며,

그 희생으로 몰락해가는 백성을 보면서는 눈 하나 깜빡하지 않았다. 그래서 하나님이 심판하신다. 그들이 사로잡혀 가게 되면 술과 향락에 흥청거리던 소리는 비통한 침묵으로 변하고 말 것이다.

10. 이스라엘의 죄에 대한 하나님의 진노(6:8~14)

아모스 6장

8. 만군의 하나님 여호와의 말씀이니라 주 여호와가 당신을 두고 맹세하셨노라 내가 야곱의 영광을 싫어하며 그 궁궐들을 미워하므로 이 성읍과 거기에 가득한 것을 원수에게 넘기리라 하셨느니라

8절 8절은 6장 전체의 주제절이라 볼 수 있다. 여호와의 진멸 맹세, 진멸 대상인 야곱의 영광과 궁궐, 진멸 방법이 나온다. 8절은 여호와의 맹세로 시작한다.

이스라엘을 통치하시는 주님께서는 자기의 온전하심을 걸어 맹세하시며, 그 땅을 완전히 멸망시켜 버리겠다고 하셨다. 하나님은 가난한 자들을 압제하는 일로 가득 찬 요새화된 도시들을 지긋지긋하게 싫어하셨다. 그러기에 하나님은 위대한 군왕으로 그들의 성읍을 휘저으시며 그 안에 있는 모든 것과 모든 사람을 다른 나라에 내어 주실 것이었다.

9. 한 집에 열 사람이 남는다 하여도 다 죽을 것이라

9절 여기에서의 "열 사람은 징벌이 내린 후에 살아 남은 사람들을 가리킨다. 그러나 그러한 최소한의 살아 남은 자들도 결국은 죽을 운명에 처해지게 될 것임을 나타낸다. 즉 이제 다가오는 징벌은 결정적이고 철저한 것이 될 것임을 표현하고 있는 것이다.

10. 죽은 사람의 친척 곧 그 시체를 불사를 자가 그 뼈를 집 밖으로 가져갈
    때에 그 집 깊숙한 곳에 있는 자에게 묻기를 아직 더 있느냐 하면 대답
    하기를 없다 하리니 그가 또 말하기를 잠잠하라 우리가 여호와의 이름
    을 부르지 못할 것이라 하리라

　10절 하나님의 첫 번째 재앙 이후에 하나님이 다시 오시게 되면 또 다른
재앙을 겪게 될 것이니 하나님을 다시 부르지 말라는 것이다. 하나님이 그
들을 구원하러 오시는 것이 아니라 징벌을 내려 오시는 것이므로, 생존자들
은 하나님이 다시 오지 않기를 바라고 있는 것이다.

11. 보라 여호와께서 명령하시므로 타격을 받아 큰 집은 갈라지고 작은 집
    은 터지리라

　11절 정복하시는 군왕께서는 거주하는 사람들을 살해한 후에 그의 군대
들에게 명하여 크고 작은 집들을 산산조각내실 것이다. 거기에 거주하는 사
람들은 가난하든 부하든 간에 모두 멸망당할 것이다. 파괴되고 남은 부스러
기들만 들판에 산재할 것이다.

12. 말들이 어찌 바위 위에서 달리겠으며 소가 어찌 거기서 밭 갈겠느냐 그
    런데 너희는 정의를 쓸개로 바꾸며 공의의 열매를 쓴 쑥으로 바꾸며

　12절 이스라엘이 행한 일은 순리와 자연 법칙을 거역한 사건이며 도저히
있을 수 없는 배은망덕한 죄임을 증거한다.
　그들은 정의가 변하여 독이 되게 했으며 공의의 열매가 변하여 쓴 쑥이
되게 했다. 새로운 활력과 기쁨을 불어넣어 줄 공평과 연합의 열매는 변하
여 부패한 쓴 열매가 되고 말았다. 건강한 사회를 쓰다쓴 사회로 만들며 법
정과 관청에서 행복이 아니라 삶을 악화시켰다. 재판관에게 뇌물을 주고 증
인을 위협하고 권력을 남용하였다.

13. 허무한 것을 기뻐하며 이르기를 우리는 우리의 힘으로 뿔들을 취하지
    아니하였느냐 하는도다

13절 이스라엘의 지도자들은 그들의 세력이 강성했기 때문에 스스로 생각하기를 재앙을 넉넉히 이겨낼 수 있다고 여기고 있었다. 그러나 아모스의 눈에는 그것은 아무런 의미도 없는 것이었다. 그들은 단지 '아무것도 아닌 것'을 가지고 기뻐하고 있을 뿐인 것이었다. 그들의 마음이 하나님께 향해 있지 않는 한 그들의 승리는 아무런 의미도 없으며, 오히려 그들에게 재앙만을 재촉하는 것일 뿐이었다.

14. 만군의 하나님 여호와의 말씀이니라 이스라엘 족속아 내가 한 나라를
    일으켜 너희를 치리니 그들이 하맛 어귀에서부터 아라바 시내까지 너
    희를 학대하리라 하셨느니라

14절 그래서 이제 하나님은 그들에게 재앙을 선포하신다.
하나님은 생각지도 못할 일을 행하실 것이다. 즉, 한 나라를 일으켜 너희를 치시겠다는 것이다. 하나님이 자신의 백성인 이스라엘을 벌할 채찍을 일으키셔서 그들을 '학대'하실 것이다.

11. 파멸에 대한 환상들과 공적인 반응(7:1~8:3)

아모스 7장

1. 주 여호와께서 내게 보이신 것이 이러하니라 왕이 풀을 벤 후 풀이 다시
   움돋기 시작할 때에 주께서 메뚜기를 지으시매

1절 다섯 환상의 첫머리에서 아모스는 하나님이 한 해 중에서 가장 조심

해야 할 시기에 우글거리는 메뚜기를 실제로 준비하고 계시는 것을 보게 되었다. 메뚜기 떼는 고대 근동에 있어서 가장 무서운 재앙들 중 하나였다. 이 재앙은 이스라엘에 강한 충격을 주었는데 그 이유는 메뚜기가 하나님의 계약을 이긴 데 대해 하나님이 벌을 내리시는 도구로 여겨졌기 때문이었다.

2. 메뚜기가 땅의 풀을 다 먹은지라 내가 이르되 주 여호와여 청하건대 사하소서 야곱이 미약하오니 어떻게 서리이까 하매

2절 아모스는 막상 구체적인 하나님의 공격을 보자 백성편에 선다. 하나님은 "의로운" 심판자이시고, 이스라엘은 분명 반역했으며, 아모스는 하나님의 심판을 선포했다. 그의 아픔을 담은 기도로 하나님의 은총을 탄원한다.

3. 여호와께서 이에 대하여 뜻을 돌이키셨으므로 이것이 이루어지지 아니하리라 여호와께서 말씀하셨느니라

3절 주님은 아모스의 탄원을 들으시고 즉시 뜻을 돌이키셨다.
나라가 용서를 받은 것은 아니지만 이 특별한 징계는 철회되었다. 아모스는 다시 용서를 구하지는 않았다. 왜냐하면 이스라엘에 임할 어떤 심판들은 피할 수 없는 것이었기 때문이다.

4. 주 여호와께서 또 내게 보이신 것이 이러하니라 주 여호와께서 명령하여 불로 징벌하게 하시니 불이 큰 바다를 삼키고 육지까지 먹으려 하는지라

4절 두 번째 환상을 통해서 통치하시는 주님께서는 아모스에게 두 번째의 공포, 즉 불에 의한 심판을 보여 주셨다.
아모스 예언자의 중보적 기도에 응답하여 주님께서 마음을 돌이키셨음에도 불구하고, 이스라엘의 죄는 너무 커서 그 죄가 심판에 관한 환상을 다시 유발시켰다.

5. 이에 내가 이르되 주 여호와여 청하건대 그치소서 야곱이 미약하오니 어떻게 서리이까 하매.
6. 주 여호와께서 이에 대하여 뜻을 돌이켜 주 여호와께서 이르시되 이것도 이루지 아니하리라 하시니라

　5~6절 환상을 보고 다시 한번 혼비백산한 아모스는 하나님께 그 재앙을 멈추어 주실 것을 간청했고, 하나님은 두 번째로 돌이키셨다.

7. 또 내게 보이신 것이 이러하니라 다림줄을 가지고 쌓은 담 곁에 주께서 손에 다림줄을 잡고 서셨더니.
8. 여호와께서 내게 이르시되 아모스야 네가 무엇을 보느냐 내가 대답하되 다림줄이니이다 주께서 이르시되 내가 다림줄을 내 백성 이스라엘 가운데 두고 다시는 용서하지 아니하리니

　7~8절 아모스는 이번에는 메뚜기나 불이 아니라 담 곁에 서 있는 한 사람의 모습을 본다. 그분은 다림줄을 손에 쥐고 담 곁에 서서 치수를 재고 계시는 주님이시다. 다림줄이라고 하는 것은 건축자들이 벽을 쌓을 때 바르게 쌓기 위해서 사용하는 것으로써 납덩이를 실에 달아 늘어뜨린 도구를 말한다.
　그 나라는 처음에 건축될 때에는 "다림줄에서 어긋남이 없게" 지어졌다. 그러나 지금에 와서는 허물고 다시 지어야 할 정도로 그 선에서 어긋나 버렸다. 즉 하나님이 다시는 용서하지 않으실 것이다.

9. 이삭의 산당들이 황폐되며 이스라엘의 성소들이 파괴될 것이라 내가 일어나 칼로 여로보암의 집을 치리라 하시니라

　9절 그에 따라 이삭의 산당들이 황폐되며 이스라엘의 성소들이 파괴될 것이다. 아모스는 이제 중보적 기도를 드리는 대신에 침묵을 지킨다. 이번에는 심판선고의 이유가 밝혀진다. 이스라엘이 다림줄 치수에 모자란다는 것이다. 여기서 예언자의 침묵은 무시무시한 침묵, 곧 마지막 환상보고를

끝맺음하는 죽음의 침묵을 미리 보여주는 것이나 다름없다.

10. 때에 벧엘의 제사장 아마샤가 이스라엘의 왕 여로보암에게 보내어 이르되 이스라엘 족속 중에 아모스가 왕을 모반하나니 그 모든 말을 이 땅이 견딜 수 없나이다

10절 당시 벧엘에 있던 제사장 아마샤가 아모스를 모반죄로 고소한다. 사실상 아모스가 여로보암의 멸망을 예고한다고 해서 실제로 반란을 획책하는 것은 아니었으므로 고소의 대상이 되지 않았겠지만, 아모스의 예언 사역으로 인해 아마샤는 심적으로 자신의 제사장 위치를 위협받았던 것으로 보인다.

11. 아모스가 말하기를 여로보암은 칼에 죽겠고 이스라엘은 반드시 사로잡혀 그 땅에서 떠나겠다 하나이다

11절 아마샤는 아모스를 해치기 위해 거짓 증언을 한다. 아마샤가 여로보암을 자극하여 자신의 주장과 반하는 예언을 하며 자기의 안위를 위태롭게 하는 아모스를 반역자로 몰아 해치려는 고의적인 과장이었다.

12. 아마샤가 또 아모스에게 이르되 선견자야 너는 유다 땅으로 도망하여 가서 거기에서나 떡을 먹으며 거기에서나 예언하고.
13. 다시는 벧엘에서 예언하지 말라 이는 왕의 성소요 나라의 궁궐임이니라

12~13절 아마샤는 왕에게 아모스를 고발하지만, 벧엘의 제의와 제사에 관한 책임을 맡고 있는 자로서 그 자신이 직접 아모스에게 이곳을 떠날 것을 명령한다. 그리고 왕이 내릴 벌을 피해서 도망하라고까지 한다. 여기에서 아마샤가 아모스에게 의도했던 것은 예언을 하되, 유다에서 유다를 향한 예언이나 선포하라는 것이다. 왜 벧엘에서 벧엘의 징벌에 관한 예언을 하여 이스라엘과 벧엘을 고통스럽게 하느냐는 것이다.

14. 아모스가 아마샤에게 대답하여 이르되 나는 선지자가 아니며 선지자의 아들도 아니라 나는 목자요 뽕나무를 재배하는 자로서.

15. 양 떼를 따를 때에 여호와께서 나를 데려다가 여호와께서 내게 이르시기를 가서 내 백성 이스라엘에게 예언하라 하셨나니

14~15절 아모스는 이 구절에서 참으로 흥미로운 말을 한다. 아마샤도 그를 선견자라고 하는데, 아모스 자신은 예언자도 아니고 예언자의 아들도 아니라고 한다. 하나님은 그에게 무엇을 말해야 할 것뿐만 아니라 어디에서 말해야 할 것인지도 명령하셨다.

16. 이제 너는 여호와의 말씀을 들을지니라 네가 이르기를 이스라엘에 대하여 예언하지 말며 이삭의 집을 향하여 경고하지 말라 하므로.

17. 여호와께서 이와 같이 말씀하시기를 네 아내는 성읍 가운데서 창녀가 될 것이요 네 자녀들은 칼에 엎드러지며 네 땅은 측량하여 나누어질 것이며 너는 더러운 땅에서 죽을 것이요 이스라엘은 반드시 사로잡혀 그의 땅에서 떠나리라 하셨느니라

16~17절 만약 아마샤가 아모스의 말씀을 듣고 회개했던들 그는 구원을 받았을지도 모른다. 그래서 주님께서는 조용히 다림질을 당기셨던 것이다.

아모스 8장

1. 주 여호와께서 내게 이와 같이 보이셨느니라 보라 여름 과일 한 광주리이니라

1절 아모스는 자신의 예언뿐 아니라 환상도 여호와께로부터 나온 것임을 밝힌다. 그가 본 것은 광주리 안에 담긴 "여름 과일"이다. 아모스가 본 "여름 과일 한 광주리"는 아모스 자신의 고향에서 본 것일 수도 있는데, 만일

벧엘에서 본 것이라면 이스라엘 백성들이 하나님과의 언약을 갱신하고 계속적인 복과 번영을 구하기 위해 벧엘 성소로 가져온 예물일 것이다.

2. 그가 말씀하시되 아모스야 네가 무엇을 보느냐 내가 이르되 여름 과일 한 광주리니이다 하매 여호와께서 내게 이르시되 내 백성 이스라엘의 끝이 이르렀은즉 내가 다시는 그를 용서하지 아니하리니

2절 이스라엘에 있어서 무서운 수확을 거둘 때가 가까워졌다. 즉 종국이 다가오고 있었던 것이다. 집행하는데 조금의 지체도 있을 수 없었고 남아 있는 유예 기간이라고는 조금도 없었다. 주님은 더 이상 그들을 남겨두지 않으실 것이다.

3. 그 날에 궁전의 노래가 애곡으로 변할 것이며 곳곳에 시체가 많아서 사람이 잠잠히 그 시체들을 내어버리리라 주 여호와의 말씀이니라

3절 아모스는 여기에서 기쁨과 소망의 노래가 있어야 할 곳이 슬픔과 고통의 탄성으로 가득하게 될 징벌의 때가 오게 될 것임을 선포하고 있는 것이다.

12. 위선의 범죄에 적절한 징벌들(8:4~14)

아모스 8장

4. 가난한 자를 삼키며 땅의 힘없는 자를 망하게 하려는 자들아 이 말을 들으라
5. 너희가 이르기를 월삭이 언제 지나서 우리가 곡식을 팔며 안식일이 언제 지나서 우리가 밀을 내게 할꼬 에바를 작게 하고 세겔을 크게 하여 거짓 저울로 속이며 6. 은으로 힘없는 자를 사며 신 한 켤레로 가난한 자를 사며 찌꺼기 밀을 팔자하는 도다

4~6절 아모스의 선포를 들어야 하는 사람은 "가난한 자를 삼키며 힘없는 자를 망하게 하려는 자들"이다. 그들 가운데는 부당이득을 취하는 모리배(謀利輩)도 있었고, 부유한 사람들에게 유리하고 가난한 사람들에게 불이익이 되는 정부의 정책을 이용하여 아무런 양심의 거리낌도 없이 부를 축적하는 사업가들도 있었다. 그들은 가난한 사람들을 "짓밟고"(ףאש-샤아프), 착취하고 있었다. 이런 착취의 상황은 점증하는 궁핍한 사람들은 굶주림으로 죽어 갔고, 자신들을 노예(奴隸)로 팔았으며, 병든 몸과 영양 부족으로 인한 다른 질병들로 고통을 받았고, 제대로 된 입을 것과 거처 등이 부족한 가운데 살아야만 하는 결과를 낳았다. 그러면서 이들은 한편으로는 길거리나 시장에서 가난하고 힘없는 자들을 외면하고 고통스럽게 했을 뿐만 아니라, 또 한편으로는 부정직함으로 불의한 이득을 취하기에 바빴다.

이것은 인간 존엄성을 무시하는 행위이며, 돈만 벌 수 있다면 아무것도 개의치 않는 비인도적인 상행위이며, 물질 만능주의의 소산인 것이다.

7. 여호와께서 야곱의 영광을 두고 맹세하시되 내가 그들의 모든 행위를 절대로 잊지 아니하리라 하셨나니.
8. 이로 말미암아 땅이 떨지 않겠으며 그 가운데 모든 주민이 애통하지 않겠느냐 온 땅이 강의 넘침 같이 솟아오르며 애굽 강 같이 뛰놀다가 낮아지리라

7~8절 그러나 주님은 홀로 맹세하셨다. 하나님은 그들이 행한 어떤 악한 일들도 절대로 잊지 아니하리라 맹세하셨다. 조각난 폐허와 건물들은 주님이 다니신 길에 살고 있었던 사람들로 하여금 슬피 울며 통곡하게 할 것이다.

9. 주 여호와의 말씀이니라 그 날에 내가 해를 대낮에 지게 하여 백주에 땅을 캄캄하게 하며.
10. 너희 절기를 애통으로, 너희 모든 노래를 애곡으로 변하게 하며 모든 사람에게 굵은 베로 허리를 동이게 하며 모든 머리를 대머리가 되게 하며 독자의 죽음으로 말미암아 애통하듯 하게 하며 결국은 곤고한 날과

같게 하리라

9~10절 이러한 때에 갑자기 밤중과 같은 불안이 오리라는 것이다. 벌을 내리시는 그 날은 어둠의 날이 될 것이다. 왜냐하면 통치하시는 주님이 일식을 일으키실 것이기 때문이다. 그 날이 끝난다고 해서 그들의 슬픔이 끝나는 것은 아니었다. 그 슬픔의 절정은 그들을 또 다른 괴로움의 날로 인도할 것이었는데 그것은 애곡하던 자신들이 죽음을 당하는 곤고한 날을 말하는 것이다.

11. 주 여호와의 말씀이니라 보라 날이 이를지라 내가 기근을 땅에 보내리니 양식이 없어 주림이 아니며 물이 없어 갈함이 아니요 여호와의 말씀을 듣지 못한 기갈이라
12. 사람이 이 바다에서 저 바다까지, 북쪽에서 동쪽까지 비틀거리며 여호와의 말씀을 구하려고 돌아다녀도 얻지 못하리니

11~12절 절대적 빈곤 상황을 보여줄 뿐 아니라 몸무림쳐도 구할 수 없는 좌절의 극한 상황을 보여준다. 여호와는 더 이상 그들의 하나님이 아니라는 선포이다. 음식과 물이 없는 것도 치명적인 것이지만, 여호와께서 그 은혜를 거둠으로써 그들이 결코 은혜를 가질 수 없는 가장 최악의 상황에 이르게 될 것이라는 심판이다.

13. 그 날에 아름다운 처녀와 젊은 남자가 다 갈하여 쓰러지리라
14. 사마리아의 죄된 우상을 두고 맹세하여 이르기를 단아 네 신들이 살아 있음을 두고 맹세하노라 하거나 브엘세바가 위하는 것이 살아 있음을 두고 맹세하노라 하는 사람은 엎드러지고 다시 일어나지 못하리라

13~14절 심지어 가장 용맹스럽고 장래가 촉망되는 젊은 남자와 여자도 고통을 겪을 것이다. 이들도 역시 그들의 주요 제의 중심지의 신들의 이름으로 맹세하면서, 자신들의 신앙과 약속을 더럽혔다.

13. 전능자의 진노에서 피하지 못함(9:1~10)

아모스 9장

1. 내가 보니 주께서 제단 곁에 서서 이르시되 기둥 머리를 쳐서 문지방이 움직이게 하며 그것으로 부서져서 무리의 머리에 떨어지게 하라 내가 그 남은 자를 칼로 죽이리니 그 중에서 한 사람도 도망하지 못하며 그 중에서 한 사람도 피하지 못하리라

1절 가을에 행해지는 축제 때 많은 무리가 벧엘에 있는 성소에 모이고 북왕국이 그들이 희생제물을 가지고 제단에 모일 때 아모스는 주님이 제단 곁에 서 계신 것을 보았다. 하나님은 실로 '그들과 함께' 계셨는데 이것은 그들을 축복하기 위해서가 아니라 죽이고 멸망시키기 위해서였다. 제단에, 성소에 그리고 백성들에게 '종말'이 다가왔던 것이다.

2. 그들이 파고 스올로 들어갈지라도 내 손이 거기에서 붙잡아 낼 것이요 하늘로 올라갈지라도 내가 거기에서 붙잡아 내릴 것이며 3. 갈멜 산 꼭대기에 숨을지라도 내가 거기에서 찾아낼 것이요 내 눈을 피하여 바다 밑에 숨을지라도 내가 거기에서 뱀을 명령하여 물게 할 것이요 4. 그 원수 앞에 사로잡혀 갈지라도 내가 거기에서 칼을 명령하여 죽이게 할 것이라 내가 그들에게 주목하여 화를 내리고 복을 내리지 아니하리라 하시니라

2~4절 깊은 음부나 높은 하늘로도 도망할 수 없고, 땅의 꼭대기인 갈멜 산 꼭대기나 바다 밑에도 숨을 수가 없을 것이다.

인간이 하나님의 심판을 피하기 위해서 숨을 곳은 그 어디에도 없다. 하나님의 심판은 철저하므로 인간은 마땅히 지은 죄에 따라 심판받을 수밖에 없다. 따라서 하나님의 심판을 피하는 유일한 길은 죄를 회개하고 그리스도께로 나아가는 것이다.

5. 주 만군의 여호와는 땅을 만져 녹게 하사 거기 거주하는 자가 애통하게 하시며 그 온 땅이 강의 넘침 같이 솟아 오르며 애굽 강 같이 낮아지게 하시는 이요
6. 그의 궁전을 하늘에 세우시며 그 궁창의 기초를 땅에 두시며 바닷물을 불러 지면에 쏟으시는 이니 그 이름은 여호와시니라

5~6절 이 송영은 이스라엘 사람들이 성소에서 불렀을 것이며, 여호와가 어떤 분이신가에 대한 제사장들의 가르침을 나타내기도 했을 것이다. 그러나 같은 찬양의 고백이 기쁘심을 입은 자들에게는 구원의 확신이지만 이스라엘의 적들에게는 피할 수 없는 위험이었다. 유감스럽게도 이제 여호와가 이스라엘의 적으로 행동하신다. 여호와 하나님은 이스라엘 백성이나 특정 인들만의 신이 아니라 만군의 주시며, 세계와 우주와 역사의 주인이시다.

7. 여호와의 말씀이니라 이스라엘 자손들아 너희는 내게 구스 족속 같지 아니하냐 내가 이스라엘을 애굽 땅에서, 블레셋 사람을 갑돌에서, 아람 사람을 기르에서 올라오게 하지 아니하였느냐

7절 하나님은 모든 나라를 통치하시는 분이다. 주님께서는 이스라엘을 애굽에서 건져내셨을 뿐만 아니라, 이스라엘의 주위를 싸고 있던 적들을 옮기시는 일을 역사 가운데 행하시기도 했다.

8. 보라 주 여호와의 눈이 범죄한 나라를 주목하노니 내가 그것을 지면에서 멸하리라 그러나 야곱의 집은 온전히 멸하지는 아니하리라 여호와의 말씀이니라
9. 보라 내가 명령하여 이스라엘 족속을 만국 중에서 체질하기를 체로 체질함 같이 하려니와 그 한 알갱이도 땅에 떨어지지 아니하리라.
10. 내 백성 중에서 말하기를 화가 우리에게 미치지 아니하며 이르지 아니하리라 하는 모든 죄인은 칼에 죽으리라

8~10절 하나님은 이스라엘과 다른 나라들 사이에 아무런 구분을 두지 않겠다고 선포하신 후에 엄하게 죽음을 선포하는 최후의 포고를 내리셨다.

여호와의 심판 집행 명령은 계속된다. 명령의 내용은 체질하여 돌을 모두 가려내는 것이다. 만국의 하나인 '이스라엘이라는 곡식 자체'를 체질하여 곡식과 돌 알갱이를 가려낸다는 것으로 보면, 이스라엘 사람 중에서 선인과 악인을 가려 선인은 다 빠져 나가고 악인은 걸러진다는 뜻이 된다.

하나님의 백성들 가운데 모든 죄인들은 하나님의 피할 수 없는 칼에 의해서 죽음을 당할 것이다. 약속된 재앙이 그들을 휩쓸할 것이므로 그들의 가득 찬 자만과 자랑은 결국 끝장나고 말 것이다.

14. 회복, 재건, 다시 심음(9:11~15)

아모스 9장

11. 그 날에 내가 다윗의 무너진 장막을 일으키고 그것들의 틈을 막으며 그 허물어진 것을 일으켜서 옛적과 같이 세우고

11절 그날에 하나님은 다윗의 무너진 장막을 일으키실 것이다. 앞장에서 '그날'이라 언급한 것은 어둠과 파멸의 날을 의미한 것이다. 그러나 이스라엘의 시련이 모두 끝나는 날에 '그날'은 분명히 다시 새롭게 회복하는 날이 될 것이다.

12. 그들이 에돔의 남은 자와 내 이름으로 일컫는 만국을 기업으로 얻게 하리라 이 일을 행하시는 여호와의 말씀이니라

12절 하나님은 아브라함에게 그 후손이 땅을 기업으로 얻고 그곳에서 번성하게 될 것을 약속하셨으며, 이스라엘은 그 약속대로 땅을 기업으로 받았

다. 그러나 죄악으로 말미암아 패망이 기정사실화된 지금, 아모스는 가슴 아프게 하나님의 사랑으로 주어질 미래 회복의 날, 땅을 다시 선물 받을 날에 대해 선포한다.

13. 여호와의 말씀이니라 보라 날이 이를지라 그 때에 파종하는 자가 곡식 추수하는 자의 뒤를 이으며 포도를 밟는 자가 씨 뿌리는 자의 뒤를 이으며 산들은 단 포도주를 흘리며 작은 산들은 녹으리라
14. 내가 내 백성 이스라엘이 사로잡힌 것을 돌이키리니 그들이 황폐한 성읍을 건축하여 거주하며 포도원들을 가꾸고 그 포도주를 마시며 과원들을 만들고 그 열매를 먹으리라
15. 내가 그들을 그들의 땅에 심으리니 그들이 내가 준 땅에서 다시 뽑히지 아니하리라 네 하나님 여호와의 말씀이니라

13~15절 하나님이 모든 저주를 거두시고 그 땅에 약속하신 축복을 회복시키실 때 그날은 이를 것이다. 이 회복의 때가 오면, 땅의 소출이 너무나 많아서 밭을 갈 때가 되어도 아직 추수가 끝나지 않을 정도가 되고, 포도가 너무나 풍성하게 열려서 씨뿌리는 시기가 되어도 포도를 거두어 짜는 일을 끝낼 수 없을 만큼 많은 수확이 있을 것임을 선포한다.

하나님이 회복시키신 이스라엘 백성들은 평화 가운데서 살아갈 것이며 호화로울 정도의 풍요로움을 즐기게 될 것이다. 하나님은 이스라엘을 본토에 심으실 것이며, 하나님이 주신 땅으로부터 두 번 다시 뽑히거나 포로로 잡혀가지 않을 것이다.

주님은 분명히 "이 일을 행하실 것이다". 왜냐하면 하나님은 과거에도 계셨고, 지금도 함께 하시며, 또 장차 올 그날에도 항상 그들의 하나님이 되실 것이기 때문이다.

참고문헌

1. 국내서적

강병도. 『호크마 종합주석20 호세아-말라기』. 서울: 기독지혜사, 2008.

김태훈. 『사자의 부르짖음-예언자 아모스의 선포와 삶』. 서울: 한국성서학
연구소, 2010.

박철우. 『아모스/오바댜』. 서울: 대한기독교서회, 2015.

최인기. 『아모스』. 서울: 한국장로교출판사, 2016.

김지찬. 『요단강에서 바벨론 물가까지』. 서울: 생명의 말씀사, 2014.

민경배. 『한국기독교회사』. 서울: 대한기독교출판사, 1982.

박수암. 『마태복음』. 서울: 대한기독교서회, 2004.

박철우. 『성서주석 에스겔』. 서울: 대한기독교서회, 2015.

박희석. 『안식일과 주일』. 경기: 크리스챤다이제스트, 2002.

배희숙. 『성서주석 역대하』. 서울: 대한기독교서회, 2015.

송길섭. 『한국 신학사상사』 서울: 대한기독교출판사, 1988.

신현우 외 5인. 『희년, 한국사회, 하나님 나라』. 서울: 홍성사, 2012.

유동식. 『한국신학의 광맥』. 서울: 다산글방, 2000.

윤운현. 『성경과 기본신학』. 경기: 생명의 말씀사, 2010.

이승열. 『잊혀진 희년의 회복』. 서울: 예솔, 2014.

이형원. 『성서주석 열왕기상』. 서울: 대한기독교서회, 2015.

이후천. 『민족 해방의 윤리를 위하여』. 서울: 나단, 1989.

2. 번역서적

Calvin, John. 『칼빈성경주석: 요엘 아모스 오바댜 제27권』. 김영진 역, 서
울: 성서교재간행사, 1980.

Guenther, Allen R. 『호세아 · 아모스 』. 임요한/최태선 역. 충남: 대장간, 2018.

Stuart, Douglas. K. 『호세아~요나』. 김병하 역. 서울: 솔로몬, 2016.

Sunukjian, Donald R, 외 4인, 『아모스·오바댜요나미가나훔』. 김영헌 역. 서울: 두란노서원, 2016.

De Vries, Simon John. 『열왕기상』. 김병하 역. 서울: 솔로몬, 2014.

Dillard, Raymond B. 『역대하』. 정일오 역. 서울: 솔로몬, 2010.

Douma, J, 『개혁주의 윤리학』. 신원하 역. 서울: 기독교문서선교회, 2012.

Dyer, Charles H. 『예레미야 예레미야애가』. 장종식/김정님 역. 서울: 두란노, 2016.

Eichrodt, Walther. 『구약성서신학 1』. 박문재 역. 서울: 크리스천다이제스트, 2003.

France, R. T. 『마태복음』. 권해생/이강택 역. 서울: 기독교문서선교회, 2013.

Foster, Richard J. 『영적 성장을 위한 제자훈련』. 권달천 역. 서울: 보이스사, 1993.

Gnilka, J. 「마태복음 I」. 서울: 한국신학연구소, 1992.

Goldsworthy, G. 『복음과 하나님의 계획』. 김영철 역. 서울: 한국성서유니온선교회, 2004.

Grentz, Stanley J. The moral Quest: Foundations of Christian Ethics, 『기독교 윤리학의 토대와 흐름』. 신원하 역 서울: IVP, 2001.

3. 학술 자료

장동철. "성경에 나타난 약자 돌봄 및 규범에 대한 성경적 규명." 박사학위 논문: 국제문화대학교 신학대학원, 2018.

부 록

수원 그리스도의 교회

Suwon Church Of Christ

하나님은 영이시니 예배하는 자가 신령과 진리로 예배할 찌니라
(요4:24)

오늘의 말씀

* 섬기는 이들

담임목사: 장 재 명
권　　사: 윤 명 순
목　　사: 장 동 철
반　　주: 장 동 철
권　　사: 성 매 자
권　　사: 장 영 화

※ 헌금은 오실 때 가실 때 불우이웃을 위하여 사용하셔도 좋습니다.
주소 : 경기도 수원시 장안구 팔달로 292번길 15-10(영화동) 2층

예배 순서

2023. 11. 19. 오전 11:00

인　　도 ·· 장동철 목사

예배 성경 ····························· (요4:24) ················ 인도자
※ 묵　　도 ··· 인도자
※ 찬　　송 ···················· 548장 ········· 주기도문 인도자
※ 성시교독·시편 1편 ··· 인도자
※ 신앙고백 ··· 인도자
　 시작기도 ··· 인도자
　 찬　　송 ···················· 1장 ···························· 인도자
　 성경봉독 ······································· 윤명순 당회장
　 특별찬송 ···················· 499장 ······················ 인도자
　 설　　교 ······································· 장재명 담임목사
　 찬　　송 ···················· 427장 ······················ 인도자
　 성 찬 사 ·············· 고전11장:23-32 ·············· 인도자
　 성찬기도 ··· 인도자
　 성 찬 송 ···················· 281장 ······················ 인도자
※ 특　　송 ···················· 259장 ······················ 인도자
　 헌금 기도 ····································· 윤명순 당회장
　 교회 소식 ······································· 인도자
　 중보기도 ····································· 윤명순 당회장
※ 폐회찬송 ···················· 545장 ······················ 인도자
※ 축　　도 ····································· 장재명 담임목사
　 ☞ ※ 표는 일어서서

하늘에 계신(주기도문) 635

하늘에 계신 우리 아버지여
(마 6:9-13)

주기도송

THE LORD'S PRAYER : IBREG,
A. H. Malotte
Arr. by Jae Eun Ha

하늘에 계신아버지 이름거룩하사 주님나

라 임하시고 뜻이 이루어 지이 다

일용할양 식주시 고 우리 들의 큰 죄 다 용서하옵 시고또

시험에 들게 마시고 악에 서구원하 소서대 개 주의 나라 주의

권세 주의 영광 영원 히 아 멘

성 만 찬

고린도전서 11:23~32

23. 내가 너희에게 전한 것은 주께 받은 것이니 곧 주 예수께서 잡히시던 밤에 떡을 가지사

24. 축사하시고 떼어 이르시되 이것은 너희를 위하는 내 몸이니 이것을 행하여 나를 기념하라 하시고

25. 식후에 또한 그와 같이 잔을 가지시고 이르시되 이 잔은 내 피로 세운 새 언약이니 이것을 행하여 마실 때마다 나를 기념하라 하셨으니

26. 너희가 이 떡을 먹으며 이 잔을 마실 때마다 주의 죽으심을 그가 오실 때까지 전하는 것이니라

27. 그러므로 누구든지 주의 떡이나 잔을 합당하지 않게 먹고 마시는 자는 주의 몸과 피에 대하여 죄를 짓는 것이니라

28. 사람이 자기를 살피고 그 후에야 이 떡을 먹고 이 잔을 마실지니

29. 주의 몸을 분별하지 못하고 먹고 마시는 자는 자기의 죄를 먹고 마시는 것이니라

30. 그러므로 너희 중에 약한 자와 병든 자가 많고 잠자는 자도 적지 아니하니

31. 우리가 우리를 살폈으면 판단을 받지 아니하려니와

32. 우리가 판단을 받는 것은 주께 징계를 받는 것이니 이는 우리로 세상과 함께 정죄함을 받지 않게 하려 하심이라

제목: 우리는 하나님의 선물을 받았습니다.

성경구절: 전도서 3:10~13

전도서 3:10~13

하나님이 인생들에게 노고를 주사 애쓰게 하신 것을 내가 보았노라
11. 하나님이 모든 것을 지으시되 때를 따라 아름답게 하셨고 또 사람들에게
는 영원을 사모하는 마음을 주셨느니라 그러나 하나님이 하시는 일의 시종을
사람으로 측량할 수 없게 하셨도다
12. 사람들이 사는 동안에 기뻐하며 선을 행하는 것보다 더 나은 것이 없는 줄
을 내가 알았고
13. 사람마다 먹고 마시는 것과 수고함으로 낙을 누리는 그것이 하나님의 선
물인 줄도 또한 알았도다 -아멘

디모데전서 6장 3~5절

3. 누구든지 다른 교훈을 하며 바른 말 곧 우리 주 예수 그리스도의 말씀과 경
건에 관한 교훈을 따르지 아니하면
4. 그는 교만하여 아무 것도 알지 못하고 변론과 언쟁을 좋아하는 자니 이로써
투기와 분쟁과 비방과 악한 생각이 나며
5. 마음이 부패하여지고 진리를 잃어 버려 경건을 이익의 방도로 생각하는 자
들의 다툼이 일어나느니라 -아멘

서 론

☞ 전도서 3:13절을 보면 "사람마다 먹고 마시는 것과 수고하므로 낙을 누리는
것이 하나님의 선물인 줄을 또한 알았도다"라고 하였습니다.

하나님은 전혀 변덕을 부릴 줄 모르시는 분입니다. 어제나 오늘이나 한결 같으신 하나님께서 우리들에게 각양 좋은 은사와 온전한 선물을 내려주십니다. 이 말씀을 한마디로 말하면 하나님이 주신 것들 중에 절대로 우리에게 나쁜 것은 없다는 말입니다.

또한 우리에게 주신 율법도 좋은 것입니다. 율법은 의롭고 선한 것입니다. 그런가하면 우리의 가정, 우리의 믿음, 약속된 하늘나라 전부 우리들에게 주신 것은 모두가 다 하나님의 선물이요, 좋은 것뿐입니다.

그러면 전도서 3:10~13절에서 가르쳐 주시는 말씀을 따라 하나님의 선물이 무엇인지 상고해 보도록 하겠습니다.

1. 사모하는 마음 (10-11)

결혼하기 전에 남녀가 서로 사랑하게 되면 사모하는 마음으로 가득합니다. 눈만 감으면 그 사람이 생각이 나고, 또 보이기도 합니다. 열 사람이 옆에서 이야기하며 떠들어도 그 사람의 소리만 들립니다.

사모하니까 그 사람의 소리만 들리는 것입니다. 이처럼 사모하는 마음은 하나님의 선물입니다. 서로 사랑하면서도 사모하는 마음이 없으면 어떻게 되겠습니까? 결혼 한 후에도 사모하는 마음이 없으면 암담해 지는 것 아닙니까? 사모하는 마음이 없으면 그 가정은 참고 사는 결혼 생활뿐입니다.

전도서 3:10~13절을 보면 사모하는 마음도 하나님의 선물이라고 가르쳐 주고 있습니다. 사람은 마음 바탕이 중요합니다.

사람에게는 마음 바탕이 중요합니다. 마음가짐을 어떻게 가지느냐? 혹은 누구를 사모하느냐? 가 큰 문제입니다.

우리 믿는 사람에게 하늘 나라를 사모하는 마음이 없다면 그것처럼 안타까운 일은 없습니다.

늘 하나님을 사모하고, 그 하나님이 계시는 영원한 나라를 사모하는 사람은 그 마음 바탕 자체가 하나님이 주신 선물이요, 축복이라는 이야기입니다. 여러분들도 항상 영원을 사모하는 마음으로, 인생을 값지고 아름답고 훌륭하게 살아가시기를 바랍니다.

2. 선행의 기쁨 (12)

성경에서 '선하다' 할 때에는 제 구실을 잘 하는 경우입니다.

즉 천지를 창조하실 때 창조된 것마다 하나님이 보시기에 좋더라고 하셨습니다.

그 '좋더라'는 말이 '선하다'는 말입니다. 그러니까 제 자리에서 제 구실을 하는 것을 선하다고 합니다.

전도서 3:12절을 보면 "사람이 사는 동안에 기뻐하며 선을 행하는 것보다 나은 것이 없는 줄을 내가 알았고" 하였습니다.

솔로몬의 오랜 생활 경험에서 나온 말입니다. 성경은 항상 구체적으로 읽어야 합니다.

'선을 행한다는 것'은 남에게 무엇을 조금 베풀어준다 혹은 적선한다는 의미가 아닙니다.

성경의 선은 도덕적이고 윤리적인 선을 말하지 않기 때문입니다.

기쁨과 선행은 항상 선순환적인 작용을 합니다. 무슨 일을 하던지 항상 '하나님이 보시기에 좋더라'는 선한 일을 기쁨으로 하는 선행의 기쁨을 날마다 새롭게 체험하는 여러분이 되시기를 바랍니다.

3. 수고의 복락 (13)

전도서 3:13절을 보면 '사람마다 먹고 마시는 것과 수고함으로 낙을 누리는 것이 하나님의 선물인 줄을 또한 알았도다'라고 하였습니다.

하루 종일 노는 사람이 누워 있으면 편안하겠습니까? 그렇지 않으면 지겹겠습니까? 지겹습니다. 하루 종일 쉴 틈 없이 일하다가 한번 누우면 편안하겠습니까? 그렇지 않으면 지겹겠습니까? 평안합니다.

수고한 끝에 느껴지는 평안함은 겪어 보지 않은 사람에게는 아무리 설명해야 설명이 되지 않습니다.

전도서 3:13절을 보면 '수고함으로 낙을 누리는 것'이라고 하였습니다. 이것이 하나님의 선물입니다.

내가 열심히 땀을 흘려 일해서 얻은 그것으로 내가 먹고 마시는 즐거움은 하나님이 주시는 축복이요, 선물이라는 것입니다.

수고하지 않고 얻으려고 하지 마십시오. 그것은 도둑의 심보일 뿐입니다.

그리고 수고하지 않고 쉽게 얻은 것은 절대 귀하게 여기지 않습니다.

만약 쉽게 얻어 그것을 누린다해도 하나님이 주시는 복락인 줄로 깨닫지 못합니다. 그러기에 감사하지도 못합니다. 성도님들에게 수고의 복락이 날마다 생활 속에서 체험이 되기를 바랍니다.

결 론

끝으로, 하나님이 주시는 선물은 첫째 영원을 사모하는 마음입니다. 이 세상은 잠깐이요, 영원한 세계가 우리에게는 약속되어 있습니다. 현실도 중요하나 죽으면 아무 의미가 없습니다. 어떤 고난 중에서도 영원을 사모하는 마음은 하나님의 선물입니다. 이런 사람은 생활의 자세와 내용이 달라지기 때문입니다. 영원을 위해서 전력 투자를 하게 됩니다.

둘째 선행의 기쁨입니다. 선하다는 것은 제 구실을 잘 한다는 것입니다.

우리는 각자 맡은 자리에서 제 구실을 잘 하면 기쁨이 넘치게 됩니다. 그러면 또 다시 선을 행하게 됩니다. 선행의 기쁨은 하나님의 선물입니다.

셋째 수고의 복락입니다. 믿는 사람은 엿새 동안 부지런히 일해야 합니다. 그리하면 응분의 열매를 얻게 됩니다. 수고하므로 누리게 되는 복락 역시 하나님의 선물입니다. 이런 선물들이 여러분들이 것이 되기를 우리 주 예수 그리스도의 이름으로 축원합니다. – 아멘♥ -

기도 : 하나님 아버지 우리는 하나님이 주시는 선물을 받아서 맡은 자리에 제 구실을 잘할 수 있도록 은혜 내려주시옵소서.
그리하여 수고하여 누리게 되는 복락을 우리의 것이 되기를 바라며 살아 계신 예수님 이름으로 기도합니다. – 아멘 - ✝